Luiz Américo Camargo

EU SÓ QUERIA JANTAR

Críticas, crônicas e observações sobre comida e restaurantes, ao longo de duas décadas

São Paulo
2018

Para Renata e Clara
Para João Camargo (*in memoriam*)

ÍNDICE

Prefácio, por Ilan Kow 9

Introdução 13

Críticas de restaurantes publicadas no Estadão 19

Maní: Visite a cozinha 20

La Tambouille: Tempos e mundos paralelos 21

3 x 4: O cardápio? Peça ao DJ 22

La Cocagne: Repetitivo? Não, só clássico 24

Emiliano: Na dúvida, siga o chef 25

Adega Santiago: É um bar? E daí? 27

Moraes, Rei do Filet: A *expertise* do filé octogenário 28

Le Coq Hardy: Um galo em busca de seu terreiro 30

Maripili: Um boteco à madrilenha 31

Porto Rubaiyat: À procura de um bom porto 32

Tordesilhas: Encantadoras de formigas 34

Ca'd'Oro: O último bollito 35

Le Jazz Brasserie: Bistrô com preço de bistrô 36

BottaGallo: Tapear à italiana 38

Lukullus: Alemão do século 21? 39

Osteria Francescana: A Osteria que quer derrubar fronteiras 41

Serafina: Quer economizar? Vá para NY 42

Le Chateaubriand: Tudo ao mesmo tempo 44

Les Créations de Narisawa: Reinações de Narisawa 46

Casa Garabed: Não preste atenção às horas 47

El Bulli: 20 anos em 51 pratos 49

Ton Hoi: Espere até chegar sua vez 51

Epice: O Epice não quer ficar na média 53

Rodeio: O desafio de ser o novo do velho 54

Santovino: Ristorante, trattoria, cantina? 56

Clos de Tapas: Abra a boca, olhos, ouvidos 58

Attimo: Prepare a fome 59

Le Chef Rouge: Sob nova interpretação 61

Aconchego Carioca: A fórmula do Aconchego 62

Bistrot Bagatelle: Que cheiro é esse? Trufa? 64

Jiquitaia: Dois menus, vários pratos triviais 65

Shin-Zushi: Peça como se faz no Japão 67

Terraço Itália: Paisagem de resistência 69

Brasserie Victória: A mesa farta da Dona Victória 70

Girarrosto: Entre massas, brasas e filas 72

Star City: Cumbucas como no século passado 73

Andrade: O sertão pré-Mocotó 75

BiCol: Coreia bucólica na SP introvertida 76

Tappo Trattoria: O clássico, de roupa (quase) nova 78

Leggera Pizza Napoletana: Acento napoletano, aroma de lenha 79

Sevillano Bistrô: Deixem que a boa comida se defenda 81

Vito: A estrela é a salumeria 82

Tordesilhas: Expandindo os limites 84

Domenico: *Destinazione*, Sicilia 85

Gero: Clássico aos 20 anos 87

Tartar & Co.: O cru e o cru (e só alguns cozidos) 88

Santo Colomba: Não se intimide. E peça o trenette 90

Oui: Sem toalha, mas com rigor 92

Picchi: Cucina clássica com tons modernos 93

Carlinhos: Sírio ou armênio? Paulistano 95

Castelões: Os 90 anos da pizzaria do detalhe 96

Lasai: Ouça, coma, reflita, devore 98

La Casserole: Patrimônio preservado à mesa 100

Loi Ristorantino: Harmonia entre sala e cucina 102

La Guapa: Artesanato fino, estilo argentino 103

Bravin: O clássico sem o óbvio 105

TonTon: Mais do que um restaurante de bairro 106

Tatini: Tudo muda. Menos o estrogonofe 108

Vecchio Torino: Um vecchio de 20 anos 109

Tête à tête: Eloquente sem gritar 111

Izakaya Matsu: Comida de bar, comida de casa 112

Taberna da Esquina: Modernidade à portuguesa 114

Jamie's Italian: Como é a cozinha do restaurante de Jamie Oliver
em São Paulo 115

Ici Brasserie: Com alma (e com cerveja!) 117

Posts do blog Eu Só Queria Jantar 119

E os clientes do futuro? 120

Refeição barata 121

Ousarei comer um peixe? 122

O cardápio é seu contrato 124

Serviço, *service, servicio* 126

À Antiga 128

Banquetes imaginários 129

O dez 131

João 132

"Salve, cavalheiro" 134

O que é original? 135

O degustador em ação 136

O chef e o mar 138

Alguém provou este prato? 139

O retiro do chef 140

Nossa língua 142

Porca fartura 1 144

O contrabaixo e o arroz 145

Rasgando a fantasia 146

Cadências 148

O perigo não está nos extremos 149

Refazer 153

A lição de anatomia do Dr. Bassi 154

Porca fartura 2 155

Belezas 156

Vai! 158

Mais frescor, menos frescura 161

O estômago não se engana 164

Refeições *offline* 165

Em SP, poucos restaurantes ficam antigos 167

Textos publicados nos Destemperados/*Zero Hora* 171

Um novo luxo 172

Um mundo sem centro 173

Entre entradas 174

Sair para quê? 175

Espécie ameaçada 176

Receita de chef em quatro passos 177

O Sonho e o Porco 178

Comendo em paz 179

Sem desperdício charmoso 180

Um sorriso 181

Vamos comer uma proteína? 182

Textos publicados no *El País Brasil* 183

Ousarei comer um misto? 184

Manual do garçom-desastre 187

Pizza no almoço: você encara? 190

Elas quebram tabus na cozinha 193

Seu Trasso, figuraça da gastronomia paulistana 197

Vinho é caro e complicado. Como querem que o consumo aumente? 200

Na dúvida, seu melhor crítico é você 203

Você realmente precisa ir ao *fast-food*? 207

Fazer o próprio pão: coisa de *hipster*? 210

O melhor da temporada é a pitanga 212

Eating with myself 216

A torta da sua avó era mesmo a melhor do mundo? 218

Comeu e não postou? Então, não valeu 221

São Paulo não é a capital gastronômica que dizem. Mas é melhor do que muitos pensam 224

Só existem dois tipos de comida: a boa e a ruim 228

PREFÁCIO

O homem do tempo

Luiz Américo Camargo é um homem à frente de seu tempo. Mas qual é o tempo dele? É rápido e devagar, como o livro do Daniel Kahneman? É ontem, hoje e amanhã, como o filme da Sophia Loren e do Marcello Mastroianni? É agora, como o documentário sobre Paulinho da Viola? É antes e depois, como propagandas idênticas de produtos para calvície, emagrecimento, limpeza de vasos sanitários ou dos dentes? É já ou é ainda? Que relógio mede as horas, a idade e a época do Luiz: Apple Watch ou o Sol? É o forno (não vou dizer a marca, porque não vim aqui para fazer citações).

Este não é mais um livro de pães que ele publica. É uma coletânea de críticas, de posts em diferentes blogs, de colunas em sites e jornais. Uma crônica involuntária de sua vida gastronômica nos últimos quinze ou quarenta e nove anos, em que textos saudosistas e proféticos, passadistas e futurológicos, convivem com o presente do pretérito: o registro do efêmero, das situações que (sim!) terminam, encapsuladas no almoço solitário, no atendimento desatento, na tendência que já nasceu velha, na novidade que durou o tanto de futuro que o rigor dele tolerou, no personagem que foi inesquecível só até a sobremesa e a conta. Um sem-fim de começos, meios e recomeços.

Mas é o forno que ele consulta sempre que, toda vez que. O pulso do seu dia, medido num trambolho a gás embutido na cozinha do apartamento. O equipamento instável, carente e com um temporizador barulhento – um alarme chato que o irrita, mas nunca o desencorajou de acordar de madrugada e assar pães para o café da manhã da Renata e da Clara, para repartir com os colegas na redação do Paladar logo cedo às quartas-feiras, para o aniversário de um amigo ou das filhas de um amigo, para uma reunião, ou só para testar um jeito diferente de fazer o que já faz há tantos anos. Os pães são o metrônomo que o mantém no prazo e no ritmo para tocar o seu dia a dia de jornalista, escritor, organizador de eventos, curador, consultor e autor das páginas que você vai ler a seguir, além de tantas outras que não incluiu nesta seleção. É em outro livro que ele diz que os pães o ensinaram a trabalhar com as mãos. Aqui, você vai ver que o ensinaram mesmo a moldar o tempo.

Posso imaginá-lo sentado na cozinha olhando para o forno e acompanhando o filme em câmera lenta que é o crescimento da massa. O centro do mundo naquela porta de metal e vidro: era só o pão ou já estava em outro canal, pensando nas frases que precisava publicar com urgência e que só anos depois reuniu aqui? Estava anotando a lista de atrações do Taste of São Paulo, o enorme evento que ele passa um ano organizando e de que desfruta por um fim de semana? O relógio é o do pão. Não adianta não esperar, Luiz não pode perder tempo tentando ganhar tempo.

Luiz parece de outra época. É mais velho e mais novo do que a idade que diz que tem: uns 50 anos. Difícil situar no calendário alguém que faz questão de se distanciar do nunca e do sempre, que foge dos extremos e da hipérbole. Na conta dele, quase todo dia é um pouco hoje, mas com um pé (de porco) na feijoada de ontem e outro pé (de cabra) abrindo a porta de um futuro da gastronomia que ele talvez já até saiba o que traz, mas que nós só vamos adivinhar depois de ele ter escrito sobre o assunto. Curioso que ele goste tanto da palavra "restauração", para se referir ao ramo dos restaurantes: marca o tempo, o monta-e-desmonta de brigadas, receitas e salões, moto-contínuo de mesas postas e servidas, prontas para receber o próximo turno de menus e clientes, prontas para relembrar os (menus e clientes) que foram embora. Uma viagem no tempo que não sabemos se é para frente ou para trás: obra de não ficção científica.

Luiz escreveu críticas, hoje não escreve mais. Editei a primeira, ainda no *Jornal da Tarde*. Palpitei em outras muitas, no Divirta-se e no Paladar. Acompanhei pessoalmente várias das diligências que fez aos restaurantes, para entender o que ele via que eu não via. Li centenas de textos dele. E um dia, não era mais isso o que ele fazia. Luiz foi crítico gastronômico. Mas só por um período – não é o que define sua vida. Faz eventos hoje, poderá não fazer depois. Era uma coisa, agora é outra, nem por um instante deixou de ser ele mesmo. Um aprendizado que vem do jornalismo e dos pães: se deu certo um dia, no dia seguinte poderá murchar. Mas o inverso também vale: se deu errado hoje, amanhã, já amanhã, poderá ser glorioso. Perseverança. E paciência.

Embora esta seleção não reúna todas as suas críticas, nem seja só de críticas, ela é um bom apanhado do trabalho do crítico que procura entender as propostas de restaurantes e chefs, mas não sente prazer em escrever para fechar a casa, mesmo que não goste do que comeu ali. Luiz pensa além da refeição. E, normalmente, nos serve em palavras mais do que recebeu no prato. Consequência de ser "filho de um João que não gostava de restaurantes", como descreveu seu pai em 2009, no dia seguinte à sua morte, em belíssimo texto que aparece na página 132 (há outros dois textos que dizem muito sobre sua formação: "Salve, cavalheiro", sobre o crítico Saul Galvão, na página 134, e "As mãos sujas", que não está aqui, mas no livro *Pão Nosso*, em que conta como trocou o Sartre da juventude por uma "versão palpável, sovável e mordível do existencialismo").

Luiz não precisa ter gostado da feijoada do Star City (se não tiver paciência de Américo, vá direto para a página 73 e leia o texto todo) para dizer que "é um prato com alma, servido num restaurante certamente fora do padrão Jardins, provavelmente fora do século 21. Também não é bom?".

Pouco importa o que pediu na Casa Garabed (página 47) para você entender o que era o restaurante: "O tempo, na Casa Garabed, funciona de um jeito um pouco diferente do que em outros lugares da cidade. Não existe a urgência do pré-pronto, a vertigem do imediato, a velocidade do ritmo 'cliente sentado, couvert servido, bebida escolhida, cardápio visto, pedido feito'. E isso pode tanto ser uma virtude como um defeito, dependendo das suas aspirações, dos seus apetites, do seu estado de espírito. Mas é assim, e pronto. Não estou querendo dizer, por outro lado, que um estabelecimento que permanece fiel a seu passado seja automaticamente superior aos outros. Se fosse assim, os melhores restaurantes – vamos exagerar – estariam dentro dos museus."

Também no texto sobre o La Cocagne (página 24) não está em primeiro plano o cardápio, mas o acerto (ou erro) do dia escolhido para a refeição: "Voltar a um restaurante tradicional exige um estado de espírito adequado. Na hora errada, pode ser apenas o tédio. Mas, se for o dia certo, é o encontro feliz da memória de um gosto com a realidade reconstruída em um prato."

Mas é na crítica sobre a Lanchonete da Cidade que Luiz melhor expõe o seu desapego ao momento, à tendência, a ideias que o privariam da liberdade de comer o que quer – e pensar livremente sobre o que comeu. Está lá, na página 128: "Daqui a uns vinte anos, estarei eu subindo em caixotes e proclamando as virtudes e sabores da primeira década do século 21? Acho que não. Talvez eu lamente por algum problema de digestão, ou me queixe de reumatismo na hora de sentar num balcão de sushi, vai saber. Quem sabe até receba proibições médicas. Não vou pensar nisto agora. (...) Só não sou de sentir saudades, o que é uma característica minha. Era legal? Era. Mas eu não quero voltar o relógio. Vivo melhor agora. (...) Mas, na hora de falar sério, vamos reconhecer. O sanduíche de hoje é que é o bom. Como antigamente."

Luiz está à frente de seu tempo, porque não se prende a tempo nenhum, porque não tem pressa. Os pães, os textos, os eventos: estão todos no forno, à espera do comando. Quando sai, então, a próxima fornada? Já saiu.

Ilan Kow

INTRODUÇÃO

Juro que eu só queria jantar

Eu me tornei um jornalista de gastronomia antes de sê-lo, de fato. Ou, ao menos, me preparei para isso sem saber que um dia transformaria uma paixão pessoal em possibilidade de carreira.

Cometi os primeiros textos em 2003, mas vinha estudando o tema desde muito antes. Por *hobby*, por gosto. Lia, comia fora, viajava, xeretava, me virava com o que havia de conteúdo disponível (paralelamente a isso, começava as experiências com o pão caseiro). Era um mundo pré-Google, nos primeiros suspiros da TV por assinatura.

Fui pouquíssimas vezes a restaurantes na minha infância. Raramente mesmo, em uma ou outra ocasião muito especial. O dinheiro era curto, as motivações eram poucas: meu pai não gostava de sair de casa, minha mãe cozinhava (e cozinha) bem... não era da cultura familiar, em suma. Mas as parcas experiências de visitar um salão acabaram sendo marcantes. Que fosse um singelo prato de gnocchi com bracciola no Donat's, que funcionava na Rua Barão de Tatuí, em Santa Cecília, bairro onde nasci, num eventual sábado em que minha mãe não estava para fazer o almoço.

Assim que comecei a ganhar meu dinheiro, no fim da adolescência, passei a me arriscar por restaurantes. Só lembro que, um belo dia, venci a insegurança social e a falta de traquejo mundano, dei o primeiro passo para dentro e pedi uma mesa. E fui em frente. Tudo me parecia fascinante. Comida sempre diferente, pessoas servindo você, a possibilidade de viver uma pequena aventura a cada visita. Não era maravilhoso? Tornei-me um frequentador, ainda que modesto, dentro do que o bolso consentia, dentro do que minhas limitações de conhecimento permitiam.

Mas foi mesmo nos anos 1990 que passei a me envolver mais avidamente com receitas, ingredientes, cardápios, pratos, garrafas. Considero aquele um momento quase mágico, e acho que não apenas para mim. Eu, do meu lado, me tornava um assalariado com algum excedente para gastar em bobagens. E o Brasil começava a se abrir para os produtos importados, logo no início da década. Em seguida, veio o Plano Real, com a estabilidade de preços e a paridade com o dólar, que durou até 1999. Foi um intensivão de vinhos nunca provados, ingredientes nunca testados, livros a preços antes impensados, viagens tornadas possíveis.

Mas ainda era apenas um passatempo. Trabalhando em revistas, em jornal, eu achava que a comida e o vinho deveriam ser tratados como um refúgio, um território de prazer que me permitisse escapar de um cotidiano profissional estressante.

No começo do século, eu trabalhava no extinto *Jornal da Tarde*, numa editoria de *hard news*, às voltas com temas como polícia, enchentes, administração municipal. Um repertório árido, um universo tenso. Só para desopilar, resolvi propor reportagens e artigos (inicialmente, mais sobre vinhos) para o caderno de Variedades, por vezes para o de Turismo. Emplaquei o primeiro texto; depois outro, e mais outro... Passei a assinar uma humilde coluna de vinhos, dedicada a tratar o assunto com muita simplicidade, pelo ponto de vista de um apreciador curioso (eu, evidentemente), publicada numa página chamada Receituário, coordenada pela Deborah Bresser.

Lembro, então, de um dia no fim de 2003. O Ilan Kow tinha assumido a editoria do Variedades naquele ano. E comida era um dos nossos assuntos preferidos – uma quase obsessão, que acabou sendo fortemente explorada na criação do Divirta-se, em 2004, e do Paladar, em 2005, já no *Estadão*, e de muitos eventos e publicações especiais. Foi uma conversa no corredor. "O Saul não vai escrever mais para o *JT*, vai ficar só no *Estadão*. Você quer fazer a crítica semanal?". Eu nunca tinha feito aquilo, mas claro que aceitei. (Explicando melhor. Saul Galvão, o grande e saudoso crítico de vinhos e restaurantes, escrevia para os dois jornais do Grupo Estado. Por uma questão contratual, passou a produzir unicamente para o *Estadão*, e foi assim que eu comecei a publicar resenhas no *JT*. Pouco tempo depois, eu trabalharia também com o Saul Galvão, no Guia do *Estado*, logo depois rebatizado igualmente como Divirta-se, e no Paladar)

Portanto, a culpa é do Ilan, encaminhem suas reclamações para ele.

Minha estreia como crítico foi em janeiro de 2004. Para tentar ser diferente, digamos, e pela própria proposta editorial do *JT* naquele momento – o jornal estava em busca de audiência em bairros menos explorados –, escolhi um restaurante no Tatuapé, o Euclides. Um lugar simpático, uma boa dica local (e que fecharia poucos anos depois).

Passei, então, a escrever resenhas semanalmente, e a coluna tinha o nome de 'Garfo e Faca' (sugestão do Felipe Machado). Começou no Variedades, logo depois passou para o Divirta-se, também do *JT*, já em formato de guia, então editado pelo Ilan e pelo Miguel Icassatti. A coluna Eu Só Queria Jantar, no Paladar, surgiria apenas em 2009 – quando foi ao ar também meu blog, de mesmo nome. Acertando e errando, acho que fui fazendo as coisas do meu jeito. Sempre com rigor, sempre de espírito aberto. Queria produzir um misto de *review* (resenha) e *criticism* (interpretação), um comer pensando, um compartilhamento vivo de informações e impressões sobre pratos, serviço, ambientes. Buscando, claro, uma narrativa que fosse agradável. Os critérios, eu fui construindo durante a caminhada. Meu trabalho, antes de tudo, começava num processo de curadoria (ainda que o termo seja um dos mais batidos da atualidade). Era preciso selecionar bem o programa que eu indicaria para os leitores: meu espaço de escrita era restrito, assim como o tempo do público. Não via muito sentido em usar dois ou três mil caracteres para simplesmente declarar que as pessoas NÃO deveriam ir a este ou àquele lugar. Um dos meus livros de referência (nada a ver com comida) era o *ABC da Literatura*, de Ezra Pound, com suas considerações sobre como definir um clássico: estar aberto ao novo; comparar constantemente; e, em especial, na defesa de que um bom crítico se reconhece a partir da escolha de seus objetos.

O que não significava deixar de publicar resenhas negativas. Foram várias. Eu fazia isso quando havia relevância, quando era tema de interesse público. De que me valia ir a um estabelecimento pequeno, pouco conhecido, "descobri-lo" e, constatando-o como ruim, espancá-lo verbalmente – quando o ideal seria que ele permanecesse no anonimato? Preferia que isso acontecesse quando a casa ou o chef em questão tivessem peso, gerassem expectativas. Quando sentisse que os comensais gostariam de saber minha opinião a respeito da novidade.

Para muita gente, criticar é sinônimo de falar mal, de descer a lenha. Não é, necessariamente. Antes de tudo, é colocar informação em perspectiva, é uma busca de construção de conhecimento. Envolve análise, interpretação, contexto, comparação, proposição. Não meramente opinião. Restaurantes, assim como as pessoas, têm defeitos e virtudes. Creio que o mais justo seja discorrer a respeito disso. Escrever textos maldosos sobre coisas, pessoas ou lugares, posso garantir, é até mais divertido (o veneno é sedutor, convenhamos). Mas qual a utilidade disso para quem gastou seu tempo e seu dinheiro tentando se informar? Avaliando bem, avaliando mal, também nunca perdi de vista a noção do respeito: os profissionais de cozinha e salão estavam fazendo o trabalho deles, e eu fazendo o meu.

Fora isso, tudo fica mais fácil quando sabemos a quem nos dirigimos, para quem trabalhamos. No meu caso, sempre foi para o público.

Uma crítica, para mim, se compunha de variados vetores. Era preciso descrever bem o tripé clássico comida/bebida-serviço-ambiente. Despender tempo e verba para fazer visitas em horários diferentes, situações diversas, antes de chegar ao texto final. Era necessário colocar aquele restaurante (e seus pratos) em contexto, ter olhos e ouvidos abertos não só para a minha mesa, mas para tudo que acontecesse no entorno. Queria descrever bem a minha experiência, ser compreendido, mas, principalmente, dar os elementos para que o leitor entendesse em que tipo de aventura estaria se metendo.

A escolha de restaurantes tinha a intenção de refletir um painel da cidade – e, portanto, estar próxima do interesse real do público. Novidades, lugares simples, casas de luxo, vanguarda, tradição, decanos (eu sempre fiz questão de dar atenção aos clássicos da cidade). Não discriminei bairros nem estilos e, num universo pré-Instagram e pré-Facebook, tive grande prazer em levar a um público mais abrangente estabelecimentos fora do eixo mais badalado da cidade, normalmente sem assessoria de imprensa e sem estratégias de divulgação.

Sempre gostei de pensar no cenário gastronômico de uma grande cidade como se fosse uma paisagem arquitetônica. Aprecio a ideia de poder olhar para a linha do horizonte e ver um pouco de tudo, em construções que revelem o antigo, o novo, o popular, o suntuoso, o autóctone, o exótico. De poder distinguir, assim, estilos e escolas. E reconhecer as marcas de diferentes épocas, identificando os registros da história. Eu queria manter viva essa diversidade, como se fosse a condição para uma certa "saúde gastronômica" de um mercado. Meu trabalho, enfim, abrangia um pouco de tudo (ao menos, assim eu sentia): crítica, curadoria, formação de público, reportagem, cronismo.

Foram quase doze anos de *Estado*, foram centenas e centenas de textos, publicados sempre às sextas e/ou às quintas (e, depois, no blog, quase diariamente). Um caminho que seguiu paralelo ao trabalho editorial no Divirtase, no Paladar e com os suplementos do *Estadão* – eu era o editor-executivo das *soft news*; provavelmente nunca ganharia uma manchete com os temas abordados em meus oito cadernos; mas, certamente, lidava com os assuntos mais legais.

Depois que parei de publicar críticas, em junho de 2015, muita gente me perguntou se eu tinha saudades da rotina de crítico. E se sentia falta daquela sensação de entrar no salão e perceber que o chef e sua brigada estavam tensos com minha presença. Não, nunca senti; até porque o objetivo jamais foi esse, embora estivesse no pacote. Eu apenas almejava que minhas andanças, refeições e escritos fossem úteis aos leitores, e que eles apreciassem a leitura (não só: também queria me divertir). Que o público percebesse que, mesmo se tratando de um assunto ligado ao prazer, ao lazer, havia ali método, critério, ética, pensamento, atitude jornalística. Elogios, contestações, indiferenças, tudo isso era parte do trabalho. Mas não era o que me movia.

Em meu último post no blog, em junho de 2015, tentei fazer uma síntese daqueles onze anos e meio. O que dizer? Que tinha visto de quase tudo: a transformação do panorama paulistano, restaurantes surgindo, sumindo, ondas, modas, nomes, movimentos internacionais que se sucederam... Que acompanhei o surgimento das redes sociais, da autopublicação, de uma nova ordem que ainda segue caótica, confusa (a ponto de não sabermos se a multiplicidade de vozes vai resultar em um coro com certa harmonia, ou em cacofonia). O cenário mudou, eu mudei. Colhi histórias, compilei impressões, tracei análises. Trouxe à tona temas, enfoques e ideias que, desculpem a imodéstia, desde então vêm ecoando por aí, em forma e em conteúdo. E, concluindo, sobre aquela fase, posso afirmar que eu tive é sorte.

Sorte de transformar um gosto, um prazer, em caminho profissional. De ter aprendido tanto. De poder ter exercido meu ofício com liberdade e ao mesmo tempo rigor, buscando uma voz própria, um ponto de vista pessoal. De ter conhecido tanta gente boa, entre especialistas, leitores, colegas, profissionais da restauração, fossem eles empresários, cozinheiros, do salão. De ter comido bem muitas vezes (e me estrepado em várias outras, o que faz parte do jogo), de ter um espaço cativo para compartilhar minhas experiências. De ter minha família e meus grandes amigos para dividir a mesa.

Mas eu fui afortunado não apenas no *Estadão*. E esta coletânea cobre momentos diferentes e, creio, com perfis diferentes, também nos Destemperados/*Zero Hora* e no *El País Brasil*. Mais ou menos assim:

Há o crítico sempre em busca de prestar um serviço para os leitores; de construir um pouco do contexto (a cozinha, o cenário geral, o momento urbanístico) em que se encontra cada restaurante; de tentar transmitir a experiência de um conjunto de refeições, e fazer o leitor pensar a respeito.

O blogueiro, sempre à solta para percorrer temas e ideias ligados à gastronomia, mas não só a ela: tudo o que tangenciava comportamento e outras formas de expressão; de misturar comida e cultura pop (e nem tão pop).

O colunista dos Destemperados/*Zero Hora*, exercitando a síntese em menos caracteres, e conversando com um novo público, ao mesmo tempo tradicional e novidadeiro.

O colunista do *El País Brasil*, com crônicas mais palavrosas e uma amplidão de assuntos que eu ainda não havia experimentado – inclusive muitas reflexões sobre o papel do crítico, já com distanciamento.

Os cento e vinte textos aqui reunidos, portanto, abordam um significativo naco dessas facetas. E trazem algumas reflexões sobre o peculiar ofício de escrever sobre jantares e assuntos correlatos.

Gostaria de ter uma efeméride para a publicação desta coletânea, um gancho, uma data redonda. Talvez eu tenha: mal e mal, faz quinze anos que comecei a tocar nos temas da comida e da bebida. Por outro lado, o livro marca também uma virada profissional. Não existe mais o resenhista, mas o comentarista, o consultor, o curador, o palestrante, o divulgador da panificação. Quis ficar livre para exercitar outros projetos, outros formatos, outras relações de trabalho (que, na minha concepção, são incompatíveis com a função de crítico).

A seleção de textos, por minha conta e risco, foi feita de subjetividades variadas. O simples gosto por algumas frases, a preferência por alguns temas, a constatação (ou a pretensão...) de ter flagrado certas mudanças no panorama. No caso das resenhas de restaurantes e dos posts do blog, eles cobrem um intervalo entre 2008 e 2015. Nos Destemperados/*Zero Hora* (onde sigo cometendo minhas crônicas quinzenais), entre 2014 e 2017. No *El País*, entre 2016 e 2017.

É, no mínimo, um balanço pessoal. E um jeito de facilitar a vida dos leitores, organizando material produzido em épocas diferentes, para veículos diversos.

Por fim, me resta agradecer. A quem leu, gostando ou não, e a quem ainda vai ler. E a um tanto de gente que me ajudou a compor esses milhares e milhares de caracteres.

À minha mulher, Renata, e à minha filha, Clara, que foram (e vão) comigo a tantos restaurantes, que tanto me apoiaram, que tanto compreenderam as minhas ausências em jornadas pesadas de trabalho, eventos, viagens. À minha família, em especial minha sobrinha Raquel, responsável pela diagramação da versão em ebook e pela criação das capas.

Ao meu amigo Ilan, pela parceria já de muitos anos e por ter inventado, um dia, que eu deveria ser crítico, e à Rita Lobo.

A Fabio Humberg, amigo e editor do livro, que me deu a honra da leitura atenta destes textos antes mesmo de sabermos que eles seriam impressos.

A Ricardo Gandour, Luiz Horta, Roberto Muniz. Aos amigos do *Estadão*. Aos camaradas Diego, Diogo e Lela – os Destemperados –, ao *Zero Hora*. A Carla Jiménez e os amigos do *El País Brasil*.

A Jacques Trefois, que tanto me ensinou, que tantas portas me abriu. A Saul Galvão e Carlos Brandão (*in memoriam*). A Maurizio Remmert, referência de gourmet e cozinheiro. A Gerardo Landulfo, Diego Man, Miguel Fazzanella, Miguel Icassatti, Felipe Machado, Braulio Pasmanik, Camila Hessel, Cynthia Almeida, Luiz Ligabue, Lucineia Nunes, Michelle Alves de Lima, amigos de muitos repastos partilhados.

Desejo a todos sorte nas refeições. Sorte na vida.

CRÍTICAS DE RESTAURANTES PUBLICADAS NO *ESTADÃO*

Escrevi resenhas no Grupo Estado entre janeiro de 2004 e junho de 2015. O início foi no Jornal da Tarde, *dentro do Variedades, ainda em formato de jornal* standard. *Logo depois, e já com o nome de Garfo e Faca, a coluna passou a ser publicada no Divirta-se, o guia de fim de semana. De lá, começou a integrar também o Guia do* Estadão *(que viria a se tornar igualmente Divirta-se). Em 2009, no Paladar, surgiu a Eu Só Queria Jantar.*

Olhando em retrospectiva, percebo que a coluna passou por várias fases. Ora mais rabugenta com os preços (até que, então, passei a falar de valor, que é o retorno que se recebe por aquilo que é pago); ora mais mundana; ora mais técnica, do ponto de vista da comida; ora mais em busca de um contexto. Era um jeito de, eu mesmo, buscar novos pontos de vista – para mim e para o leitor.

*Os textos selecionados aqui cobrem um intervalo entre 2008 e 2015. Alguns restaurantes já nem existem mais, outros continuam na ativa. Ao final de cada um, faço uma brevíssima atualização a respeito da casa. Mas, atenção: **os preços inseridos dentro das resenhas são os da época da publicação**, e eu os mantive, a título de curiosidade (e de comparação, com as cifras de hoje).*

Quem conhecer os restaurantes citados, se tiver tempo e disposição, pode até revisitá-los e comparar...

E repetindo, reforçando, cuidado: alguns estabelecimentos já fecharam, preste atenção.

Maní
Visite a cozinha
Publicado em 8/6/2007 no Guia do Estadão (atual Divirta-se)

A qualquer hora em que você for ao Maní, quando passar pelo corredor da entrada, olhe à direita e observe a cozinha, visível por uma meia-parede de vidro. Repare que o chef Daniel Redondo estará lá, trabalhando. Sua mulher, Helena Rizzo, chef e uma das sócias, também – entre panelas ou, por vezes, no salão. O que há de especial nisso? No caso de um chef com o currículo do espanhol Redondo, que veio do El Celler de Can Roca, na Catalunha, isso faz muita diferença.

Um ano depois de sua inauguração, não por acaso o Maní se confirma como um dos bons endereços da comida contemporânea na cidade. E implanta uma mudança importante no almoço: agora, o cardápio que era servido apenas à noite também vale para o dia. Antes, vigoravam os pratos rápidos e sugestões mais leves, que, no entanto, continuam disponíveis – casos do picadinho e do salmão grelhado com cogumelos, entre outros.

Muito tem se falado sobre o ambiente badalado, os sócios famosos (como Fernanda Lima e Pedro Paulo Diniz) e o viés semi-vegetariano da casa. É verdade, mas não o mais relevante. A capacidade de aportar sabores e a inteligência com que cada prato é feito é que entusiasmam.

Isso se nota em petiscos (chamados 'belisquetes') como o bolinho de quinua (R$ 15) e os dados de atum marinado (R$ 26), apresentados à maneira das modernas tapas espanholas. E se confirma em criações como o mani-ocas (R$ 38), feito com inhame, cará, yacon, mandioquinha, cenoura e outros vegetais, servidos num molho de tucupi e leite de coco. Trata-se de um prato altamente técnico, com os tubérculos assados no ponto exato, talvez apenas leve demais para ser comido isoladamente – deve funcionar melhor num menu-degustação.

Já um item que acaba de entrar no cardápio é a rabada com banana-da-terra, purê de feijão e couve (R$ 41), feito com apuro e sabores bem definidos.

O casal Rizzo-Redondo também vai bem nas sobremesas. É difícil não se surpreender com um doce como 'o ovo' (R$ 16), com o sorvete de gemada e a espuma de coco (com coquinhos crocantes por dentro) representando um generoso ovo frito. Mas não é só piada visual: o sabor é ótimo.

Maní
R. Joaquim Antunes, 210, Jardim Paulistano, São Paulo, 3085-4148

Atualização: um dos mais aclamados restaurantes do Brasil, famoso internacionalmente, hoje o Maní é comandado apenas por Helena Rizzo.

La Tambouille
Tempos e mundos paralelos
Publicado em 29/8/2008 no Guia do Estadão (atual Divirta-se)

Não importa se faz tempo que você não vai ao La Tambouille, ou se é a primeira vez. Para começar, o tempo, no caso específico deste restaurante, parece uma grandeza de outra ordem. Circulando por seus ambientes, onde a decoração evoca vilas italianas, palácios, os parâmetros são outros. E os pratos, uma espécie de acompanhamento para o que acontece entre a chegada, deixando o carro para o manobrista, e o "até logo" da fidalga brigada de salão.

E você se pergunta: em que década estamos? Talvez na de 1970, pelo menos é o que se pensa na hora em que a salada verde (R$ 31) respeitosamente aterrissa na mesa, com potente molho de mostarda e graúdos pedaços de queijo.

Mas em que década estamos? Quem sabe na de 1980, é o que inspira o tradicional (e farto em demasia) arrosto de pernil de vitela (R$ 79), com seu molho reluzente, amanteigado, e o risoto de tartufo que o acompanha, já quase enrijecido quando a porção está ainda na metade (sim, muita manteiga e queijo).

Agora, a dúvida se transfigura: onde estamos? Porque a proposta franco-italiana do cardápio de Giancarlo Bolla (no início, em 1971, a França predominava) não contempla só itens clássicos da cucina e da cuisine, mas produz também híbridos. É o caso do tagliolini feito na casa com manteiga de tartufo e lascas de terrine de foie gras (R$ 79). Mas será que precisava tanta coisa? A massa, boa, porém cozida além do al dente, não ficaria melhor sem o conflito de culturas e gorduras que não leva o prato nem para lá, nem para cá? Não seria melhor se tudo fosse simples como a gostosa polenta ao gorgonzola (R$ 38), algo rústica e equilibrada no sabor?

A pergunta então se transforma de vez: que horas são? Tarde, meia-noite num dia do meio da semana. Ainda há sobre a mesa um enorme mil-folhas com frutas vermelhas (R$ 21) por ser abatido. E o salão está praticamente cheio, com um monte de gente que você reconhece das colunas sociais. Não é o passado, é hoje. O La Tambouille avança, cortês, caro, com um jogo de cintura que desafiaria os estudos de física: nos mundos e tempos paralelos que compõem o cenário gastronômico paulistano, ele é capaz de entrar e sair de lugares e épocas diferentes, e seguir adiante.

La Tambouille
Av. 9 de Julho, 5.925, Itaim Bibi, São Paulo, 3079-6276

Atualização: O restaurateur Giancarlo Bolla morreu em 2014. O restaurante segue adiante, sob o comando de suas filhas.

3 x 4

O cardápio? Peça ao DJ
Publicado em 25/9/2008, no Paladar

– Eu só queria jantar*. Talvez a abordagem tenha soado exótica na hora de fazer a reserva, mas assim foi. No novíssimo 3×4 – como classificá-lo? um restaurante, uma balada, um *dining club*? – é necessário garantir a mesa com pelo menos um dia de antecedência. Você telefona para um número específico, deixa seu nome e aguarda a confirmação do pedido, que é feita algumas horas antes da visita. "É por causa da procura", explica a amável atendente.

A humilde intenção de provar a comida do lugar parece deslocada porque este é um endereço que, mesmo antes de abrir, já vinha se credenciando como ponto de encontro de celebridades. Entre seus vários sócios estão a modelo Isabeli Fontana e o jogador de polo Rico Mansur. Na entrada, há seguranças e *hostess*, como em uma casa noturna. O primeiro ambiente que se atravessa é um grande *lounge* com teto retrátil. Depois de passar por uma pesada porta giratória, chega-se ao salão, de pé-direito altíssimo: o ambiente é decorado com fotos gigantes feitas por André Schiliró, onde predominam imagens de modelos fotográficos. São pouco mais de 21h e a

---

*A "Eu Só Queria Jantar", com este nome, e mais ou menos com a abordagem atual (embora eu tenha passado por muitas "fases"), nasceu neste texto. O nome (que em seguida foi usado também no blog) traduz o fato de que eu não estava muito interessado em acessórios e supérfluos. Juro que não foi pensando em Jay Jacobs, da *Gourmet* dos anos 1970, e seu "The Man Who Went to Dinner". Era só uma busca pessoal/profissional, que, vamos lá, em delírios mais megalomaníacos eu sonhava que fosse ilustrada com flagrantes que expressassem a atmosfera criada por Edward Hopper em suas telas. Sabem um sujeito levemente perplexo, aspirando apenas a fazer umas boas refeições? Era isso. Era assim que, nos delírios dos tempos pioneiros da coluna, eu imaginava que poderiam ser retratados os salões (ao menos, boa parte deles).

música, tocada por um DJ, já está bem alta. E, se você for sentar em alguma das mesas laterais, que têm sofás em vez de cadeiras, um alerta. Os móveis são muito confortáveis, mas não para comer: quem encosta, fica longe do prato; quem senta na ponta, perde um pouco da estabilidade. É que eu só queria jantar.

Mas e o cardápio? Na verdade, são dois, concebidos por Vicci Domini e Guilherme Masta. Um de culinária japonesa, outro de perfil mais contemporâneo. Nada de se estranhar, uma vez que, de uns anos para cá, convencionou-se que sushi, sashimis e congêneres eram comida de balada. Porém, surpresa: os sushis são bem construídos, com bom tamanho, um ótimo arroz. E caros. R$ 22 por um par de niguiris de atum vermelhíssimo, com quase nada de gordura, convenhamos, é um preço alto.

Do lado ocidental, segue então uma lista de petiscos (tratados como finger foods), entradas, pratos de carne, peixe, ave e massas. O começo foi animador, com o ceviche de lagosta ao teriyaki de ostras (uma única colher, por R$ 18) e o creme de gorgonzola ao prosecco (R$ 20 a tigelinha). Seria o prenúncio de uma cozinha sem timidez de sabor, ainda que num ambiente no qual a comida, em tese, é coadjuvante? Nem tanto. Falta equilíbrio. Entre os pratos, o espeto de robalo (R$ 59) era guarnecido por itens que pareciam estar ali por acidente – creme de amendoim, creme de abobrinha, salada verde. A costeleta de vitela à milanesa (R$ 57), razoável, também não parecia à vontade na presença das lentilhas de Puy. Na hora da sobremesa, foi difícil fazer o pedido: estava escuro, a música já tinha subido de volume. Foi escolhida uma, chegou à mesa outra, uma sopa de morangos com merengue e chantilly, só mediana. Constatado o engano, o garçom – o serviço, diga-se, é muito educado – excluiu o doce da conta.

A pergunta é: este é um programa que vale pela refeição, considerando apenas o que está no prato? Talvez não. Esta é uma balada, um evento social, e nisso parece que a casa é competente. Lá pelas 23h, estava quase lotada, com muita gente se divertindo. Mas vou deixar que alguém que entenda do assunto comente esse aspecto. Eu só queria jantar.

3 x 4
R. Bandeira Paulista, 676, Itaim Bibi, São Paulo

Atualização: O restaurante não existe mais.

La Cocagne

Repetitivo? Não, só clássico

Publicado em 02/10/2008 no Guia do *Estadão* (atual Divirta-se)

As mesmas perguntas, as proposições de sempre, as mesuras já velhas conhecidas: "Boa noite, seja bem-vindo. O senhor quer aguardar no bar? Gostaria de tomar uma bebida no balcão?" Eu fui direto para a mesa, mas com um certo alívio. Um *déjà-vu* sem desconforto, até tranquilizador. O La Cocagne parecia como da última vez.

Voltar a um restaurante tradicional exige um estado de espírito adequado. Na hora errada, pode ser apenas o tédio. Mas, se for o dia certo, é o encontro feliz da memória de um gosto com a realidade reconstruída em um prato.

E estavam lá os mesmos engravatados, os mesmos casais tomando drinques antes de começar a refeição. Os mesmos garçons que, por anos a fio, aprenderam a falar o francês do cardápio abrindo vogais, arredondando consoantes. E o mesmo menu, conciso, com uma ou outra mudança sazonal.

A casa nasceu no Centro, depois foi para o Itaim, mas, desde 1966, segue servindo o mesmo steak au poivre, o mesmo canard à l'orange, o mesmo coupe mont blanc, religiosamente.

Seria então a renúncia a qualquer lampejo de criatividade? Não, porque não existe tal pretensão. É apenas o exercício constante de um estilo, da fidelidade a um receituário que, talvez como o espaguete ao sugo, esteja destinado à imortalidade. Afinal, provavelmente esta é a razão de ser de um clássico.

A terrine de foie gras (R$ 59) continua muito boa. E é só a experiência que ensina a determinar a quantidade exata da porção: duas fatias bem cortadas, servidas com geleia picante e torradas. Menos, seria insatisfatório. Mais, poderia comprometer a fruição do prato principal. E, assim, eu estava preparado para o filé Henry IV (R$ 54) com batata suflê. A carne chega ao ponto – pedido que o maître havia anotado na comanda como quem assume um compromisso –, ao lado de uma béarnaise absolutamente equilibrada. De sobremesa, um doce que quase não é doce, mas um jogo de texturas e sabores: poire aux amandes (R$ 18), a pera cozida no vinho branco com amêndoas e creme inglês.

Não há turbulências nem acelerações alucinantes. Só uma viagem em velocidade de cruzeiro, mas que dá o que pensar. Restaurantes desse estilo, dessa longevidade, precisavam custar tanto em São Paulo? Por que aquela que é quase uma cozinha de domínio público, ainda que feita com bons ingredientes, acaba praticando preços de alta gastronomia? No universo dos decanos bistrôs da cidade, parece que a maioria escolheu ser tão cara quanto o parisiense Benoit.

No ato final da refeição, eu quase agradeci pelo expresso assimétrico, quente demais, de torra excessiva. Por um momento, seus defeitos foram reconfortantes diante da padronização do cafezinho que tem tomado conta de tantos restaurantes. Que continue assim, incorreto.

La Cocagne
R. Campos Bicudo, 129, Itaim Bibi, São Paulo

Atualização: O restaurante fundiu-se com o português Marquês de Marialva em 2010. E fechou poucos anos depois.

Emiliano
Na dúvida, siga o chef
Publicado em 23/10/2008 no Paladar

Parece uma butique da Oscar Freire. Ao chegar, o profissional que dá as boas-vindas já quer saber como você se chama, à maneira das lojas finas de roupas. Ele então se apresenta e se coloca à disposição para que você tenha uma boa experiência. Qual é a grife? Nada que se use para vestir, pois se trata do restaurante de um hotel-butique, o Emiliano. E, do momento em que você pisar no salão, um dos mais estilosos da cidade, até o fim da refeição, seu nome será pronunciado por maître e garçons. Uma espécie de superatendimento, de *over*-serviço, que, no entanto, não atrapalha o que importa: a cozinha.

O Emiliano, o que é? Já ouvi a pergunta várias vezes e, entre as respostas, a mais frequente é a de que seria um italiano moderno. Ou quem sabe com laivos de cozinha clássica. Mas será que é mesmo só italiano? Talvez o rótulo não faça diferença. O mais interessante é tentar acompanhar por quais caminhos segue o chef José Barattino.

O cozinheiro faz parte de uma fornada de profissionais que têm por volta de 30 anos. São chefs que cursaram universidade e, em vários casos, conseguiram passar temporadas em restaurantes importantes da Europa. E, a partir da trilha aberta por Alex Atala, podem desfrutar da liberdade de ser internacionalistas e brasileiros ao mesmo tempo, sem que haja contradição.

As mudanças propostas por Barattino no novo cardápio são, antes de tudo, uma demonstração de inquietação – algo que, em mãos menos criteriosas, poderia se converter em confusão, ou numa sobreposição de modismos. O cozinheiro não mergulha em vanguardas, mas também não se desconecta do novo. A pesquisa de sabor é o que dá o tom, seja experimentando técnicas ou testando produtos. A curiosidade é por defumação? Então surge a salada de codorna defumada em carvalho americano, com vagem, mâche, trufas e vinagrete de amêndoas (R$ 38), uma entrada com o potencial de saciedade de um prato – mas leve, bem composta. O tema então é carne de caça? O chef cria um peito de faisão recheado com os miúdos da ave (R$ 68), servido com molho de jabuticaba e risoto de cevadinha, tenro sem deixar de oferecer uma estimulante resistência à mordida.

Se a cozinha demonstra que está a caminho da consistência, o serviço, excessivamente bom, ainda procura seu equilíbrio. A cada item trazido, alguém se aproxima em busca da opinião do visitante, como se aguardasse observações sagazes sobre o que está no prato. É provável que a intenção seja das melhores, mas não é todo mundo que gosta de falar coisas inteligentes sobre a comida no exato momento em que a abocanha. É quase uma pequena invasão de privacidade. Nada que um restaurante que teve a capacidade de implantar cartas de vinhos naturais e biodinâmicos, de cervejas e de chás não consiga realinhar.

Mas chega então a sobremesa, o tortino de banana com sorbet de açaí e favos de mel de abelha da Amazônia (R$ 26), criada pelo pâtissier Arnor Porto. Doce e ácida, consistente e melíflua, ela insinua uma provocação: que espaço ocupa o Brasil neste menu majoritariamente europeizado? A resposta não vem pronta. Toma a forma de outra incógnita, de uma possibilidade de caminho, de, enfim, mais uma inquietação. Será que é por aqui? Ou por ali? Não se sabe. Agora, uma certeza parece se confirmar. A de que essa geração, que ainda nem chegou a seu ápice, continua saudavelmente em sintonia com as ondas internacionais. E, para nossa sorte, já é irremediavelmente brasileira.

Emiliano
R. Oscar Freire, 384, Jardim Paulista, São Paulo, 3068-4390

Atualização: O Emiliano mantém um menu majoritariamente de influência italiana. José Barattino é o chef-executivo do Eataly. Arnor Porto é consultor de pâtissèrie.

Adega Santiago
É um bar? E daí?
Publicado em 29/11/2008 no Paladar

Muitas vezes, estabelecemos separações e fronteiras sobre ideias, lugares e experiências que, não necessariamente, correspondem ao nosso melhor julgamento sobre uma certa questão. Para ser mais específico, frequentemente vamos a bares que cumprem melhor as funções de restauração do que muitos lugares tidos como gastronômicos, e vice-versa. Pense nos drinques mais marcantes que você já bebeu. Talvez muitos deles tenham sido sorvidos em lugares identificados como restaurantes. Agora lembre de bons pratos que tenha experimentado ultimamente. Quem sabe vários deles tenham sido servidos na mesa ou no balcão de um bar?

Voltando então às tais delimitações, o que nos faz traçar linhas divisórias do tipo "isto é um bar, aquilo é um restaurante"? O ambiente, o serviço, uma autodeclarada pretensão? O fato é que, conforme identificamos – em geral, inconscientemente – de qual tipo de experiência estamos participando, nossa acuidade pode se voltar para aspectos diferentes. Neste momento, o que quero perguntar é: se você já foi à Adega Santiago, prestou atenção na comida, apesar do ambiente informal, por vezes barulhento e nem tão confortável? Pois ela é boa. E tem ficado mais consistente, desde que a casa foi aberta, há dois anos.

Essa tasca moderna, de móveis rústicos e serviço ágil, não se aventura a ter cozinha de autor, nem investe em invenções. O ideólogo – também responsável pela bem montada carta de vinhos – é o proprietário, Luís Felipe Moraes, que propõe aqui uma culinária baseada em tradições de Portugal e da Espanha. Seu cardápio realiza uma espécie de utopia da Ibéria unida, onde galegos mantêm saudável camaradagem com alentejanos, minhotos se afinam com catalães. Uma cozinha de domínio público, mas executada com bons ingredientes e considerável técnica. Seus petiscos e tapas são gostosos – camarões no alho, bolinhos, porções de jamón com manchego etc. Mas, para não fugir da proposta inicial, vamos falar dos pratos, que aterrissam na mesa escoltados por guardanapos de pano e talheres decentes. O menu, de forma geral, é repleto de coisas atraentes.

A Adega está equipada não apenas com fogões convencionais, mas com grelha a carvão e forno a lenha. Muitos restaurantes não dispõem de um aparato assim. E a partir desses recursos sua cozinha consegue extrair resultados muito interessantes – pratos de sabor pronunciado, mas sem perder a elegância, francos, bem servidos. Seu polvo à lagareiro (R$ 51), por exemplo, é tenro, grelhado na medida certa. O arroz de pato (R$ 44), úmido e equilibrado, de sabor profundo, vem com um belo confit. O bacalhau assado no forno a lenha (R$ 66, com batatas, cebolas, azeitonas, ovos), um *Gadus morhua* muito bem selecionado, vem dessalgado no ponto e pode ser incluído entre os bons da modalidade na capital.

Os doces, por sua vez, são todos feitos na casa. Prove, por exemplo, a torta Santiago (R$ 9,50) ou a crema catalana (R$ 9,50) e pergunte-se: isto é comida de bar? Já não importa. Em tempos de crise, em que tomamos mais consciência de quanto anda valendo nosso dinheiro, este é um lugar onde se pode apreciar, com decência, itens que seriam muito mais caros em outro tipo de estabelecimento. Até porque os pratos são fartos e, portanto, convidam a compartilhar.

Adega Santiago
R. Sampaio Vidal, 1.072, Jardim Paulistano, São Paulo, 3081-5211

Atualização: A Adega Santiago tem outras três unidades-irmãs e uma "prima", a Taberna 474.

Moraes, Rei do Filet
A *expertise* do filé octogenário
Publicado em 5/3/2009 no Paladar

Na São Paulo de antes da abertura do mercado para produtos importados, de antes da difusão maciça da grelha a carvão e do conceito de parrilla, não eram tantos os lugares confiáveis para comer carne. Pouco se falava em bife de chorizo ou de matéria-prima de raças europeias. Mas havia o Moraes, com seu filé mignon de gado zebuíno que nem grelhado era: a carne era frita no óleo e servida com muito alho. Pois é assim até hoje.

Ir ao Moraes, o Rei do Filet, não é, entretanto, só um exercício de saudosismo. É a possibilidade de constatar a performance de um restaurante que conseguiu estabelecer um padrão de cozinha. A matriz, na Praça Júlio Mesquita, está completando 80 anos. O filezão que se tornou carro-chefe, contudo, já era preparado pelo fundador, Salvador Moraes, em 1914, e, salvo por algumas inevitáveis adaptações, vem mantendo o mesmo estilo.

Com todo o despojamento de seu ambiente, com o misto de informalidade e educação à antiga de seu serviço, com as limitações de seu cardápio, o fato é que o Moraes implantou uma marca. Quantos podem se vangloriar disso? Poucos. Mais ainda, note-se que o restaurante foi capaz de criar um prato, próprio, assinado – e aí cabe uma analogia com outro decano, o Caverna Bugre, com seu exuberante filé alpino. Há restaurantes mais pretensiosos que abrem, fecham, passam pela vida da cidade, mas não conseguem isso.

À luz do que temos e sabemos hoje, pode parecer ultrapassado aquele pedaço enorme de carne chegando à mesa – e, ainda por cima, frito em óleo quentíssimo, coisa que seu cardiologista reprovaria. Mas continua sendo bom. Se você for um purista, deve exigi-lo à maneira tradicional, sem que a peça seja aberta no meio. E verá que a carne, dourada por fora, vermelha por dentro, concentra uma espécie de miscelânea de crenças e saberes: a devoção longinquamente afrancesada pelo filé; o gosto lusitano pelo alho frito; a pungência da cultura paulistana dos velhos bares.

Contudo, você pode descrever ao garçom o ponto exato em que deseja a carne, e provavelmente ele será respeitado. Pode apreciar batatas fritas cortadas rusticamente, jamais em palitos perfeitos, e sempre muito gostosas. E, enquanto o principal não chega, divertir-se com os croquetes (também de filé) do couvert, que são uma delícia. Dominar tantas *expertises* assim, é ou não é gastronomia?

Hoje, a excitação de ir a um restaurante recém-aberto vai além da curiosidade. Ela guarda o temor do desconhecido, mas sem que isso signifique experimentar a vertigem da novidade: é uma emoção que tem mais a ver com o grande risco de entrar numa roubada, de comer mal e pagar caro. Eu tenho a sorte de ter feito disso uma profissão, é minha obrigação ir a todos os lugares. Mas e o cliente comum, que reserva seu dinheirinho para aquele jantar, para aquela ocasião, como fica?

E retomamos então o porto seguro de lugares como o Rei do Filet, o Ráscal e outros tantos reconhecidos por sua regularidade (não quero aqui comparar estilos e propostas). Talvez o Moraes seja mesmo apenas uma espécie de *one trick poney*, por que não? Contudo, reconheçamos: cada vez que o cavalo faz seu velho truque, a gente sabe que ele não vai errar.

Moraes, Rei do Filet
Al. Santos, 1.105, Jardim Paulista, São Paulo, 3289-3347

Atualização: o restaurante segue adiante, servindo seus filés.

Le Coq Hardy
Um galo em busca de seu terreiro
Publicado em 26/3/2009 no Paladar

"Está cheio?", foi a primeira pergunta que fiz ao chegar ao Le Coq Hardy, pois não tinha reservado. "Está tranquilo", garantiu o porteiro. Há 15 anos, quando o restaurante era o mais badalado francês da cidade, teria sido difícil achar uma mesa de última hora. Foi fácil.

A maioria dos presentes era de casais mais velhos, *habitués*. Ao fundo, está sentado um ex-prefeito da cidade, de muitos anos atrás. Uma figura pública que já saiu do centro do poder, assim como o Le Coq Hardy se afastou do centro da restauração paulistana. Por quê? Difícil dizer. Na relação entre restaurantes e mercado existe uma espécie de movimento de rotação e translação. Há fases, ciclos.

Na última década, o restaurante sofreu o impacto dos novos rumos da gastronomia na cidade. Em 2007, o restaurateur Vincenzo Ondei fez um lance corajoso. Chamou Pascal Valero para modernizar a cozinha, pintou o salão de preto e o decorou com fotografias de Luís Trípoli. Enfim, refundou o Le Coq, que completava então 30 anos. Meses atrás, Valero saiu (está no Kaá) e a casa retomou o cardápio tradicional, com Elizeu Soares. O que ficou disso tudo? A impressão de que, por um momento, o Le Coq rompeu com sua trajetória e deixou de usar um rico passado a seu favor.

Mas há alguns aspectos que, felizmente, nenhuma mudança pôde abalar. Um deles é o serviço, talvez um dos mais gentis da cidade, com uma fidalguia cada vez mais rara. Uma brigada de salão com traquejo para tornar segura qualquer viagem, capaz de explicar todos os pratos e aguçar o apetite do cliente.

O Le Coq Hardy, neste momento, trabalha à noite com seu cardápio tradicional, mas também com um menu especial, composto por entrada, prato e sobremesa por R$ 80. Fazendo as contas, a fórmula compensa mais. E foi com ela que provei seis coisas. De entrada, salada mesclun com chèvre e polenta – servida dura – com champignons e escargots. Como pratos, ravióli de perdiz ao molho de estragão e filé Daniel com arroz. Por fim, fondant de chocolate com coulis de coco e banana, e musse de bacuri.

Com exceção dos doces, implantados na fase Valero, os demais itens têm aquele sabor passadista que faz pensar: com novos ingredientes, novas técnicas, esse estilo ainda faz sentido? Certamente. É a convivência do antigo (que um dia foi novo) com o contemporâneo que compõe a história. Mas é imprescindível que esses pratos sejam gostosos, não apenas "representativos" – e eles são, ainda que tenham sido melhores.

Já era tarde e alguns casais jovens chegavam, baixando a média etária dos comensais. Seria a clientela do futuro? Quem sabe. Vincenzo Ondei dá uma informação importante. Na semana que vem ele vai trocar as fotos em preto e branco feitas por Trípoli por imagens de Paris. O Le Coq Hardy quer um reencontro consigo mesmo.

Le Coq Hardy
R. Jerônimo da Veiga, 461, Itaim Bibi, São Paulo

Atualização: o restaurante fechou em 2010.

Maripili
Um boteco à madrilenha
Publicado em 28/8/2009 no Paladar

Quando vamos a um restaurante de estilo gastronômico dito "estrangeiro", o que procuramos? Apenas uma refeição saborosa a preço justo, com pratos que identificamos como representativos daquele tipo de cozinha, seja ela francesa, italiana ou japonesa? Ou queremos algo que nos pareça fiel, autêntico, que dê a sensação de viajar, de sair das fronteiras? Foi com essas questões que cheguei ao Maripili, uma tasca espanhola aberta recentemente na região de Santo Amaro.

O primeiro alívio: constatar que o lugar é despretensioso como um boteco madrilenho e passa longe da estética de espaço temático. O segundo: o despojamento não é só truque decorativo, mas sim a expressão do que se faz na cozinha. Tapas e pratos simples, cheios de tipicidade. Um exíguo menu que não tem nem sangria nem paella (com todo o respeito ao prato).

Mas por que essa proposta? E por que ali, um bairro fora do circuito? Nada de muito misterioso. O empresário e enófilo Dario Taibo, filho de galegos, queria somente reconstituir ambientes e sabores que experimentou cotidianamente nos dez anos em que viveu em Madri. E assim foi concebido o Maripili – diminutivo de Maria del Pilar, nome escolhido por ser desbragadamente espanhol.

Na entrada, fora, há duas lousas com pratos do dia. Dentro, outro quadro traz mais sugestões. A recomendação, então, é começar com um copo de vinho ou de jerez para acompanhar embutidos como fuet e sobrasada, tudo a preço camarada. Prosseguir com entradas como um gazpacho rico e de consistência espessa, e apreciar uma fatia alta e tenra da tortilla de batata, como as que se comem nos balcões de tapas da Espanha. E se preparar para clássicos da cocina casera, como os callos à madrilenha, a dobradinha cozida numa salsa bem picante. Ou o bacalhau à viscaína, de sabor piscoso, com um apurado molho de pimentões. Os preços vão de R$ 5,50 (a tortilla) a R$ 24,75 (o bacalhau), com vários itens por volta de R$ 15.

Revezando-se entre balcão e salão há apenas uma atendente, a madrilenha Olga. Já à frente do fogão está Alberto Navarro, nascido em Aranjuez, que trabalhou com o aclamado Paco Roncero no Terraza del Casino, em Madri. Foi passando uma temporada no Brasil que ele conheceu Taibo. Interessado em voltar às receitas tradicionais, o chef assumiu a cozinha do Maripili. E sem fazer concessões ao gosto local – o que, em nome da tipicidade, é um bem que se faz ao cenário gastronômico da cidade.

Maripili
R. Alexandre Dumas, 1.152, Santo Amaro, São Paulo, 5181-4422

Atualização: o Maripili continua um sucesso na zona sul, e seu proprietário, desde então, abriu o Museo Veronica e o Carmen La Loca.

Porto Rubaiyat
À procura de um bom porto
Publicado em 12/11/2009 no Paladar

A proposta soava atraente: produtos vindos da Amazônia, apresentados pela cozinha de um grande restaurante paulistano. No plano teórico, o festival Porto Amazônia, que vai até dia 15 no Porto Rubaiyat, era promissor. Segundo a organização do evento, a ideia era divulgar ingredientes e pratos, com a participação da chef Tânia Nascimento, do Lá em Casa, de Belém, e de um mestre palmiteiro.

Seria, então, uma possibilidade de ver filhote, pirarucu, tambaqui, manejados do ponto de vista de uma casa especializada em pescados. De experimentar frutas amazônicas interpretadas pela doçaria de um estabelecimento com considerável estrutura de pâtisserie. Mas, na prática, não aconteceu assim. E o que mais espantou não foi nem o fato de eu não ter encontrado uma Amazônia bem tratada gastronomicamente. Foi não ter encontrado nem o Rubaiyat – o bom e confiável.

O festival foi montado em forma de bufê, a R$ 59 por pessoa. Há algumas opções frias (não vi nenhuma de perfil amazônico), alguns pratos quentes, uns poucos grelhados, sobremesas. Perguntado sobre onde estavam o carpaccio de pirarucu e o palmito pupunha anunciados nas próprias mesas, um funcionário respondeu: "Tem às vezes. Vai mudando." Nos bons tempos do Grupo Rubaiyat, o garçom pediria apenas um momento. E levaria a porção à mesa.

Com pratos mantidos no esquema de *réchaud*, em que a melhor opção era a farofa, foi uma pena ver itens como o filhote em crosta de castanha secarem quase até a impossibilidade de morder. Ou perceber que os peixes "grelhados na hora", conforme prometido, estavam lá sobre uma chapa, já prontos, esquentando, esquentando. Um verdadeiro anticlímax, quando se imaginava que, ali, as ainda pouco exploradas espécies dos rios do Norte teriam seus pontos respeitados, seus sabores valorizados. Na parte de sobremesas, as soluções eram do tipo: um creme de cajá sobre uma massa de torta básica; um creme de graviola sobre uma forminha de chocolate e por aí adiante.

O desencanto vem essencialmente do fato de o Rubaiyat, por anos, ser uma das poucas certezas de São Paulo. Um lugar onde nem se pensava em erro no ponto de cocção. Onde o serviço adivinhava o próximo desejo do cliente, com equilíbrio admirável entre acolhimento e eficiência. Onde falhar na crema catalana (e isso aconteceu duas vezes) parecia impensável, quase história da carochinha. O que acontece? É verdade que o grupo se expandiu, abriu novas unidades, inclusive no exterior, e pagou um preço pelo crescimento. Mas isso explica? Como interpretar um descompasso que acomete o Baby Beef e a Figueira e, agora, parece chegar ao ápice no Porto? Difícil de entender. Por ora, eu só confesso: tenho saudades do Rubaiyat.

Porto Rubaiyat
R. Leopoldo Couto de Magalhães Jr., 1.142, Itaim Bibi, São Paulo

Atualização: o restaurante mudou para a Rua Amauri em 2011, onde ficou até fechar, em 2016.

Tordesilhas

Encantadoras de formigas

Publicado no Paladar de 3/12/2009

É uma pena que tenha sido uma única refeição. Que o grande público, por assim dizer, não tenha presenciado o jantar de anteontem feito por Mara Salles e por Dona Brazi. Pois o menu servido no Tordesilhas foi de nos tirar do lugar, de nos arremessar para outro território.

Pesquisadora de produtos e tradições, chef, Mara é consagrada no cenário de São Paulo. Dona Brazi, cozinheira de São Gabriel da Cachoeira, no Amazonas, é daquelas figuras que se tornam inesquecíveis ao primeiro contato – foi assim em junho, quando ela deu uma aula no evento Paladar – Cozinha do Brasil. Índia baré, Dona Brazi tem carisma e competência, mas vai além. Ela domina segredos ainda não revelados por aqui.

A sequência de pratos apresentada pela dupla foi um desfile de picantes, de crocantes, de linhas de sabor que nós, do Sudeste, não sabemos em que escaninho sensorial devem ser guardados. Os produtos utilizados, em sua maioria, vieram diretamente da região do Alto Rio Negro. Alguns itens, inclusive, foram pré-preparados em São Gabriel.

E foi mais ou menos como um passeio floresta adentro. Começou com o chibé da Mara, um "gazpacho equatorial" com água gelada, farinha d'água, cebolas, chicória, coentro, pimenta-cumari-do-pará. Num primeiro momento, você pensa: é refrescante; mas é tão forte que vai devastar as papilas. Não. Ele passa, arrasa, e vai embora. E deixa o caminho livre para a traíra moqueada com caruru (neste caso, uma verdura) e vinagrete de tucupi preto com formigas. Pronto, você chegou à fase mais amazônica da trilha. O peixe, defumado no moquém por quatro horas – não pense nos pontos de cocção convencionais –, cresce ao ser provado com o tucupi preto e os insetos, com sua textura peculiar e seu sabor herbáceo.

Mais um passo para dentro da mata. Apareceu então a quinhampira de piraíba, uma caldeirada do peixe com tucupi e várias pimentas – e então as analogias mudam de contexto. Não é o apelo do primitivo. É uma experiência semelhante à provocada pela cozinha de vanguarda. Você pede orientações: como se come isso? Usa-se a cuia? O beiju vai dentro do caldo? Como se mistura?

Como um limpa-papilas (ou uma clareira na floresta), aparece a salada de cubiu, fruto assemelhado ao tomate e de sabor ácido. E, como se fosse a visão distante de um povoado, veio à mesa a bochecha de queixada, cozida na pressão, com cuscuz de farinha de Uarini. Uma carne saborosa, mas um prato de menor impacto. Para concluir a viagem, sorvete de cupuaçu com banana assada. Seguido por mais formigas, desta vez com mel de abelha mandaçaia, sobre manjar de tapioca. E chegamos.

Dona Brazi está indo embora. Mara, porém, ainda tem vários dos ingredientes do jantar e cogita servi-los no Tordesilhas. O chibé, por exemplo, já fará parte do cardápio. Informe-se e não pense duas vezes: reserve algum prato.

Tordesilhas
R. Bela Cintra, 465, Consolação, São Paulo, 3107-7444

Atualização: o Tordesilhas se mudou, para a Al. Tietê, 489 (o telefone é o mesmo) e permanece um dos nossos grandes restaurantes brasileiros. Dona Brazi segue cozinhando, em São Gabriel da Cachoeira.

Ca'd'Oro
O último bollito
Publicado em 10/12/2009 no Paladar

Quem acompanha o cenário gastronômico de São Paulo sabe que modismos vão e vêm. Que restaurantes abrem e fecham de forma voraz. O contraponto disso seria uma certeza da existência eterna de clássicos como Rubaiyat, Fasano, Casserole e outros mais... Por isso é difícil se acostumar com a ideia de que o Ca'd'Oro vai fechar. Ele já não estará lá, R. Augusta, 129, a partir do dia 19. O hotel encerra atividades no dia 20.

O Ca'd'Oro surgiu em 1953, na R. Barão de Itapetininga, fundado pelo ítalo-suíço Fabrizio Guzzoni. Em 1956, mudou para a R. Basílio da Gama, onde foi inaugurado também o hotel. Nove anos depois, a grife se transferiu para o endereço atual, onde conheceu seus dias de glória. Foi o primeiro hotel cinco estrelas de São Paulo e virou o preferido de estadistas e artistas, numa época em que estar entre o Centro e a Av. Paulista era ocupar o lugar mais nobre da cidade.

Ali nasceu a cozinha rigorosa que acabou virando referência. Acostumados à culinária dos imigrantes do sul da Itália, os paulistanos conheceram, pelo Ca'd'Oro, as tradições do Piemonte e da Lombardia. Foi o primeiro da cidade a preparar carpaccio. E a fazer o risotto alla milanese, com açafrão importado (no início, alguns chamaram de "papa com gosto de remédio"). E a servir o bollito misto, o famoso cozido de carnes e vegetais. Foi soberano até que o eixo da vida urbana se deslocou para a Av. Brig. Faria Lima, para a Marginal do Pinheiros.

O restaurante manteve-se fiel a seus padrões. Mas começou a parecer antiquado. Para usar uma frase de Saul Galvão, não foi o Ca'd'Oro que piorou. Os outros é que avançaram. E a cucina prezada pelos Guzzoni, formatada pelo cuoco Emilio Locatelli, enfim, virou objeto de culto de antigos clientes, sem necessariamente conquistar os novos.

Nesta semana fui duas vezes ao Ca'd'Oro. É impossível não contemplar o salão vazio e deixar de imaginar que por ali já jantaram Di Cavalcanti, o rei Juan Carlos, Nat King Cole. Assim como é impossível não dar valor à tremenda dignidade dos funcionários, que, mesmo já sabidamente desempregados, atenderam com fidalguia e eficiência. E o cardápio foi assim. No primeiro dia, agnolotti recheado com ricota, na manteiga de sálvia, com a massa cozida no ponto certo; depois, rabada com polenta, o prato clássico das segundas, e crostata de maçã. No segundo, o apetite foi reservado só para o bollito misto, servido no carrinho, fatiado na hora – com cotechino, zampone, picanha, frango, tender, língua, além de cenoura, batata, repolho etc. –, seguido por cassata de sobremesa.

O programa é bom? Sim, ainda que a melancolia seja inevitável. Ainda que a reabertura prometida para daqui a três anos, depois de uma grande reforma, seja por ora mais desejo do que certeza. Ainda que os pratos pareçam mesmo exemplares de um tempo antigo. Se você adiou suas visitas por todos estes anos, então já sabe. É só até 19/12.

Ca'd'Oro
R. Augusta, 129, Centro, São Paulo, 3236-4300

Atualização: o Ca'd'Oro reabriu em 2016, reformado, mantendo a maioria de seus clássicos no cardápio.

Le Jazz Brasserie
Bistrô com preço de bistrô
Publicado em 17/12/2009 no Paladar

A primeira surpresa, ao me acomodar no recém-aberto Le Jazz Brasserie, foi na hora de pedir uma água. "Mineral, ou pode ser a da casa, incluída no couvert?", perguntou o garçom. Podia ser a da casa, sem dúvida. Parecia mentira, mas finalmente alguém estava tomando esse tipo de iniciativa em São Paulo. E chegou então a jarra, parte integrante de um pacote que inclui pão e manteiga e custa R$ 4,50. Algo que acontece em várias metrópoles do mundo, mas que aqui, provável capital mundial da venda de água em restaurantes, é quase uma excentricidade.

Refeito do choque inicial, comecei então a botar reparo na nova casa. A entrada é diretamente na rua, sem recuos, sem porteiro; seu interior é pequeno, com um balcão e poucas mesas e cadeiras; não há muitos funcionários, como num café parisiense. Não por acaso, os proprietários Chico Ferreira, chef, e Gil Carvalhosa Leite, responsável pelo salão, trabalhavam na França. No cardápio, predomina o receituário clássico, a cozinha bistrotière trivial, e com preços camaradas. E a comida? É boa, só carece de alguns acertos.

Das entradas provadas, a melhor foi o ovo mollet com cogumelos (R$ 16,50) – ainda que o azeite trufado fosse dispensável. A terrine de legumes (R$ 19,50), por sua vez, estava bastante delicada. Já no caso do tutano (R$ 10,50), faltou justamente a textura certa, mais gelatinosa.

Trabalhando em ritmo acelerado, a cozinha logo liberou os pratos: mexilhões (R$ 29) num interessante molho com um toque de curry, acompanhados por fritas que poderiam ser mais douradas. Um cassoulet (R$ 32) bem apurado, que ficaria melhor se os feijões já não estivessem se desfazendo. E um ótimo entrecôte grelhado (R$ 30), úmido por dentro e dourado por fora, servido com uma variação de sauce béarnaise. As sobremesas foram a parte menos empolgante: tanto a torta de chocolate como o clafoutis (com amoras e morangos assados) careciam de sabor.

A conclusão? Ao apostar naquilo que deveria ser o bom senso geral, o Le Jazz se torna uma *avis rara*. A casa não tem luxos, e não cobra por luxos. É importante que exista esse tipo de proposta, assim como é importante que exista a alta cozinha. Há hoje no mercado uma zona cinzenta em que se confundem estabelecimentos de várias faixas, um equívoco de concepção que turva critérios e destrói a diversidade. Mas que também é culpa do público: se os clientes exigem trufas, taças Riedel e sommelier em todo e qualquer lugar, isso tem custo. E quem poderia vender um prato por R$ 25 acaba subindo para R$ 50.

Deixemos o supérfluo, no bom sentido, para quem pode oferecê-lo. E que iniciativas como a do Le Jazz possam sobreviver sem ter de abrir mão da simplicidade.

Le Jazz Brasserie
R. dos Pinheiros, 254, Pinheiros, São Paulo, 2359-8141

Atualização: Sempre fiel ao receituário de bistrô, o Le Jazz, atualmente, tem três restaurantes e um bar.

BottaGallo
Tapear à italiana
Publicado em 21/1/2010 no Paladar

Num primeiro exame do cardápio, o novo BottaGallo pode produzir no visitante uma espécie de angústia do excesso. Tudo parece interessante, e não é fácil decidir. Fica-se com a impressão de que algo mais apetitoso está sendo perdido. Mas o fato é que você terá de fazer suas escolhas e, quem sabe, voltar para experimentar mais coisas.

A inspiração deste bar gastronômico, nascido da associação entre a Cia. Tradicional (Bráz, Original, Astor etc.) e o empresário Ipe Moraes (Adega Santiago), é radicalmente italiana. O menu apresenta uma seleção de antepastos, massas, carnes e que tais concebidos para beliscar e compartilhar – à maneira do que acontece com as tapas. Há também pratos completos, para quem deseja comer uma única coisa. A graça, contudo, é experimentar, variar.

O responsável pela cozinha é o chef André Lima, que pesquisou e desenvolveu item por item. Ao propor a convivência harmônica de petiscos e entradas simples com pratos ora mais tradicionais, ora mais criativos, o cozinheiro toca num ponto importante: atualiza o cenário paulistano sobre o que é feito na Itália de hoje. Não no sentido de modernidade, mas da realidade cotidiana. E capta um repertório de receitas, um estilo de fazer refeições que não vinha sendo muito abordado nem pelas trattorie nem pelos restaurantes de alta cucina de São Paulo.

Teoria à parte, o resultado prático também é convincente. Há coisas realmente saborosas, como o plin (massa recheada com carne e vegetais, R$ 14) servido sem molho, dentro de um guardanapo, como é usual no Piemonte, para comer com as mãos. E o feijão branco cozido lentamente com linguiça de javali (R$ 11), uma receita de inspiração toscana.

Completaram a primeira leva, por assim dizer, as costelinhas de porco, assadas no forno a lenha (R$ 19), e a scarpetta com polpettini (R$ 21, uma pequena porção de molho de tomate para raspar com o pão).

A dinâmica de pedidos, diga-se, é algo para se pensar. Se você escolhe muitas coisas de uma vez, corre o risco de vê-las esfriar sobre a mesa. Se pede uma a uma, pode esperar mais do que deseja. Talvez seja melhor consultar os garçons – ou simplesmente solicitar aos pares, sem pressa. Minutos depois, quase refeito da rodada inicial, experimentei ainda um prato de tonarelli à carbonara (R$ 39), com massa feita na casa, cozida bem al dente (mas talvez com ovo demais e pancetta um pouco de menos). E encerrei com um bom pudim de chocolate (R$ 15).

O BottaGallo, em resumo, pode ser uma experiência de variadas profundidades. Presta-se tanto ao petiscar quanto a um jantar mais substancioso. Garante-se tanto nos drinques como nos vinhos (a carta contempla somente os italianos).

É bar, como fazem questão de afirmar os proprietários, com música alta e falatório, mas funciona como restaurante. Pode tanto sair barato como ficar caro (cuidado com a empolgação). Vai depender da altura em que você quiser voar.

BottaGallo
R. Jesuíno Arruda, 520, Itaim Bibi, São Paulo

Atualização: a Bottega BottaGallo fechou em 2014. Alguns de seus conceitos e pratos, hoje, fazem parte da Bráz Trattoria.

Lukullus
Alemão do século 21?
Publicado em 18/2/2010 no Paladar

A Alemanha à paulistana do restaurante Lukullus não tem ambiente de taverna nem decoração ao estilo falsa Baviera, com canecões de chope e pôsteres de montanhas geladas. É uma casa arejada e bem iluminada, com uma padaria ao lado do salão principal. O mais interessante, entretanto, é notar que seu cardápio não apresenta o eisbein e o chucrute como únicas alternativas para uma refeição ao estilo germânico – ainda que esses pratos estejam disponíveis.

De forma despretensiosa, sem nenhum luxo, a casa do chef Tassilo Drosdek parece representar um sopro de renovação numa modalidade – a cozinha alemã feita em São Paulo – que há muito não se renova. Ainda presa aos salsichões e aos pratos tamanho-família, essa escola culinária representa um momento particular do século 20. Mais precisamente quando um grande contingente de alemães chegou à cidade, para se estabelecer em Santo Amaro e adjacências. Sua comida retrata a saudade da terra natal, com a fartura desejada por quem viveu guerras e crises. Entretanto, parece estar congelada nos anos 50 ou 60.

Não estou defendendo a extinção do eisbein, nada disso. Mas vale uma analogia: é como se a cozinha italiana tivesse parado nas cantinas. É importante notar que várias vertentes gastronômicas da cidade passam por um *aggiornamento*, sem que isso signifique a eliminação da velha guarda. Hoje, a paella convive com as modernas tapas, no caso espanhol; assim como os japoneses vêm implantando um painel mais variado de seus quentes e frios; e a própria Itália se faz representar melhor, tanto na cucina clássica quanto na moderna. Um movimento que não havia chegado aos alemães.

O Lukullus já traz essa face contemporânea? Certamente ele não traduz a atual alta gastronomia alemã, na qual a valorização da técnica e a obsessão por bons produtos (orgânicos, em especial) dão o tom. Mas acena com uma busca pela leveza e por um formato que vá além das porções gigantes. Drosdek, natural de Stuttgart, não usa a concisão como mero truque para reduzir a escala da refeição. Ele propõe um menu possível contando couvert, porções, prato, sobremesa.

O que escolher estando à mesa? Basta começar pelos pães frescos e pelos antepastos feitos na casa. Beliscar porções como a salsicha de vitela com molho de curry e a linguiça de cordeiro com coalhada, e se divertir com pratos como o spätzle (massa fresca e rústica) com ragu de lentilhas; o maultaschen, espécie de ravióli graúdo típico da Suábia, recheado com carnes e verduras; ou as almôndegas com molho acebolado. Para a sobremesa, se quiser apfelstrudel, tem. Mas prove a leve mousse de coalhada com morangos.

Os preços, baixos, permitem experimentar várias coisas – em dias especiais, o chef propõe um menu-degustação de almoço por R$ 24. E, se você não concebe uma visita a um alemão sem comer kassler e congêneres, vá em frente, pois também tem. Mas dê uma chance à atualização.

Lukullus German Cuisine & Bread
R. Alexandre Dumas, 1.541, Chácara Santo Antonio, São Paulo, 5181-1692

Atualização: a casa segue vendendo bons pães artesanais e pratos de inspiração alemã.

Osteria Francescana
A Osteria que quer derrubar fronteiras
Publicado em 12/8/2010 no Paladar

Massimo Bottura, o chef, o pensador da cozinha italiana, gosta de trabalhar com os limites, de desenhar fronteiras. Não apenas para demarcar territórios, mas também para redefini-los – e assim derrubar barreiras culturais, sensoriais. À frente da Osteria Francescana, o cozinheiro já cometeu a ousadia de recriar o mundo a partir de sua Módena natal. Ou, mais grave ainda, de unir a vanguarda à cucina della nonna, enfrentando os riscos de ser um criativo no berço sagrado do tortelli di zucca. Agora, ele quer turvar as linhas divisórias entre Oriente e Ocidente, entre pratos e sobremesas.

Com duas estrelas Michelin, bem cotado em guias como o Gambero Rosso e o L'Espresso, ocupando a sexta posição no 50 Best da revista *Restaurant*, o cuoco e sua Osteria poderiam deixar tudo como está e apenas aproveitar as benesses da fama. Mas não é isso que acontece. O sucesso, neste caso, parece ser o salvo-conduto para um exercício pleno da criatividade. O atual menu da Francescana é a prova de que rigor, inteligência e comida saborosa são coisas altamente compatíveis.

Foi uma sequência de 16 pratos, servidos numa tarde muito quente de julho. Cansativo? No fim, talvez. Mas nunca tedioso, e o mais notável foi constatar que as surpresas pareciam não ter fim. As criações se sucediam num nível tão alto de sabor e técnica que a vertigem era quase constante – uma sensação potencializada inclusive pela escolha das bebidas. Beppe Palmieri, um sommelier dos mais inventivos, vai além dos vinhos: suas sugestões podem incluir de uma prosaica cerveja a uma dose de gim.

Na primeira parte do menu, o tema predominante foi de inspiração marinha, com notório pendor para o Japão. E teve coisas deliciosas, como minitempurá de peixe servido com sorvete salgado. Enguia com polenta carbonizada. Um pequeno plateau de crus, com ostra, vieira, camarão, peixe e algas, assentados sobre um prato congelado; com um golpe da colher, quebrava-se a superfície gelada, para libertar o líquido que havia dentro, composto por água de ostras e sumo de limão. E um dos melhores peixes que já provei, batizado de Omaggio a Monk: merluzzo (o black cod, parente do bacalhau) a baixa temperatura em crosta de cinzas vegetais, sobre espaguete de legumes e um denso caldo de peixe, algas e nero di seppia.

A segunda etapa foi um sobrevoo pelo território de Módena. Começou com uma tábua da salumeria local, com prosciutto, pancetta e salame. Seguiu com pratos como creme de alho com escargots, trufas e avelãs; e peito e coxa de pombo empanados, com lentilhas e frutas do bosque. E chegou ao ápice com uma criação que concentra os sabores da Emilia-Romagna: um maravilhoso ravióli de cotecchino com lentilhas, preparado como se fosse um dumpling, no vapor de vinho Lambrusco, tendo como molho a gelatina do embutido, devidamente derretida.

Na parte final, mais um questionamento de fronteiras, agora entre doce e salgado: raspadinha de frutas com ervas e alho; suflê de batata com creme de baunilha e trufas; mais frutas, desta vez com vinagre e pimenta. Quando o garçom anunciou que a aventura havia acabado, senti uma espécie de euforia. Não apenas porque não aguentava mais comer, mas porque percebi que tinha passado por uma refeição inesquecível. Uma experiência repleta de propostas e conceitos – mas todos altamente comestíveis. Quantos chefs em todo o mundo são capazes disso?

Osteria Francescana
Via Stella 22, Modena, Itália, +39 059 223 912

Atualização: A Osteria tem três estrelas Michelin, tem figurado entre os primeiros postos do 50 Best e Massimo Bottura é um dos mais famosos chefs do mundo.

Serafina
Quer economizar? Vá para NY
Publicado em 9/9/2010 no Paladar

Em algum momento, nesses últimos dias, é provável que alguém próximo a você (ou mesmo você) tenha tentado entrar no Serafina, sem sucesso. O restaurante, filial de uma rede de Nova York, vive cheio desde que foi inaugurado, há três semanas.

Mas o que há de tão atraente ali no 1.705 da Al. Lorena? Será a aura nova-iorquina? Ou será o apetite pela cucina della nonna com filtro americano?

Ainda não dá para dizer. Porém, olhando da minha mesa (eu consegui lugar duas vezes, sempre chegando bem cedo), vi a mesma cena se repetindo, num moto-contínuo: o cliente entra, fala com a *hostess*, faz cara de decepção. E dá-lhe espera.

Sobre a comida, o Serafina propõe algo que se insere entre a trattoria e a casalinga (a cozinha caseira). Tal como a casa-mãe, fundada por sócios italianos em NY em 1995, o restaurante trabalha com massas, pizzas, focaccias, peixes, carnes variadas – aqui, sob a supervisão do chef Ricardo di Camargo.

São pratos de execução simples e resultados razoáveis. Como o espaguete alho e óleo Pacino (R$ 26), servido al dente, com um pouco de pepperoncino. Ou os escalopes de vitela com batatas sautées (R$ 43), de acabamento um pouco mais grosseiro. Ou o pappardelle portofino (R$ 29), com molho pesto um tanto desequilibrado, mas preparado com vagens e batatas, conforme a tradição. E mantém o nível mediano em doces como a torta cremosa de ricota (R$ 15) e o tiramisù (vendido por salgados R$ 25).

Agora, ainda que seja menos caro do que várias outras trattorias de São Paulo, o Serafina chega também para tornar concreta uma constatação: nossa cidade superou Nova York nos preços. E aí não estamos falando mais da subjetividade de certas comparações. É que a filial dos Jardins trabalha, na maioria dos itens, com valores mais altos do que os da matriz, na metrópole americana.

Basta cotejar os cardápios, lá e cá. Os pratos têm descrição idêntica e, segundo a gerência da unidade paulistana, são mesmo iguais. Vejamos. O paglia e feno, com massa fresca, molho de tomate, manjericão e creme, custa US$ 15,50 (R$ 26,74) no Serafina da 55th Street com a Broadway Avenue. Aqui, sai por R$ 33. O robalo ao forno, servido com batatas, é vendido por US$ 25 (R$ 43) em NY; em SP, por R$ 47. O ravióli ao tartufo nero? US$ 23 (R$ 39) lá, R$ 68 aqui.

Qual o critério? De acordo ainda com a gerência do Serafina, os valores foram fixados analisando nossa realidade de mercado. Mas São Paulo está podendo mais do que Nova York? Consideremos, por exemplo, o preço dos imóveis.

Uma rápida pesquisa aponta que o metro quadrado do aluguel comercial na Al. Lorena fica por volta de R$ 120. Já em Manhattan, numa área como a Times Square, o preço do pé quadrado ronda os US$ 70 (por coincidência, R$ 120). Porém, a área de um metro quadrado equivale a dez pés quadrados. Falamos, em síntese, de R$ 120 para R$ 1.200.

Claro, o aluguel não é o único parâmetro do cálculo dos preços. Há outros fatores, inclusive a relação entre oferta e demanda – esta última, por aqui, anda forte. E talvez a numeralha acima confunda mais do que explique. Por outro lado, quem sabe ela seja útil para mostrar que os paulistanos não precisam se sentir diminuídos diante dos nova-iorquinos. Somos mais caros, apesar de nossos imóveis custarem bem menos.

Serafina
Al. Lorena 1.705, Jardim Paulista, São Paulo, 3081-3702

Atualização: o Serafina, além do restaurante dos Jardins, tem outro, ao lado do Shopping JK Iguatemi.

Le Chateaubriand
Tudo ao mesmo tempo
Publicado no Paladar de 16/9/2010

Não existe sinal de solenidade nem de formalidades da haute cuisine no Le Chateaubriand. No salão – um ambiente ao estilo dos anos 30, arejado e iluminado, com mesas apertadas –, predomina um certo burburinho. O barulho, no entanto, não vem só dos clientes. Sai principalmente da cozinha: é rock, em volume alto. Entre fogões e bancadas, no centro de uma bagunça metodicamente ordenada, está Inãki Aizpitarte. O cozinheiro não corresponde à imagem clichê de artesão sensível ou de chef francês cerebral e afetado. Com quase 2 metros de altura, cabeludo e barbudo, parece mais um músico pop recém-chegado de um festival alternativo. A bem da verdade, não condizer com ideias preestabelecidas talvez seja uma das marcas do restaurante. Nascido na França, mas filho de bascos espanhóis, Aizpitarte é um autodidata.

Ele assumiu o comando do Chateaubriand em 2006, onde acabou se consolidando como um dos astros da voga bistronômica – uma condição que, no entanto, nunca aplacou sua inquietação. O chef, que atualmente ocupa o 11º lugar no *ranking* da revista *Restaurant*, é um dos mais criativos de seu país. Aizpitarte consegue reunir, sem conflitos, a simplicidade dos bistrôs; a fixação pelo bom produto; o fervor pela técnica; a tradição francesa; o entusiasmo por sabores de outros países. E é notável como consegue transformar tantas influências diferentes numa possante aventura gastronômica, que se traduz em menus de 45 euros. Jantar no Chateaubriand é a possibilidade de comer muito bem e, ao mesmo tempo, se surpreender com soluções simples colocadas em contextos inesperados. Os vinhos – os naturais são o forte da casa, sob a supervisão do maître-proprietário Frédéric Péneau – mal tinham sido servidos quando chegaram à mesa os primeiros amuse-bouche. Eram delicados choux au fromage, pãezinhos de queijo leves e aerados, e pequenas tranches de foie gras com algumas folhas verdes. Logo em seguida, a primeira entrada: camarões de Moçambique, amêndoas frescas, ervilhas, salsão, pepino, mâche...

Uma salada surpreendente, perfumada, cheia de frescor, com notas doces e um instigante elemento crocante: as perninhas fritas dos camarões. Logo depois, um lieu jaune (em português lusitano, o peixe chama-se juliana) saboroso e em ponto perfeito, preparado à baixa temperatura, com nabo e ruibarbo. E, em seguida, uma excepcional presa ibérica: a carne, um corte alto extraído da copa-lombo de porco ibérico, foi feita também à baixa temperatura, e chegou à mesa rosada, úmida. Como guarnição, alho-poró e algo que parecia morcilla, mas não era – tratava-se de abobrinha carbonizada. Um prato delicioso.

Àquela altura, a música que emanava da cozinha era algum *dub* jamaicano. E o espanto prosseguiu com a sobremesa – que, à primeira vista, lembrava mais uma salada. Era sorvete de lait ribot (o leitelho) servido com estragão, salsinha, ciboulette, manjericão, hortelã. Um creme cujo sabor intenso era potencializado ainda mais pelas ervas. Algo inesperado tanto do ponto de vista de textura como no aspecto gustativo: dentro da boca, cada mastigada revelava um novo aroma, uma nota diferente. Impactante a ponto de ofuscar os morangos no vinho e no açafrão que acompanhavam o sorvete.

Já no fim da jornada, a trilha sonora era The Smiths. O chef e seus assistentes deixam seus postos e vão para a calçada fumar e conversar. Não fosse a recomendação para não caminhar tarde da noite pelo 11ème *arrondissement*, eu voltaria a pé para o hotel. Menos por causa da digestão. Mais para entender a vigorosa experiência de ter jantado num lugar que não é nem um bistrô parisiense, nem um restaurante basco, nem um restaurante de vanguarda de uma grande metrópole. É tudo ao mesmo tempo.

Le Chateaubriand
129, Av. Parmentier, 75011, Paris, França, +33 1 43 57 45 95

Atualização: O restaurante segue como um dos baluartes da bistronomia de face mais moderna.

Les Créations de Narisawa
Reinações de Narisawa
Publicado em 4/11/2010 no Paladar

O nome, convenhamos, não é dos mais inspirados: Les Créations de Narisawa. A que tipo de associação ele nos leva? A algo do gênero 'Reinações de Narizinho'? Ao universo da alta costura? Ou simplesmente faz acreditar que se trata apenas de um japonês afrancesado, ainda que criativo? Não é uma coisa nem outra.

Instalado num belíssimo restaurante, um ambiente de linhas sóbrias e elegantes no dinâmico bairro de Minami Aoyama, em Tóquio, bem ao lado do edifício da Sony, o chef propõe uma das cozinhas mais instigantes da atualidade. Mistura Ocidente e Oriente, une tradição (ou ancestralidade, como talvez ele prefira) com pontos de vista refrescantemente modernos.

Yoshihiro Narisawa é um artesão de alma rigorosamente nipônica, mas que dialoga com a Europa sem preconceitos nem barreiras (ele passou temporadas na França e na Itália). Seu trabalho, no qual se percebem ecos de Michel Bras e Andoni Luis Aduriz, é autoral, cerebral, repleto de simbologias, de rituais.

Pude provar seu mais recente menu no mês passado, no início da nova estação (é outono no Hemisfério Norte). Narisawa, como outros grandes cozinheiros de seu país, é profundamente devotado aos produtos da temporada – e à natureza, de forma geral. Seus pratos recriam bosques, mimetizam terra e rocha, usam procedimentos altamente técnicos para extrair o que há de mais típico e expressivo dos melhores ingredientes da época. Hábil em especial no manejo dos tostados, o chef leva ao limite as notas amargas, usando incineração, defumação e outros métodos.

Descrevendo assim, pode parecer conceitual em excesso. Existe, de fato, um discurso artístico, uma pretensão de conexão estética com a vida selvagem. E, à maneira de algumas vertentes da gastronomia de vanguarda, há muito de performático inclusive no serviço – o espetáculo vai da cozinha à mesa, para encanto dos comensais. Mas tudo isso só faz sentido porque a cozinha de Narisawa é provocante e saborosa.

Eu conseguiria citar aqui vários pratos do menu Collection, 2010 (olha a *haute couture* aí de novo...) como exemplo de boas ideias que são também ótimas de mastigar. Como a cebola preparada com cinzas vegetais: negra por fora e absolutamente tenra e doce por dentro. A deliciosa lula finalizada à frente do cliente com nitrogênio líquido, produzindo à mesa uma efêmera cortina de fumaça. O lagostim trazido vivo da costa de Odawara, quase cru, servido com cogumelo matsutake. Ou o filé de veado – o Japão está na temporada de caça – com "sangue" de beterraba. E ainda a melhor sobremesa com matchá que já experimentei, um suflê perfeito em forma e textura. E muitos outros itens mais.

Porém, por mais prosaico que pareça, eu fiquei impressionado em particular com os pães da casa. Não só os "normais", de trigo integral, de grãos, todos preparados com fermento natural, deliciosos e crocantes. Mas principalmente o intrigante "pão da floresta", levemente azedo, sutilmente argiloso. E para besuntar? O garçom trouxe um pequeno vaso, desses para mudas de plantas. Por cima, era terra... só que feita de azeitonas. Por baixo, manteiga.

Com duas estrelas Michelin, Les Créations de Narisawa não é barato (o menu custa cerca de R$ 500 por pessoa), ainda que esteja dentro da faixa de preço dos estabelecimentos de elite de Tóquio. Mas é bom ter em mente que este é um restaurante de exceção, não de linhas médias. Quase nada é normal – ainda que, muitas vezes, as coisas sejam simples. E isto, seja pelo prisma do Oriente, do Ocidente, por, enfim, qualquer ponto de vista.

Les Créations de Narisawa
2-6-15 Minami Aoyama, Minato, Tóquio, Japão, +81 3 5785 0799
www.narisawa-yoshihiro.com

Atualização: Narisawa, desde então, vem se consolidando como um dos mais respeitados chefs do mundo.

Casa Garabed
Não preste atenção às horas
Publicado em 23/12/2010 no Paladar

O tempo, na Casa Garabed, funciona de um jeito um pouco diferente do que em outros lugares da cidade. Não existe a urgência do pré-pronto, a vertigem do imediato, a velocidade do ritmo "cliente sentado, couvert servido, bebida escolhida, cardápio visto, pedido feito". E isso pode tanto ser uma virtude como um defeito, dependendo das suas aspirações, dos seus apetites, do seu estado de espírito. Mas é assim, e pronto.

Às portas de completar 60 anos de vida, o restaurante criado pelo imigrante armênio Garabed Deyrmendjian continua executando as coisas mais ou menos da mesma maneira, desde 1951. Algumas mudanças, claro, tiveram de ser realizadas. Mas Roberto Deyrmendjian, neto do fundador, no comando do estabelecimento desde 1987, nem gosta de tratá-las assim: ele prefere o termo adaptações. Que consistem numa troca de tempero aqui ou em eventuais pratos novos acolá – feitos sempre de acordo com os princípios que regem a cozinha desde pelo menos 1948, quando foi construído o forno a lenha usado até hoje.

A bem da verdade, as transformações pelas quais a cidade passou nas últimas décadas parecem não fazer diferença não apenas para a Garabed, que continua com seu aspecto de residência interiorana, com ambientes simpaticamente improvisados. A própria Rua José Margarido prossegue protegida da agitação que se instalou em outras áreas de Santana. Você consegue imaginar o seguinte contexto: um restaurante sem *valet* nem *hostess*, numa viela quase sem trânsito...? Não é notável?

Não estou querendo dizer, por outro lado, que um estabelecimento que permanece fiel a seu passado seja automaticamente superior aos outros. Se fosse assim, os melhores restaurantes – vamos exagerar – estariam dentro dos museus. A questão é: como usar em seu próprio benefício aquilo que a tradição tem de mais relevante? No caso do clã Deyrmendjian, o que permanece de mais íntegro é o apego ao que poderíamos chamar de o artesanato da cozinha. O prazer por uma certa mecânica fina da culinária.

Há duas semanas, a Garabed ganhou o Prêmio Paladar numa categoria dedicada às receitas do Oriente Médio e adjacências. O prato vencedor foi o madzunov kiofté (R$ 54), um quibe redondo recheado com pinoli e servido em molho de coalhada que leva pelo menos 30 minutos para ser feito, quando não mais. Dá para acelerar? Nem pergunte, pois não dá. A carne é trabalhada meticulosamente, as bolinhas são assadas no forno, uma a uma. A coalhada é levemente aquecida. E assim vai.

Com as famosas esfihas (entre R$ 4,85 e R$ 7,50), é a mesma coisa. Elas têm seu tempo, não adianta querer atropelar: o crescimento da massa, a modelagem, a cocção. Mas a espera continua compensando. Poucos (pouquíssimos) lugares na cidade conseguem prepará-las tão perfeitamente assadas, tão equilibradas em temperos. Não à toa, os discos crocantes e altamente saborosos acabaram dando origem a uma filial também na zona norte, dedicada apenas ao serviço de entrega (ou retirada no local).

É preciso dizer que a cozinha da Garabed, ainda que delicada, não é light. E não é barata, em comparação com seus pares. Como a casa justifica seus valores, se não tem luxos, nem brigada de salão numerosa, nem carta de vinhos sofisticada, nem o aluguel de ponto badalado – os mais óbvios vilões da carestia? É o preço do trabalho artesanal.

O detalhismo que aparece em todos os pratos, como um singelo quibe cru (R$ 42), está até mesmo no pão, outro item que, diga-se, não tem para consumo imediato, ainda que não demore tanto: precisa ser assado na hora. Como domar, então, a ansiedade? Eu sugiro que você se sente no salão interno, que dá vista para o balcão e para o forno. Peça uma porção de bastrmá (R$ 32), a carne bovina curada e temperada da Armênia, e outra de grão-de-bico frito no azeite (R$ 26,50), que vão levar, digamos, só uns tantos minutos para chegar à mesa. E observe o trabalho dos funcionários manipulando chamas e brasas, fantasiando talvez que o próximo prato será finalmente o seu.

Afinal, não costumam dizer que olhar para o fogo é algo que acalma?

Casa Garabed
R. José Margarido, 216, Santana, São Paulo, 2976-2750

Atualização: a Garabed continua adiante, sem tomar conhecimento dos modismos.

El Bulli
20 anos em 51 pratos
Publicado em 26/5/2011 no Paladar

Eu bem queria ter pensado em algo mais original, mas não consegui. E, logo depois de um jantar inesquecível, encerrado com um café e uma maravilhosa caixa de chocolates, não pude deixar de comparar com Pelé: "Se joga tão bem, se ainda é tão superior, por que resolveu parar?"

Assim como o melhor jogador do mundo, que não esperou a decadência para sair do campo, Ferran Adrià encerra as atividades do El Bulli num grau muito acima de qualquer outro restaurante.

Foram quatro horas de refeição, três semanas atrás, numa noite de clima ameno na primavera da Costa Brava. Um menu-degustação expandido, com 51 itens – como chamá-los? Pratos? Porções? –, todos de altíssimo nível. Tanto numa contabilidade a quente, à mesa, como em balanços posteriores, cheguei à conclusão de que não havia gostado apenas de cinco coisas. Dez por cento.

Como um restaurante consegue ser espetacular (na performance e no sabor) em nada menos do que 46 pratos? Como um chef consegue exercer seu ofício num patamar tão alto?

O menu que provei foi o último da derradeira temporada do El Bulli. Até o fechamento do restaurante, em 30 de julho, algumas coisas talvez mudem, por conta da sazonalidade. Mas a base permanecerá a mesma, uma espécie de mostruário, de catálogo vivo de técnicas, ideias e ingredientes.

Prometo que não vou recitar o nome dos 51 pratos. E talvez nem fizesse sentido falar deles unitariamente, fora de seu contexto. Mas alguns eu preciso mencionar, pois a degustação do Bulli, ao mesmo tempo longa e de ritmo perfeito, tem algo de sinfônico – ou melhor, de imitação do ciclo vital. É feita de fases, de movimentos.

Na primeira leva, foram servidos "drinques e snacks", ainda no terraço. Um festival de desconstruções com versões muito particulares de mojito, caipirinha, gin fizz, bloody mary, pontuados por petiscos como tortillas de minicamarões, falsos amendoins, ravióli de pistache, até as famosas azeitonas verdes esféricas. Tudo muito saboroso e, desconfio, talvez contendo algum tipo de substância hilariante: reparei em volta e as pessoas riam como bobas (confesso que eu também).

Logo depois, já devolvidos à condição de adultos, os comensais iam sendo conduzidos às mesas do salão. E o segundo ato veio em estilo oriental, num eixo Tailândia-China-Japão, com criações deliciosas como cérebro de camarão com caldo thai; niguiri de ouriço; inacreditáveis aspargos com missô; e um camarão preparado numa fantástica cocção gradual: cozido no lado da cabeça, cru na cauda, com o centro delicadamente al dente.

Os próximos movimentos destacaram especialmente as iguarias sazonais, do mar e da floresta. Anêmonas com percebes; ceviche de lulo (um fruto aparentado do nosso maná-cubiu); ostras com tutano; germinados de pinhões (servidos em latinhas, como se fossem caviar); ninyoyaki (bolinhos) de lebre com sua bolonhesa e seu sangue (apresentado numa taça de vinho).

E, quando o ápice parecia ter sido atingido, ainda houve espaço para se surpreender com sobremesas como os blinis de iogurte, a rosa de maçã e os tais chocolates já citados (uma caixa inteira com quase 20 tipos de combinações: com ervas variadas, teores diversos de cacau, recheios diferentes).

Quem consegue sustentar tanta intensidade, por tanto tempo? Parece fora da escala humana. Ninguém no mundo da gastronomia parece ter tamanho controle sobre o que faz como o Bulli. Seja na execução perfeita dos cozinheiros, seja na mais precisa dinâmica de salão.

Eu arriscaria dizer que, neste derradeiro menu, Ferran Adrià está mais exibido que nunca, e não no sentido do culto à personalidade. Mas só para mostrar que domina todas as técnicas, não apenas as que desenvolveu, como também outras linguagens. Inclusive a da mínima intervenção, apresentando o produto quase de forma natural.

Como a esclarecer que ele não é um mero criador de espumas. É um cozinheiro.

Reformulando, então, a questão inicial. Se, quase 20 anos depois, ele joga tão bem, e é tão superior, o melhor a fazer é mesmo parar.

Por que este restaurante?
Porque ele é o melhor do mundo. E vai fechar em dois meses, infelizmente.

Vale?
O menu custou 270 euros. Bebidas à parte, passou dos 400. Mas vale cada tostão. É uma refeição normal? Não, é de exceção.

El Bulli
Cala Monjoi, Catalunha, Espanha

Atualização: Depois que o Bulli fechou, Ferran Adrià tornou-se um embaixador de empresas e causas gastronômicas (e de projetos como a Bullipedia). Mantém um pequeno império de bares e restaurantes em Barcelona, em sociedade com seu irmão Albert.

Ton Hoi
Espere até chegar sua vez
Publicado em 2/12/2011 no Paladar

Num dado momento, torna-se um jogo. "O 61, qual é?" E o garçom responde, imediatamente, a que prato o número corresponde. "E o 125?" Idem, com instantânea espontaneidade. Outros testes se seguem, até que a arguição perde a graça. O garçom do Ton Hoi sabe de cor tudo o que está no cardápio de mais de 200 itens contendo peixes, massas e afins. "São 20 anos de casa", ele argumenta.

Todos da brigada de serviço conhecem não só o repertório culinário, mas as idiossincrasias de seus donos. Pois o Ton Hoi é um restaurante um tanto codificado, o que talvez dificulte a vida dos visitantes novatos. Porém, superadas as barreiras do contato inicial, é difícil não reconhecer que se trata em essência de um lugar onde se come bem e a bom preço.

Não há reserva e a casa está sempre cheia. As pessoas chegam cedo ou, inevitavelmente, esperam. Mesmo os *habitués* (que são muitos e de diferentes gerações) passam pelo mesmo ritual: dão o nome na porta e só entram quando autorizados. Questão de controle de fluxo, dizem os responsáveis.

Eu mesmo já me irritei várias vezes. Cheguei, digamos, às 12h10 (abre ao meio-dia) e, diante da evidente lotação, conformei-me com uma mesinha lá fora, somente para espera. "Posso pedir alguma coisa enquanto aguardo?". "Sim, claro". "Queria este aqui, então". "Este não pode". "Por quê?". "Porque, aqui, não pode". É assim, e às vezes é chato. Ou, se você estiver em domínio da sua fome e do seu humor, é engraçado. Para quem conhece o seriado *Seinfeld*, é impossível não relacioná-lo ao episódio do *The Chinese Restaurant* (com momentos, por que não, de *The Soup Nazi*).

Mas tudo muda depois que você é chamado e entra no asseadíssimo salão, com vista para a cozinha envidraçada. E quando você toma contato com a delicadeza das massas, todas feitas na hora, como os pasteizinhos kwuo thie (R$ 28,90, servidos só durante a semana). E com o frescor dos frutos do mar, como os camarões empanados (R$ 55,50, de cocção perfeita por dentro, envolvidos numa crosta leve e dourada), e o siri com cogumelos (R$ 42,80). Ou com a fartura – que remete mais à gula do que à gastronomia – do trio campeão, com lulas, mexilhões, camarões, brócolis, acelga (R$ 72, para dois ou três).

Tommy Wong, o chef, foi formado na cozinha por seu pai, Wong Chung Yuk. Seus assistentes, por sua vez, nunca trabalharam em nenhum outro lugar, aprenderam ali. Tanto controle sobre os processos, os donos mesmo reconhecem, tem limitado a capacidade de atendimento do restaurante, que funciona só de quarta a domingo. Porém, se nos últimos 30 anos as regras têm sido assim e a clientela segue fiel, por que razão eles haveriam de fazer concessões?

Por que este restaurante?
Porque é bom e, embora relativamente famoso, muita gente nunca o visitou. Em meio a novidades que vão abrindo na cidade, me senti mais inspirado a falar do velho Ton Hoi. Um clássico que continua em forma.

Vale?
Vale. As porções são compartilháveis e a cozinha é muito competente. Come-se bem por menos de R$ 50/pessoa. Um programa para quem se interessa por comida mais do que serviço e ambiente.

Ton Hoi
Av. Prof. Francisco Morato, 1.484, Butantã, São Paulo, 3721-3268

Atualização: o Ton Hoi, atualmente, funciona em horários mais flexíveis.

Epice
O Epice não quer ficar na média
Publicado em 7/4/2011 no Paladar

Eu vou começar abusando do direito de ser impreciso e impressionista. E peço um pouco de paciência, pois logo chegarei ao ponto, que é tratar do novo Epice (assim, sem acento).

O cenário gastronômico da cidade, especialmente no que diz respeito às inaugurações recentes, anda pouco instigante, com raras exceções. Há um predomínio de coisas medianas, com intenções medianas. Quando não ruins. Por quê? Por limitações técnicas e de repertório, é provável. Porque o público talvez esteja aceitando o mediano. Difícil definir.

Contudo, o que tem mais me incomodado é a falta de vontade de querer ser melhor. Não me refiro à ambição de parecer luxuoso ou vanguardista. Estou falando da gana de cozinhar muito bem, o que vale para qualquer mestre-cuca, lide ele com comida trivial ou com menus-degustação.

Eis então o que torna o Epice promissor. Não são apenas os resultados à mesa. É também o que eu chamaria de uma simples pretensão de ser bom.

O Epice, que ocupa um salão aconchegante no Jardim Paulista, é comandado por Alberto Landgraf, um cozinheiro de formação eclética, que trabalhou na Europa (em estabelecimentos como Pierre Gagnaire, em Paris, e Arbutus, em Londres) e, por aqui, foi gerente gastronômico da Cia. Tradicional de Comércio (Astor, SubAstor).

Seu cardápio tem algo de contemporâneo, ao mesmo tempo que, a partir de bases clássicas, invoca elementos da moderna bistronomia – especialmente na visão mais autoral da cozinha. E existe uma opção clara pela concisão: a lista de pratos é enxuta e dá vontade de provar praticamente tudo.

A charcuterie (R$ 30, para dois), por exemplo, apresenta um delicioso platô com terrine de pé de porco, foie gras, rillette suína, peito de pato curado, chutney de cebola roxa e remoulade de couve-flor, escoltados por pão torrado e pé de porco empanado (como um tonkatsu). É uma entrada farta, que funciona ao equilibrar exuberância e sutileza – o senão foi a rillette, quase sem gosto.

Já a abóbora (R$ 20) vale pelo agradável exercício de texturas, com o vegetal aparecendo de três formas: nhoque, em pedaços salteados e como creme, com cogumelos shimeji e avelã.

Os pratos, por sua vez, demonstram domínio técnico e principalmente muito cuidado na construção do sabor. O que fica claro em sugestões como o polvo (R$ 54), com dois tenros tentáculos, preparados sous-vide, em baixa temperatura, servidos com tomate confitado e fondant de batata; como o cordeiro (R$ 56), composto por costeletas (em cocção rigorosa) e tortellini de cordeiro, cujo único reparo é o excesso de informações, já que berinjela, figos e vinho do Porto completam o conjunto; e como o peito e a paleta de vitela (R$ 51) braseados, saborosos e bem acompanhados por nhoque de semolina e cogumelos portobello.

O Epice se sai bem também nas sobremesas, como a tarte tatin (R$ 24, para dois) feita à maneira tradicional, e o mais experimental ravióli de abacaxi (R$ 15). E capricha ainda nos pequenos detalhes, como o couvert com pães caseiros – e jarra de água incluída na taxa de R$ 10. Em resumo, se propõe a algo que já o destaca do panorama atual: parece não se conformar apenas com a média.

Epice
R. Haddock Lobo, 1.002, Jardim Paulista, São Paulo

Atualização: o Epice fechou em 2016 e o chef Alberto Landgraf hoje mora no Rio de Janeiro, onde comanda sua nova casa, chamada Oteque.

Rodeio
O desafio de ser o novo do velho
Publicado em 2/6/2011 no Paladar

Há um clima de operação secreta na chegada do novo Rodeio. O maître José Bill recebe os clientes com um sorriso, mas parece tenso. Pelo rádio, ele se comunica a todo instante com o gerente Francisco Chagas. Eles controlam a fila de espera na recém-inaugurada casa do Shopping Iguatemi.

A filial da churrascaria de 53 anos abriu há poucos dias e já anda cheia. No térreo, há um bar com balcão e mesas. Para chegar ao restaurante é preciso pegar um elevador, até o oitavo andar. Mas só vai quem Bill autoriza. No almoço de domingo, a espera variava entre uma e duas horas.

Enquanto distraem a fome beliscando croquetes de carne e filé aperitivo, os visitantes gravitam em torno do maître. Querem ver em que posição estão seus nomes na lista de chegada. E talvez presenciar mais um anúncio vindo de Chagas, lá do oitavo andar: "Mesa para quatro liberada". Eu só obtive permissão para subir depois de uma hora. Poucos dias antes, na hora do jantar, havia sido mais fácil, ainda que a casa estivesse cheia.

O shopping, o elevador, depois o salão com arquitetura de Isay Weinfeld, nada disso parece lembrar muito a tradicional sede da Haddock Lobo. Mas quando o serviço entra em ação, as coisas parecem fazer sentido. A cordialidade é a de sempre. O ritmo, ainda não. Uma *blitzkrieg* abatendo-se sobre a mesa: "Senhor, aqui o nosso couvert", "o que vai beber?", "posso servir a salada?".

O famoso pão de queijo (incluído no couvert, R$ 23,50), por sua vez, também ainda não está como o da matriz. Em duas visitas, provando de fornadas diferentes, faltou leveza. E principalmente a textura quase de biscoito de polvilho que diferencia a receita do Rodeio do padrão "queijo em abundância" praticado por casas como Rubaiyat e Varanda (cujos pães também são ótimos). Pode parecer futilidade, já que estamos falando de uma steak house, mas não é.

De resto, a churrascaria parece já bem encaminhada na missão de clonar a matriz. Não acho e nunca achei que a virtude do Rodeio estivesse nas carnes. Os dois cortes lombares provados (ancho, R$ 72; e bife de chorizo, R$ 72) estavam bem churrasqueados, mas sem arroubos de maciez e umidade, o que eu atribuo à matéria-prima. A picanha fatiada (R$ 162, para dois), por sua vez, segue no padrão dos Jardins. O corte fininho, que desagrada muitos barbecue geeks por "não ter mordida", segue predominante nas mesas, especialmente as de família.

Mas é notável que o restaurante tenha criado tantas guarnições e afins que, depois, acabariam copiados. Como o arroz biro-biro, a farofa com ovo, o creme de papaia... Itens que nasceram a partir de pedidos da clientela, ou melhor: da disposição do restaurante em paparicar seus frequentadores fiéis. Vai no sentido inverso dos movimentos da restauração contemporânea, em que o chef é o emissor e o comensal, mero receptor.

É ótimo que o cozinheiro criativo tenha seu espaço. E é bom que ainda exista quem apenas queira agradar ao visitante. O Rodeio pertence a este segundo grupo: o cliente, em geral, tem razão. Se for de carteirinha, *habitué*, tem sempre.

Por que este restaurante?
Porque é a nova casa de uma velha casa.

Vale?
Sem vinho, a conta chega fácil aos R$ 150/cabeça. O programa é divertido, a brigada é gentil. Mas achei dolorido.

Rodeio
Shopping Iguatemi (Av. Brig. Faria Lima, 2.232, São Paulo, 2348-1111)

Atualização: o Rodeio segue firme, com suas duas unidades.

Santovino
Ristorante, trattoria, cantina?
Publicado em 28/7/2011 no Paladar.

A Itália que a cozinha paulistana inventou é algo que me intriga. Em alguns poucos casos, ela se inspira no país real, onde comida é mais fresca e sutil do que se supõe – dependendo, claro, da região. Em outros, se comporta como algo bem particular de São Paulo, fruto do cotejo da memória dos imigrantes com o que havia de ingredientes locais.

Mas me chama mais a atenção o tipo de restauração que se criou aqui. Ele mistura preço de ristorante, menu de trattoria e, muitas vezes, comida cantineira. Uma salada estilística que põe na mesma panela formalidade e informalidade, pretensão e despretensão.

A bem da verdade, parece que muitas casas novas já nem buscam mais suas referências na cucina original. De anos para cá, elas se propuseram a emular o estilo de restaurantes como o Gero. E, mais recentemente, o Due Cuochi. A inspiração, portanto, vem mais da busca por um modelo de sucesso – o que é legítimo – do que da gastronomia.

É nesse contexto que estou tentando inserir o Santovino, que abriu há um mês na Al. Lorena, no ponto da Tabacaria Davidoff – e lamento entrar no tema principal só no meio do texto. Digamos que a introdução tenha sido uma conversa de fila de espera. Agora, sim, vamos para a mesa.

O cardápio da chef Soraia Barros (que trabalhou no Due Cuochi e no Pomodori) parece descomplicado, sem iguarias nem pratos rebuscados. Vários petiscos e entradas, massas secas e frescas, alguns peixes e carnes. Só que os preços lembram os da alta gastronomia, já que estamos falando de pratos simples. Já o ambiente parece, digamos, à vontade, com uma bonita varanda na frente e um salão arejado. Só que não é bem assim. Pedi água, uma entrada e escolhi um vinho. O garçom anotou só os dois primeiros itens e disse: "Precisa pedir o vinho para a sommelière". "Eu já decidi, é só anotar", respondi. "É só com ela". Segui a cartilha e esperei a sommelière. Mas, afinal: é formal ou informal? Por que a convenção?

Contudo, fiquei mais incomodado é com o peso da comida. Começando pelo couvert (R$ 15 no jantar, R$ 9 no almoço), com pão de linguiça e antepastos. E seguindo por entradas como o riso al salto (R$ 23, na verdade, quase um arancini com ragu de cogumelos), ou a berinjela all'inferno (R$ 19, com alicella). E se confirmando em pratos como o nhoque ao molho de tomate (R$ 42) e paleta de leitão com mandioca rústica (R$ 52). No geral, condimentos fortes, desbalanceados, excessivos.

Uma confusão entre o saboroso e o apenas potente que, reforçado pela animação ruidosa das mesas ao redor, me fez lembrar dos restaurantes italianos populares de outras épocas. E parafrasear um certo ditado: você tira o paulistano da cantina, mas não tira a cantina do paulistano. Será que é isso, agora num panorama de economia mais pujante, num bairro muito mais afluente?

Mas o que me deu esperança foi o robalo com legumes grelhados (R$ 58) provado em outra visita. Um peixe bem feito, úmido, um prato gostoso, enfim. E uma surpresa, a bomba tiramisù (R$ 15), um éclair recheado com mascarpone e um toque de café e chocolate. Prova de que a questão não é a mistura, a invenção. É só tentar cozinhar bem.

Por que este restaurante?

Porque é uma novidade.

Vale?

Enquanto não vigora o menu executivo (R$ 45, prometido para agosto), a refeição completa sai, por baixo, R$ 120/cabeça, sem vinho. Não entrega o que cobra.

Santovino
Al. Lorena, 1.821, Jardim Paulista, São Paulo

Atualização: o restaurante fechou em 2014.

Clos de Tapas
Abra a boca, olhos, ouvidos
Publicado em 13/1/2011 no Paladar

A proposta soa instigante. Apresentar a moderna cozinha espanhola usando alguns produtos brasileiros, buscando inspiração em tradições locais. Tudo isso num ambiente bonito e elegante, sob o comando de chefs com boa formação – a brasileira Ligia Karazawa e o madrilenho Raul Jiménez – e de um restaurateur de sucesso (Marcelo Fernandes, do Kinoshita).

Na sinopse, digamos assim, o Clos de Tapas, na Vila Nova Conceição, é bastante atraente. A nova casa, então, já se configura como um espaço para a fruição de um receituário provocante e vigoroso? Ainda não é bem isso.

Recapitulando, o nome é Clos de Tapas; e os pratos, servidos em doses individuais, são tratados no cardápio como tapas. Porém, não se trata de um endereço para a prática descompromissada do tapeo, como dizem os espanhóis, mas de um restaurante formal. Contudo, na intenção de recriar à brasileira uma modalidade gastronômica ainda em voga na Espanha, a das pequenas porções abordadas inventivamente, a casa pende mais para a grandiloquência do que para o prazer.

O cardápio, de forma geral, dá fome. Há petiscos para compartilhar, como os bocados de milho e carne-seca e o queijo coalho "em matizes": doce, azedo, amargo e picante. Todos bem apresentados, mas tímidos de sabor. E uma lista de tapas, divididas em frias, quentes e doces, com preços entre R$ 14 e R$ 35, para serem pedidas em unidades. Ou em duas opções de "menu-confiança", com seis (R$ 136) e oito (R$ 185) pratos.

Cada item que chega à mesa é solenemente explicado, o que fica cansativo – você dá mais ouvidos aos garçons do que a seus companheiros de refeição. O discurso, o conceito, enfim, se sobrepõem à emoção de comer. Os pratos, esteticamente bem elaborados, servidos em belas louças, parecem ter sido criados de trás para frente, buscando a apresentação como meta final. Claro que é curioso golpear com o garfo a "cenoura" que, na verdade, é terrine de foie gras. E admirar o "tronco" de tubérculos, folhas, cogumelos, que é escoltado por um recipiente com "fumaça do bosque", com musgo e gelo-seco. Mas será que o arrebatamento pelo gosto não causaria mais impacto do que a performance visual?

E eu provei com muita expectativa sugestões como lula e ervilhas tortas; risoto de trigo e siri-mole; foie gras de pato no tucupi; leitão de leite; contrafilé à Morais... Mas me admirei mais com a execução técnica do que com o sabor. Com exceção talvez das sobremesas, igualmente lúdicas, mas de fato gostosas. Como a rolha (feita de bolo de amendoim) e o vinho e os estratos de chocolate – um "vaso" de vidro com vários níveis, reproduzindo as camadas do solo.

Divagando agora sobre o cenário gastronômico de São Paulo, meu receio é que a vertente das modernas tapas espanholas acabe passando por um processo semelhante ao que foi vivido com a nossa cozinha francesa. Um estilo que foi implantado aqui como sendo invariavelmente pomposo, chique, caro – fosse bistrô, fosse haute cuisine. Algo que começou equivocado décadas atrás, um pepino que tentamos desentortar até hoje.

Casas como o Eñe, o Arola Vintetres e, agora, o Clos de Tapas, cada qual a seu modo, têm o mérito de mostrar a muitos paulistanos que a cocina española não parou em paellas e pucheros. Porém, em vez de importar também a vibração dos restaurantes catalães e bascos, parece que apostaram, digamos, num perfil grã-fino. A ponto de transformarem croquetas, patatas bravas e cia. em itens servidos com salamaleques e explicações extensas. Por favor, menos, menos...

Clos de Tapas
R. Domingos Fernandes, 548, Vila Nova Conceição, São Paulo, 3045-2291

Atualização: depois de algumas trocas de chefs, o restaurante, que mudou seu nome para Clos, é comandado hoje por André Ahn.

Attimo
Prepare a fome
Publicado em 23/8/2012 no Paladar

Você poderá gostar ou não do novo Attimo (eu gostei). Mas acho que não poderá dizer que o restaurante não se posiciona. Num panorama em que a maioria tenta agradar a todos os gostos – com o risco, portanto, de não emocionar ninguém –, a nova casa do chef Jefferson Rueda e dos irmãos restaurateurs Marcelo e Ernesto Fernandes comunica sem rodeios a que veio. O estilo? É o autoproclamado ítalo-caipira, uma ideia que, se não é explicitamente brasileira como as cozinhas do Recôncavo ou da Amazônia, é representativa do eixo São Paulo-sul de MG. A linha-mestra de sabor? É a da densidade, da potência.

Jefferson Rueda saiu do Pomodori em 2011 (e levou seus pratos mais famosos para o Attimo), ficou um tempo no Bar da Dona Onça, associou-se a Marcelo Fernandes (do Kinoshita e do Clos de Tapas), foi para a Europa. Fiquei curioso ao pensar o que sairia das panelas do chef depois de uma temporada no El Celler de Can Roca. E o que ele poderia extrair de equipamentos topo de linha, como são os da nova casa. A impressão, depois de muitos pratos provados, é que o cozinheiro teve a chance de rever, tecnicamente, coisas que ele fazia intuitivamente.

Não vou enveredar aqui por uma longa lista de entradas e afins. Mas quero destacar que o couvert (R$ 12,80) vale a pena, com tomates defumados, pururuca, fatias de speck, pães e uma canja muito gostosa. E que entradas como a pamonha recheada com codeguim e fonduta de taleggio (R$ 39), o cuscuz de porco com frutos do mar (R$ 32), o macarrão feito de pancetta (batizado de matriciana, R$ 36) e pratos como o arroz carnaroli com suã, linguiça, couve, abóbora e grão-de-bico (R$ 60), entre outros itens, reforçam a habilidade do chef com carne suína. Meu preferido, no entanto, talvez tenha sido a galinha ao molho de Rio Pardo (R$ 52); outra criação já conhecida, o ravióli surpresa de galinha caipira e quiabo (R$ 46), por outro lado, parecia mais refinada nos tempos de Pomodori.

Falando sobre pesos, ou, melhor ainda, sobre personalidade de sabor, o Attimo expressa sua identidade na exuberância das carnes, dos molhos (e nas massas, claro). É um restaurante para quem busca pratos que deixam os lábios grudentos, que se impõem às papilas (e que caíram bem com o Lambrusco indicado pelo sommelier). Que se locomove melhor na trilha do porco do que nas águas dos peixes. E isso não é um defeito, é uma escolha – mas vale como informação para quem aprecia uma proposta mais ligeira. Fosse músico, Rueda tocaria rock, ora mais técnico, ora mais visceral, mas sempre com vigor. Os tons camerísticos, digamos, ele deixa para a pâtissière Saiko Yoneda. Suas sobremesas (entre R$ 16 e R$ 20), como a reinterpretação do Romeu e Julieta e a crostata de mascarpone, são pequenas e delicadas. A sutileza nipo-brasileira em contraponto aos arroubos ítalo-caipiras.

Por que este restaurante?
Porque é uma novidade, aberta por importantes profissionais da cidade.

Vale?
Uma refeição do couvert à sobremesa, sem vinho, custa entre R$ 120 e R$ 150 por pessoa, patamar que virou rotina no mercado. Não é pouco. Mas vale.

Attimo
R. Diogo Jácome, 341, Vila Nova Conceição, São Paulo, 5054-9999

Atualização: o chef Jefferson Rueda saiu para criar a bem-sucedida Casa do Porco e, hoje, o Attimo investe num cardápio italiano clássico.

Le Chef Rouge
Sob nova interpretação
Publicado em 18/10/2012 no Paladar

Nas idas e vindas do cenário gastronômico paulistano, especialmente depois da "abertura dos portos" dos anos 1990, restaurantes apareceram e fecharam, modas surgiram e desapareceram. E o Chef Rouge, tão integrado à paisagem da Rua Bela Cintra, simplesmente seguiu adiante.

Chegando agora aos 20 anos, o bistrot/restaurant criado por Vanessa Fiúza e Renata Braune acaba de passar por uma mudança na cozinha. Renata foi se dedicar a aulas e consultorias, depois de ter consolidado um cardápio com clássicos franceses, com destaque para as boas sobremesas. Em seu lugar, entrou Wagner Resende, até recentemente no Le Marais.

Subchef de Erick Jacquin no La Brasserie por muitos anos, Resende mudou o cardápio e manteve os pratos de maior sucesso, o que inclui as tortas doces. Trata-se de um cozinheiro técnico, com facilidade para destacar sabores (talento que deveria ser uma obviedade da profissão, mas não é) e com o que eu chamaria de bom senso culinário. Provei várias novidades e, no geral, gostei, com um reparo: as porções me pareceram exageradas.

Entradas como as artichauts à la barigoule (R$ 33, a sopa de alcachofras com bacon e vegetais) e o creme de ervilhas com île flottante (R$ 28), por exemplo, caem bem nestes dias estranhamente frios de primavera. Pratos como a paleta de cordeiro assada (R$ 70) e o pargo grelhado com legumes (R$ 71) demonstram o cuidado do chef com os métodos de cocção; assim como a cocotte de canard e champignons (R$ 82), o pato na panela, revela boa noção de equilíbrio entre potência e elegância. Por fim, tortas como a de limão e a de frutas (R$ 20) seguem confiáveis como nos tempos de Renata Braune.

Em suma, come-se bem, o serviço é educado, a experiência é agradável e coisa e tal. Mas uma questão se revela, num segundo momento, sobre a originalidade do cardápio – ou, ao menos, de alguns itens da renovada carta do Chef Rouge. Afinal, vários deles são pratos introduzidos na cidade por Erick Jacquin, ou, ao menos, bastante inspirados no trabalho do chef francês.

Podemos aqui abrir um parênteses sobre criação, paternidade de ideias e questões afins. Sabemos que a grande maioria lida com receitas inseridas num dito "domínio público", fórmulas já formatadas e consagradas. E que o próprio Jacquin buscou a origem de seus carros-chefes na tradição e, presumivelmente, nos profissionais que o influenciaram quando vivia na França. Wagner Resende, por sua vez, depois de tanto tempo trabalhando com o cozinheiro francês, tem, por que não, o direito de seguir executando pratos que ele ajudou a implantar. Mas precisava?

Diante de um patrimônio tão vasto quanto o da cuisine française, será que era mesmo o caso de repetir as alcachofras barigoule, o pato na panela com cogumelos, o foie gras com redução de coca-cola, o robalo com aspargos, entre outras coisas tão associadas ao La Brasserie? Para entrar no território da música, não estou dizendo que o novo mestre-cuca do Chef Rouge deveria reinventar a canção francesa, nem compor novos *hits*. Porém, talvez ele já tivesse bagagem para escolher um repertório mais pessoal, ainda que sem se distanciar dos clássicos. E mostrar um pouco mais a própria voz.

Por que este restaurante?
Porque é uma casa de 20 anos que, depois de muito tempo, mudou o chef.

Vale?
Do couvert à sobremesa, é fácil chegar aos R$ 150/R$ 200 por cabeça. É puxado, embora se coma direito. No almoço, há duas fórmulas, a R$ 69 e R$ 75 (sem ou com sobremesa). O chef propõe ainda dois menus-degustação, de quatro e seis tempos (R$ 140 e R$ 180).

Le Chef Rouge
R. Bela Cintra, 2.238, Jardim Paulista, São Paulo, 3081-7539

Atualização: o Chef Rouge segue funcionando, sem o chef Wagner Resende.

Aconchego Carioca
A fórmula do Aconchego
Publicado em 25/10/2012 no Paladar

Não há como fugir dos bolinhos. Ainda que você queira começar beliscando outras coisas, uma hora vai se deparar com os quitutes que fizeram a fama do Aconchego Carioca. É preciso devorá-los para captar a alma deste bar/restaurante. O que não é nenhum problema, pois eles são apetitosos (talvez um tanto secos), um exemplo de petisco executado com o rigor que se devota mais comumente a um prato. Agora, aqui entre nós: se o de feijoada (R$ 21) é a estrela da casa, eu gostei mais do de grão-de-bico com bacalhau (R$ 26); e do de virado à paulista (R$ 21), criado para compor o cardápio da filial aberta em setembro nos Jardins.

O Aconchego vem se destacando há anos no cenário do Rio de Janeiro. Kátia Barbosa, chef e proprietária, debruçou-se sobre a ideia tradicional de boteco e deu uma volta a mais no parafuso, apresentando uma visão criativa de tira-gostos, somada a uma competente interpretação de clássicos populares. Não por acaso, as filas se tornaram parte do cotidiano da casa, que atrai multidões à Praça da Bandeira (zona norte do Rio), entre locais e turistas.

Na unidade paulistana, Kátia Barbosa mantém as propostas, o que inclui a atenção especial às cervejas. A carta de 200 rótulos foi montada pelo *expert* Edu Passarelli, também sócio, sempre presente no salão. E o cardápio destaca moquecas, escondidinhos e especialidades como o bobó de camarão (R$ 82), generoso, aromático, clamando por gotas de pimenta. Já num cotejo suíno, gostei bastante da picanha de porco com redução de cerveja (R$ 69), e um pouco menos da costelinha no molho de goiabada (R$ 68), servida com deliciosos pastéis de angu. E faço uma ressalva, no que diz respeito à guarnição comum a quase todos os itens: precisa mesmo ser arroz parboilizado? Ok, seu uso é menos sujeito a erros, mais rápido etc. Só que não é tão gostoso.

No geral, aprecio o programa e a abordagem culinária. Trata-se de uma cozinha nacional descomplexada, que agrega sabores de um Brasil Leste-Nordeste de forma espontânea, sem precisar erguer estandartes. Porém, entre bolinhos e que tais, mastigo também uma dúvida sobre o dito posicionamento da casa. Mesmo que o perfil seja o de um bar gastronômico, penso que o espírito da coisa deveria ser compartilhar pratos, petiscar e beber boas cervejas, em clima descontraído; só que, se bobear, a aventura pode sair pelo preço de um jantar num restaurante formal, o que não harmoniza tão bem. O menu do almoço, em contrapartida, custa amenos R$ 32,90.

Mas, a julgar pelo movimento, com espera especialmente nas noites de fim de semana (segundo a chef, as filas aqui são em atmosfera mais serena do que no Rio), é provável que o Aconchego consiga varrer inclusive a fama de ponto meio micado do número 1.372 da Al. Jaú, por onde já passaram vários estabelecimentos. Quem sabe aquela quadra meio erma do Jardim Paulista andasse mesmo precisando de uns ares cariocas.

Por que este restaurante?

Porque é uma boa novidade.

Vale?

Os pratos são para dividir. Mas atenção com cervejas e petiscos. Na empolgação, é fácil bater os R$ 100 por cabeça.

Aconchego Carioca
Al. Jaú, 1.372, Jardim Paulista, São Paulo

Atualização: o Aconchego dos Jardins se transformou no Jiló do Periquito (fechado em 2017), e a chef Kátia Barbosa não é mais sócia da casa paulista.

Bistrot Bagatelle
Que cheiro é esse? Trufa?
Publicado em 22/11/2012 no Paladar

Não sei qual a conjunção geográfica, ou temporal. Mas o fato é que duas casas identificadas com um dito "estilo de vida de Saint Tropez", ambas de redes internacionais, aportaram na mesma rua, na mesma época. O Bistrot Bagatelle está no nº 950 da R. Padre João Manuel; a Brasserie des Arts, no 1.231. Vou tratar só da primeira (a segunda, recomendo mais a quem aprecia drinques e clima de *nightclub*).

O Bagatelle ocupa o mesmo imóvel que foi do Boa Bistrô, restaurante de Tatiana Szeles. A chef também participa do novo empreendimento, ao lado de outros sócios, entre eles Guilherme Chueire. Trata-se, em essência, de uma balada (ou, quem sabe, uma pré-balada), especialmente à noite. No almoço, é mais tranquilo. Mas a vocação da casa é a tal badalação, com clientes do *jet set*, ou aspirantes.

Você observa uma parede, vê estampados Marilyn Monroe e Karl Lagerfeld; olha para outra, percebe Kate Moss e David Bowie. Depois de um certo horário, tem DJ. Portanto, praguejar aqui contra a música alta, o falatório, a escuridão, é mais ou menos como ir ao Izakaya Issa e reclamar da carta de vinhos ou da ausência de bife de chorizo com papas fritas. Então, sigamos.

O cardápio é sucinto e destaca *standards* franceses, na média bem feitos. Mas com um apreço por "trufados", presentes em vários itens, que acaba afetando o resultado. É um tal de aroma de trufas passando para cá e para lá, cada vez que um garçom cruza as mesas... A adição desses produtos é feita por intenção gastronômica ou só para dar *status*? O que pode ser mais chique num clássico de bistrô do que a boa matéria-prima, do que a execução precisa, o sabor exato? O risco é sempre de o acessório ganhar mais peso que o essencial.

É o que acontece com o tempero do tartare de boeuf (R$ 26), predominante demais; ou mesmo com o molho – trufado também – do poulet rôti (R$ 44) com cogumelos e batatas, um galeto de carne firme, com cocção mais na linha rosé à l'arête, sutilmente rosado. Mas sugestões como as moules et frites (R$ 38), o filé ao molho béarnaise (R$ 44) e o steak au poivre (R$ 35) são honestas. E as batatas fritas, diga-se, são bastante boas.

A brigada de salão, por sua vez, ainda está meio perdida. Tem aquela dinâmica de time de futebol que corre atrás da bola em vez de guardar posição. Mas é simpática e educada. Seja na tentativa de explicar os pratos na penumbra e com barulho, seja num socorro providencial ao cliente: ao meu lado, uns amigos conversavam de pé, efusivamente, dando umas resvaladas na minha mesa. Não falei nada. Um garçom percebeu e pediu para que eles fossem mais para o canto. Não funcionou e a turma voltou à carga. (Pensando bem, acho que eles só queriam socializar – e eu, jantar). Surgiu então o maître e deslocou delicadamente o grupo para um outro lado. Trabalho fino. Coisa assim... de Riviera Francesa.

Por que este restaurante?
Porque é uma novidade.

Vale?
Se seu interesse é só a comida, vá no almoço. Se sua vontade é por clássicos do universo bistrô/brasserie, peça os itens mais básicos. Sem bebida, a conta fica abaixo dos R$ 100. Dá para arriscar.

Bistrot Bagatelle
R. Padre João Manuel, 950, Jardim Paulista, São Paulo, 3062-5870

Atualização: O restaurante segue funcionando nos Jardins.

Jiquitaia
Dois menus, vários pratos triviais
Publicado em 17/5/2012 no Paladar

Existe um particular senso de harmonia neste novo Jiquitaia, aberto há pouco mais de dois meses na Consolação. O ambiente é despojado como um bar arrumadinho; que, por sua vez, combina com o serviço hospitaleiro e ágil, sem ser apressado; que, por fim e na soma geral, funcionam como moldura adequada para uma comida bem feita e de mensagem descomplicada. A autodefinição da casa é interessante: "Cozinha variada de influência brasileira". O que, na prática, se traduz num repertório inspirado no cotidiano, com um ou outro lampejo mais autoral.

Quem comanda o restaurante são dois jovens irmãos, o chef Marcelo Bastos (que, até recentemente, trabalhou no Porto Rubaiyat) e Carolina Bastos, que cuida do salão. O esquema é bastante objetivo: menus de R$ 30 no almoço da semana, menus de R$ 50 à noite e aos sábados, ambos com entrada, prato e sobremesa. Alguns itens mudam conforme a disponibilidade de ingredientes, outros são fixos e têm dia certo. Como a costelinha de porco com mandioca às segundas, o barreado às quartas, a moqueca às sextas, entre outros. Há sempre uma alternativa vegetariana, alguma massa, assim como alguma sugestão com peixe – igualmente variável, dependendo do que estiver mais fresco. Tudo o que você pode comer num determinado dia, portanto, cabe numa folha de papel.

Gostei de praticamente tudo que provei (embora as sobremesas ainda não estejam no mesmo nível), e creio que o chef Bastos demonstra equilíbrio entre proposta e resultado: tem clareza no conceito e executa com desenvoltura pratos simples e com sabores bem definidos. Como o peixe (no caso, tainha) marinado, quase como um ceviche, com batata doce; o queijo coalho chapeado, com pimenta biquinho; a moqueca à baiana (feita com badejo), precisa no tempero e cuidadosa no arroz, na farofa; um bem bolado peito de pato (francamente rosado, como se deve) guarnecido por arroz de pato no tucupi; e um dos picadinhos mais dignos provados nos últimos tempos. Um repertório espontaneamente brasileiro, sem empunhar bandeiras e com o entendimento de que um prato de nhoque ou um de ossobuco podem ser tão paulistanos quanto um virado.

Enquanto escrevo, até pondero se não estou me entusiasmando além da conta com um restaurante despretensioso. Seria sinal dos tempos, num momento em que há muitas coisas caras, muitas novidades de pouca personalidade? Talvez exista mesmo esse contraste.

Mas chego à conclusão de que esse tipo de estabelecimento é importante na composição de um cenário gastronômico diverso e saudável. Num universo no qual, por um lado, predominam muitas iniciativas de nível médio (mas preço alto) e, por outro, há carência de boas opções triviais, é muito positivo que alguém se esforce para cozinhar bem servindo comida simples. Isso ajuda a criar massa crítica (com ou sem trocadilho, pode escolher) e a elevar o patamar geral.

Por que este restaurante?
Porque é uma novidade interessante.

Vale?
Pelo preço dos menus e, em especial pela honestidade da comida, vale. Considerando, obviamente, que se trata de uma proposta menos ambiciosa, para almoços e jantares mais informais.

Jiquitaia
R. Antonio Carlos, 268, Consolação, São Paulo, 3262-2366

Atualização: o restaurante tem se afirmado como um dos melhores endereços de comida brasileira e, em 2017, o chef abriu uma nova casa, o Vista.

Shin-Zushi
Peça como se faz no Japão
Publicado em 31/5/2012 no Paladar

Na dúvida sobre o que escolher, eu pedi ao chef que simplesmente fizesse como em Tóquio, de onde ele acabara de chegar. E Egashira Kesuke, até outro dia titular do Sushi Kan, no bairro de Meguro, na capital japonesa, e no momento no balcão do Shin-Zushi, foi o responsável por algumas das melhores coisas que provei em São Paulo ultimamente.

Egashira-san vai permanecer na casa pelos próximos meses. Até conseguir montar seu restaurante, no eixo Paulista/Jardins. Com 43 anos, os 28 últimos dedicados em especial ao sushi, ele foi professor de Ken Mizumoto, do Shin-Zushi, e de Edson Yamashita, hoje no Aze-Sushi. Embora tenha mais cara de estudante aplicado do que de velho mestre.

Nestes primeiros tempos de adaptação ao País, Egashira-san conta (com ajuda de um intérprete) que anda estranhando a matéria-prima. Para ele, os peixes e frutos do mar nacionais são caros, em pouca variedade e, o que mais o intriga, às vezes pescados fora da época. Nada que impeça o cozinheiro de trabalhar em alto nível.

A sequência de niguiris apresentada pelo chef tem notável variação de texturas, de aromas, e um rigor estético admirável. Seus bolinhos de arroz são pequenos, compactos, mas levíssimos, um daqueles raros casos em que parece possível perceber o todo e, ao mesmo tempo, cada grão. Os cortes são precisos, capazes de, dependendo da matéria-prima e das intenções do sushiman, oferecer mais ou menos resistência à mordida. Por esses dias, ele vem servindo pargo, sardinha, lula, buri, polvo, entre outros. Torô também tem, e excelente.

Cada vez que termina um niguiri, depois de temperá-lo com shoyu, limão ou yuzu (às vezes, tudo junto), Egashira-san o observa de vários ângulos; gira, endireita, calcula se ele vai diretamente para a bancada do cliente. Ou muda de ideia e apresenta o bolinho sobre um prato cerâmico – como se pintasse um quadro sem cenário, onde o objeto solitário flutua no vazio, mas de modo harmônico, estável. Uma contemplação que dura poucos segundos por parte dele, e menos ainda por parte do comensal: é observar e abocanhar, num único golpe.

O chef foi brilhante com os sushis e ainda serviu ótimos itens frios, como a lula recheada com arroz. Mas creio que o momento mais impactante foi a chegada da tigela de dashi com marisco branco e aromatizado com yuzu. Quente sem exageros, perfumado sem ser intrusivo... Um caldo que restaura até a fé na gastronomia da cidade. Egashira Kesuke está trabalhando com Ken e Nobu Mizumoto e os demais integrantes da brigada do Shin-Zushi. Para provar seus sushis e pratos quentes, no entanto, é preciso ligar e reservar horário.

Por que este restaurante?
Pela presença de um novo chef japonês, que ficará na casa alguns meses.

Vale?
Pela qualidade, vale. Mas controle a empolgação e os pedidos "à vontade": a conta pode azedar o programa. Os preços são altos e é bom combinar antes. Há omakasês de R$ 180 (só sushis), R$ 250 e R$ 300 (estes, com frios e quentes). Por unidade, os niguiris custam entre R$ 10 (sardinha) e R$ 20 (o-torô).

Shin-Zushi
R. Afonso de Freitas, 169, Paraíso, São Paulo, 3889-8700

Atualização: O chef Egashira, em 2013, abriu o celebrado Kan Suke. O Shin-Zushi mantém a qualidade sob o comando de Ken Mizumoto. Edson Yamashita está à frente do excelente Ryo.

Terraço Itália
Paisagem de resistência
Publicado em 12/7/2012 no Paladar

O Terraço Itália, antes de tudo, é uma vista. Quando se trata de um restaurante no topo de um edifício de 170 m de altura, é mesmo improvável que a paisagem não assuma *status* de prato principal. Ok, pode ser um passeio clichê. Pode ser um programa à antiga. Mas continua divertido ter de pegar um elevador no térreo e subir até o 37º andar, fazer a baldeação, tomar outro até o 41º e, ao entrar no salão, impressionar-se com aquele mar de prédios. Um cenário que me parece mais interessante à noite do que de dia.

Embora os turistas continuem lá, falando em várias línguas e sotaques, assim como muitos casais, além de executivos, sempre faltou ao Terraço algo que, servido sobre o prato, pudesse rivalizar em atenção com o cenário externo. E o restaurante, ainda que sem mexer muito na proposta de inspiração italiana, bem que vem tentando algumas mudanças ao longo dos anos. Chefs, por exemplo, foram vários. No momento, quem comanda a cozinha é Pasquale Mancini, nascido na Toscana – em São Paulo, ele passou pelo Nico Pasta & Basta. Segundo a casa, ele vem refazendo os itens que já compunham o cardápio e, gradualmente, está propondo outros novos.

O Terraço Itália continua caro, com preços que embutem sua condição, digamos, de atração turística. O menu do meio-dia custa R$ 70. No jantar, há uma degustação por R$ 162. À la carte, também à noite, massas e carnes custam de R$ 80 a R$ 100 (frutos do mar, até acima). Porém, na média, melhorou, em comparação ao que se fazia nos últimos tempos – inclusive nos pães e nos grissini do couvert (salgados R$ 24, no jantar) –, embora com muitas ressalvas.

Há, para o almoço, boas pedidas como o vitelo tonnato e um razoável espaguete à carbonara. E também coisas não tão bem executadas, como os peixes (o bacalhau confitado, por exemplo, chegou à mesa muito fibroso). À noite, o menu destaca opções como berinjela à parmigiana; tortino de batata; rigatoni cacio e pepe (uma variante do clássico romano à base de pecorino e pimenta-do-reino, cuja versão mais tradicional é feita com espaguete); e brasato de javali com polenta – uma receita que, pelo longo cozimento, deveria resultar numa carne mais tenra e não tão seca.

O serviço, por fim, merece um parágrafo à parte. Oscila entre a formalidade estudada dos funcionários com mais tempo de casa e uma certa confusão dos mais novos. Numa das visitas, questionado sobre o que seria o pappardelle do chef, o garçom definiu como "uma massa larga como esta faca aqui, ó". Certo, mas o que seria o pappardelle "do chef"? "É uma massa que ele faz do jeito dele". Ok, e como seria o jeito dele? Aí ele precisou se informar. E é com molho de tomate. Mas uma coisa é padronizada: o empenho na venda de água, já que todos querem encher, a toda hora. Durante um jantar, tive de avisar três vezes que eu mesmo me serviria. Não foi suficiente. Dei uma bobeada, um outro garçom apareceu quase do nada e pumba!, esvaziou a garrafa. "Mais uma, senhor?". Eu recusei. E, só de birra, aquele copo durou até o fim da noite.

Por que este restaurante?
Porque está com chef novo.

Vale?
Os pratos continuam a ser coadjuvantes da vista. No almoço, a conta fica por volta de R$ 100. À noite, é fácil gastar R$ 200 por cabeça. Não vale.

Terraço Itália
Av. Ipiranga, 344, 41º andar, Centro, São Paulo, 2189-2929

Atualização: O Terraço, sempre concorrido, segue sob o comando do chef Mancini.

Brasserie Victória
A mesa farta da Dona Victória
Publicado em 8/3/2012 no Paladar

Dona Victória, de certa forma, foi a *mamma* dos "brimos" paulistanos. Fundadora do restaurante que leva seu nome, a libanesa Victória Feres (falecida em 1991, aos 97 anos) teve papel central na difusão de uma modalidade gastronômica que acabou virando uma das mais populares da cidade.

A Brasserie Victória, que completa 65 anos, nasceu na Rua 25 de Março, onde ficou até 1982. Foi então para o Itaim Bibi, onde faz sucesso entre a colônia árabe (e não só ela) até hoje. O restaurante continua familiar, conduzido pelos herdeiros da matriarca (sua filha, seu genro e os cinco netos). E, ainda que trabalhando com escalas quase industriais, preserva algo de caseiro em sua cozinha. Replicar o artesanal mantendo o padrão, convenhamos, é uma habilidade.

No cotejo com outros árabes e afins, a Brasserie talvez pareça algo fora do tempo. Pois em lugares como a Tenda do Nilo e a Casa Líbano nos sentimos mais perto do Oriente Médio. Na Casa Garabed, a esfiha é superior. Já o Saj e o Manish evocam ares, digamos, mais modernos. Mas, comparações à parte, o legado de Dona Victória parece consolidado. E, seja para um lanche nas mesas perto do empório, ou para um almoço no salão, onde o forte continua sendo o rodízio, várias de suas sugestões continuam valendo a visita.

Como o quibe cru, de textura sedosa; a esfiha de carne com massa folhada, crocante, bem assada; a kafta, exemplarmente churrasqueada; e o ataif de nata, sempre leve.

O que se chama de rodízio na Brasserie, entretanto, não se assemelha à *blitzkrieg* de espetos e carrinhos das churrascarias. Ou à revoada incontrolável de redondas de mussarela e calabresa de uma pizzaria. É simplesmente uma sequência de pratos, dos frios aos quentes, um *pout-pourri* que se desenvolve numa sequência lógica. Começando por uma salada simples, farta e fresca; prosseguindo pelas pastas frias (coalhada, homus) e por quibe cru; enveredando por esfihas e quibes, depois kafta, arroz com carneiro, charuto de uva e outros mais. Um menu-degustação sem discursos nem atropelos, mas com direito a repeteco, conforme a fome do cliente.

No fim de um almoção de domingo, com a casa cheia, o garçom parece inconformado em me ver colocando o guardanapo sobre a mesa, num gesto de rendição. "Não quer repetir mais nada? Pode pedir que eu arrumo para o senhor". Uma hospitalidade que difere de uma vertente contemporânea que transforma brigada de serviço em, vá lá, cicerone de uma experiência. Ao estilo do que se fazia na época da 25 de Março, presumo, ele só quer saber se você comeu bem. É ótimo que isso ainda exista – e que, no ato de ir a um restaurante, tantos mundos e tempos paralelos coexistam.

Por que este restaurante?
É um clássico da cidade.

Vale?
O rodízio, de R$ 72, compensa para os mais comilões. À la carte, compartilhando, fica abaixo dos R$ 50. Vale.

Brasserie Victória
Av. Pres. Juscelino Kubitschek, 545, Itaim Bibi, São Paulo, 3845-8897

Atualização: a casa segue suas atividades.

Girarrosto
Entre massas, brasas e filas
Publicado em 22/3/2012 no Paladar

Não se deve ir ao Girarrosto buscando encontrar o Pandoro. O novo restaurante ocupa o ponto que foi do famoso bar fundado em 1953 (e fechado, em definitivo, em 2010), mas segue por outras vias. Assim como não se deve visitá-lo esperando uma mera casa à toscana, cujo centro nervoso é o equipamento que dá nome ao lugar, um espeto giratório a lenha. É uma outra experiência.

O Girarrosto, se fosse um filme, seria uma superprodução. Vários ambientes, muitas mesas, numerosas brigadas, vaivém de carros. Mas com uma certa atmosfera de impaciência e um alto nível de ruído, especialmente na sala que tem vista para a Cidade Jardim. Fruto da sociedade entre o chef Paulo Barroso de Barros e o empresário Paulo Kress Moreira (parceiros também em casas como Italy e Kaá), a nova casa é agigantada inclusive no cardápio, com quase cem itens, massas em sua maioria.

O lugar tem lotado com regularidade, desde a abertura, há mais de um mês. O que faz pensar – e eu já falei disso – no talento de Barros em construir mundos dos quais as pessoas querem fazer parte, não importando a fila e a demora. Porém, eu não pude deixar de notar que o chef, ao menos nas visitas que fiz, agora é um homem de salão. E lembrei dos primeiros tempos do Due Cuochi, seu ex-restaurante. Ou, melhor, de quando a casa foi ampliada e reformada, criando uma cozinha à vista: era possível presenciá-lo em ação, num ritmo alucinante, liberando prato por prato, uma casalinga saborosa e com senso de padrão.

Não estou afirmando que, no Girarrosto, ele também deveria estar entre brasas e lenhas. Pois a vida tem de seguir adiante, e a dele andou bastante, à custa de muito trabalho. Mas quero dizer que os pratos do novo restaurante carecem de alma. E, mais ainda, de um controle fino na execução. Uma equação que os cozinheiros Massimo Barletti e Ivo Lopes ainda não resolveram.

O couvert (R$ 9,50) é simples e satisfatório, com um pão crocante, azeite e uma garrafa d'água. O sottolio (R$ 41, a porção mista de antepastos) traz razoáveis conservas de abobrinha e alcachofrinhas, entre outras, mais ou menos no nível do Italy. Já no caso das massas, o agnolotti de plin (R$ 42) chegou à mesa um pouco mais cozido do que deveria; e o bigoli com ragu de costela (R$ 40), com molho um tanto salgado.

Dos pratos feitos no girarrosto, o suculento frango de leite (R$ 39) agradou bem mais do que a porchetta (R$ 45), uma peça com pouca carne e pouco sal. O grelhado misto de frutos do mar (R$ 68), feito na brasa, até dava a impressão de que redimiria os outros deslizes: crustáceos no ponto certo, úmidos por dentro, um bom polvo. Até que foi provado o bacalhau, salgado demais. Em suma, falta equilíbrio, harmonia, mesmo em se tratando de uma proposta que não almeja a alta cucina.

Mas olhando o salão apinhado, a impressão que dá é que o Girarrosto se credencia mesmo é para ser o grande restaurante genérico – sem demérito – do eixo Jardins/Itaim. Um lugar onde há de tudo para atender à diversidade de apetites de um almoço "pessoa jurídica", ou mesmo toda a família: massa, carnes, frutos do mar... até pizza (à noite). E tudo isso independentemente do serviço, ora presente demais, em especial para insistir na venda de vinhos, ora ausente, dependendo de onde se senta. E da demora do serviço de *valet* (que, no meu caso, variou de 10 a 25 minutos). Afinal, parece que o essencial mesmo é estar ali, com mesa assegurada.

Por que este restaurante?
Porque é uma novidade, pertencente a restaurateurs de sucesso.

Vale?
Ainda que os preços não sejam dos mais altos, o programa, como um todo, não é dos mais empolgantes.

Girarrosto
Av. Cidade Jardim, 56, Jardim Europa, São Paulo

Atualização: o Girrarosto fechou em 2014. O chef Paulo Barroso de Barros, desde 2016, é chef e sócio do bem-sucedido Moma.

Star City
Cumbucas como no século passado
Publicado em 28/8/2013 no Paladar

Até onde me conheço por gente, a velha coleção de uísques tamanho-família nunca saiu da vitrine do Star City, em Santa Cecília. Meio empoeiradas, com rótulos como Haig, Teacher's, White Horse, as garrafas gigantes faziam parte da galeria de imagens que mais me impressionavam na região. Na minha percepção infantil, eram quase um ícone turístico, tal como as lagostas de bronze do chafariz da Praça Júlio Mesquita. Ou a estátua do índio e do tamanduá na Praça Marechal Deodoro. Até onde minha memória de nativo alcança, o Star City, que acabou de fazer 60 anos, parece que sempre esteve lá. E sempre serviu feijoada.

O estabelecimento foi fundado por José Quintino Vieira, em 1953, e permanece sob o comando de seus filhos. A casa sobreviveu à decadência do entorno e superou até as demoradas obras do metrô, entre os anos 1970 e 80, quando muitos comerciantes dos arredores não aguentaram tanto tempo de portas fechadas. E segue adiante, sem *hostess* nem *glamour*. A bem da verdade, no tabuleiro da atual restauração paulistana parece não haver encaixe para uma casa que exibe garrafões de scotch na entrada; não atualiza a decoração há décadas; e mantém um cardápio com dezenas de itens, entre eles steak diana e filé à cubana, camarões newburg, risotos (o antigo arroz de forno), massas gratinadas. Mas o Star City continua lá. Assim como sua feijoada, objeto principal deste texto.

A feijoada do Star City (R$ 57,90) chega à mesa na cumbuca, com tudo junto: feijão, linguiças, costela, carne-seca, orelha, pé, língua... Seu caldo é grosso e brilhante, com as notas de apuro que só mesmo a feijoada completa, com bastante colágeno, pode proporcionar. Mas é importante lembrar que ela é precedida por um aromático caldinho de feijão, com sutil toque de cachaça, e uma pururuca decente (o bacon, nem tanto). E guarnecida por ótimas mandiocas fritas e bananas à milanesa, além de bisteca, couve levemente refogada e laranja bem doce. Comedimento, não há: os veteranos garçons querem o tempo todo renovar a dose, trazer uma remessa fumegante da cozinha.

Voltando ao cozido, então. A impressão é de que não se trata simplesmente de um agrupamento de pertences suínos e feijão, entregues à sorte e aos caprichos do caldeirão. Trata-se de uma feijoada com partido, com posicionamento: ela é temperada, dirigida. Defende um estilo, um jeito de preparar – que, segundo o restaurante, só os membros da família conhecem. Tirante o que há de fantasioso no processo, é um prato com alma, enfim, servido num restaurante certamente fora do padrão Jardins, provavelmente fora do século 21. Também não é bom?

Por que este restaurante?
Por que é um clássico da região central que chegou aos 60 anos. E por causa de sua feijoada, servida todos os dias, no almoço e no jantar, feita à maneira tradicional.

Vale?

É uma viagem no passado, a um outro estilo de restauração. Somando a feijoada completa, mais bebida e sobremesa, paga-se em torno de R$ 80 por cabeça. Vale conhecer.

Star City
R. Frederico Abranches, 453, Santa Cecília, São Paulo, 3331-2044

Atualização: as cumbucas do Star City seguem fumegantes.

Andrade
O sertão pré-Mocotó
Publicado em 18/9/2013 no Paladar

Nos tempos anteriores ao Mocotó – me refiro ao dos moldes atuais, prodígio de popularidade –, comida nordestina era no Andrade. Não havia dadinho de tapioca nem carne de sol a baixa temperatura. E o público de Pinheiros, mas não só ele, ia ao restaurante de Manoel Leite de Andrade em busca de escondidinhos e jabás. Melhor dizendo, ia, não. Vai, especialmente em noite de forró.

Mas por que começar falando do Mocotó? Porque a casa de Rodrigo Oliveira acabou redefinindo a cozinha sertaneja na cidade. Quase uma nouvelle cuisine aplicada aos sabores da caatinga. Pesos e apresentações foram revistos, técnicas foram incorporadas, sem abrir mão da essência original. E o Mocotó, fundado em 1973, deixou de ser apenas um sucesso local para, nos últimos anos, também atrair estudantes, turistas estrangeiros e a classe média de outros bairros às terras altas da Vila Medeiros.

O que não significa, contudo, que os dois lugares sejam antípodas, pelo contrário. São complementares, defensores de uma mesma cultura, talvez apenas representando momentos diferentes. Então, tratemos logo do Andrade, que é o tema da resenha.

Criado em 1980, o espaçoso restaurante da R. Artur de Azevedo surgiu, declaradamente, como opção mais central para quem quisesse provar a comida típica das casas do Norte sem se deslocar à periferia. Em pouco tempo, trocou o enfoque sertanejo por uma abordagem pan-nordestina, com especialidades do interior e do litoral, aproximando a carne de sol da moqueca e do bobó, sempre com receitas tradicionais.

Os pratos do Andrade continuam generosos, na dosagem e no destemor com os condimentos. Os bolinhos de mandioca com carne-seca (R$ 19, com quatro unidades), por exemplo, não têm pretensão de tira-gosto: matam fomes. O baião de dois (R$ 27) concentra energia para atravessar o Semiárido, com arroz e feijão reforçados por linguiça, toucinho, carne-seca, queijo coalho, tudo puxado na manteiga de garrafa e com cheiro-verde à mancheia.

Clássico do restaurante, a carne de sol é apresentada em cortes de filé mignon e alcatra (preços de R$ 49 a R$ 109). É feita na frigideira (dá-lhe manteiga de garrafa!) ou, eventualmente, preparada no espeto, acompanhada por abóbora, mandioca e batata-doce. Uma densidade de sabores que só mesmo uma grande fatia de pudim de leite (R$ 7) consegue contrabalançar. Sobre as quantidades, tenha em vista que meia-porção dá para dois, quem sabe três comensais. Porções inteiras, de quatro para mais.

Por fim, é bom lembrar que tem música ao vivo à noite e no almoço de domingo, com direito a casais rodopiando na pista. Mas não me arrisco a comentar a qualidade do arrasta-pé. Da minha parte, como vocês sabem, eu só queria jantar.

Por que este restaurante?
É um clássico da culinária nordestina.

Vale?
Os pratos não são lá muito baratos, considerando que a casa é simples. O segredo é compartilhar as porções. Sem bebidas, paga-se em torno de R$ 50 por cabeça. O couvert artístico custa R$ 21. Vale conhecer.

Andrade
R. Artur de Azevedo, 874, Pinheiros, São Paulo, 3064-8644

Atualização: o restaurante permanece na ativa, procurado especialmente por quem gosta de dançar forró.

BiCol
Coreia bucólica na SP introvertida
Publicado em 2/10/2013 no Paladar

Tenho para mim que, para além do fator humano, é a maneira de lidar com o espaço que determina a personalidade de um bairro. Uma identidade que surge não só do tipo de imigração e da circulação do dinheiro, mas do jeito de se adaptar ao relevo, de se comunicar com outras regiões. E, num assumido exercício de achismo, defendo que o fato de ter se formado numa baixada, espremida entre o Paraíso, a Liberdade e o Cambuci, e em torno de um parque, fez da Aclimação um povoado algo bucólico, de temperamento introvertido.

Visitar o BiCol (o nome significa "cidade de luz"), por sua vez, é quase ir à essência do vilarejo. O restaurante ocupa uma casa de esquina, numa praça redonda e arborizada. Não tem manobrista (mas tem parquinho infantil na entrada) e atende, essencialmente, a comunidade coreana, numerosa na vizinhança. O que não significa impossibilidade de comunicação para quem não pertence à colônia: os atendentes são brasileiros e sabem explicar como é o esquema.

O cardápio é relativamente extenso e pode soar obscuro para os novatos. Na dúvida, comece pelos carros-chefes da casa. Como a porção de guioza frito (R$ 40, contendo 20 unidades), com delicados pasteizinhos recheados de legumes, sutilmente dourados por fora. E entretenha-se com as banchans, as pequenas entradas que acompanham a maioria dos pedidos, destacando o incontornável kimchi, a jeon (panqueca com cebolinha), brotos de feijão e vários outros vegetais refogados e em conserva.

O dorsot bibimbap é apresentado como um prato individual (R$ 35), mas dá para dois com tranquilidade: numa panela de pedra, arroz, vegetais, carne bovina e, por cima, um ovo frito com gema bem mole, se acomodam harmoniosamente. O bulgogui (R$ 75, para dois), o churrasco da Coreia, por sua vez, é preparado com contrafilé cortado em pedaços finíssimos. Como manda a tradição, a cocção é feita à mesa, sobre o phan, a calota metálica que é aquecida por baixo, e fica sob o controle dos comensais. Compartilhar a carne e suas guarnições, enrolando as porções em folhas de alface, e sair do restaurante com a roupa levemente defumada, portanto, são parte da aventura.

Entre as opções de bebida, a melhor é o soju, versão coreana do shochu japonês, porém menos alcoólica e levemente frisante (a garrafa de 375 ml custa R$ 26). Para a sobremesa, nunca falta melancia e, na saída, tem chá de canela, bem adocicado. Típico e não necessariamente bom.

Não estou dizendo, enfim, que você irá ao BiCol para uma inesquecível refeição gastronômica. Estou propondo uma vivência urbana fora da rotina, com direito a comer bem e fartamente, saindo do esquema badalação/*valet*/ *hostess*. E com possibilidade de um *footing* final no quase vizinho Parque da Aclimação, para ajudar na digestão. São Paulo ainda abriga essas surpresas.

Por que este restaurante?

Porque é um bom endereço para pratos coreanos tradicionais.

Vale?
É possível dividir a maioria dos itens. Sem bebida, e compartilhando pratos, gasta-se em torno de R$ 50 por pessoa. Vale, inclusive pelo passeio.

BiCol
Pça. General Polidoro, 111, Aclimação, São Paulo (fica a 15 minutos a pé do metrô Paraíso), 3341-3745

Atualização: o restaurante segue atendendo a colônia e, cada vez mais, outros visitantes.

Tappo Trattoria
O clássico, de roupa (quase) nova
Publicado em 30/10/2013 no Paladar

Pode ter virado clichê, mas acho difícil falar da Tappo Trattoria sem pensar em expressões como porto seguro; velocidade de cruzeiro; refúgio; e tantas outras que podem causar arrepios em quem, arduamente, tenta escrever escapando dos chavões. Mas às vezes é preciso reafirmar o óbvio: a Tappo funciona bem. E, há um mês, vem sendo conduzida por um novo cuoco, Rodolfo De Santis.

Ao longo de seus sete anos, a casa italiana de Benny Novak e Renato Ades aprimorou a vocação para receitas tradicionais. Pratos do norte, do sul, carnes, antepastos, tudo sempre servido com muito senso de padrão. E consolidou boas práticas na oferta de vinhos e, em especial, no almoço executivo: o que determina o preço da refeição, da entrada à sobremesa, é a escolha do prato principal, diretamente do cardápio.

Sendo tudo tão fluente e descomplicado, é inevitável questionar: com o novo chef, estaria a Tappo abandonando os clássicos e migrando para uma cozinha mais personalista? Benny Novak garante que não. A trattoria, segundo ele, segue na mesma toada, embora uma atualização do menu esteja prevista e o chef De Santis tenha liberdade para propor pratos especiais.

De Santis é italiano da Apúlia, projetou-se no Biondi, inaugurou o Domenico e passou rapidamente pelo Italy. Agora, tem a chance de conciliar duas correntes de trabalho: a execução precisa de *standards*, um traço marcante dos restaurantes de Novak; e o espaço para algumas sugestões sutilmente autorais. Provei opções de ambas as vertentes e comi bem. Coisas já conhecidas como a entrada ventriglio e fegato di pollo (R$ 23), entre os melhores miúdos de frango da cidade. E sobremesas como o sgroppino e o castagnaccio (R$ 18). Mas quero abrir um outro parágrafo para falar dos "especiais" do dia.

O espaguete fresco com lagosta (R$ 62) tem sabor profundo e cozimento admirável da massa e do crustáceo – úmido, quase cru. (Cocções técnicas num restaurante italiano deveriam ser a regra por aqui, mas não são; então, vale pontuar). O cavatelli, feito de semolina, vem à mesa com um generoso e equilibrado molho de linguiça (R$ 52). O espaguete (pasta seca) com lagostim e molho de tomate (R$ 55) guarda frescor e aroma capazes de nos transportar à Itália. Tudo muito promissor, o que me leva à seguinte síntese: De Santis ganhou um alicerce e a cosmopolita Tappo, sangue italiano.

Por que este restaurante?
Porque fiz ótimas refeições por lá nos últimos dias. E porque a Tappo, já estabelecida como uma das trattorias mais confiáveis na cidade, parte agora para uma nova fase, sob o comando do chef Rodolfo De Santis.

Vale?
O almoço executivo segue no mesmo esquema, o que significa uma justíssima relação preço/qualidade. Os pratos novos têm preços entre R$ 50 e R$ 60, em sua maioria. Pelo bom nível, vale.

Tappo Trattoria
R. da Consolação, 2.967, Jardim Paulista, São Paulo, 3063-4864

Atualização: a trattoria segue mantendo seus padrões. Rodolfo De Santis saiu e tornou-se sócio e chef do Nino.

Leggera Pizza Napoletana
Acento napoletano, aroma de lenha
Publicado em 27/11/2013 no Paladar

As instalações parecem um tanto improvisadas, embora bem arrumadas. O esquema de atendimento ainda é limitado, são só duas noites por semana. O serviço, embora gentil, vacila um pouco no tempo e no método. Porém, no que diz respeito à pizza, a Leggera se garante bem. Aberta há quase dois meses, em

Perdizes, a poucos metros da sede do Palmeiras, a casa do especialista André Nevoso Guidon segue com ortodoxia as receitas praticadas em Nápoles.

Guidon manipula a massa e comanda o forno sozinho. Ele estudou o assunto na Itália, trabalhou em pizzarias locais e, nos últimos anos, tem atuado como representante no Brasil da Associazione Verace Pizza Napoletana, entidade que "certifica" a produção da especialidade ao redor do mundo. Conhecedor das regras do jogo, dedicou os últimos meses a montar uma rede, ainda em formação, de fornecedores artesanais (de mussarela, legumes, charcutaria); a construir um forno segundo as especificações napolitanas, capaz de chegar a 480°C; e a reproduzir as fórmulas clássicas que ele próprio aprendeu a autenticar.

Os discos da Leggera são apetitosos e, especialmente, fáceis de digerir – algo muito importante quando se trata de pizza. Guidon usa farinha italiana, misturando os tipos 0 e 00, obtendo uma massa elástica e de borda aerada, com boa mordida.

A base da produção é a fermentação natural, sempre à temperatura ambiente, com uma pequena adição de fermento biológico. O que resulta em exemplares bem levedados e bem assados – algo ainda raro no mercado, numa cidade que consome quase 1 milhão de pizzas por dia.

O pizzaiolo propõe poucas variações, todas clássicas, com pouquíssimas intervenções, sempre em tamanho individual. Há um notável equilíbrio entre molho (de tomates pelati importados, da marca Ciao) e cobertura, de modo a valorizar a massa. A margherita é leve, fácil de abater em poucas mordidas.

A de prosciutto cotto é sábia na dosagem do presunto, adicionado sem excessos. A de calabresa apresenta um truque simples e interessante: a cebola é caramelizada.

Guidon e seus sócios (o empreendimento é familiar) pretendem abrir em outros horários, para além da sexta e do sábado, assim que tiverem uma equipe maior. Por ora, o serviço é um tanto vagaroso, mas com um atenuante. Se o pedido demora para chegar, ao menos ele é entregue assim que sai do forno: o sino toca e o disco aparece fumegante, com cheiro de lenha. Pois pizza, costumo dizer, é comida de velocidade. Precisa ser devorada pelando, no ápice da liberação dos aromas e do sabor. A Leggera, enfim, trata de forma gastronômica algo que é simples e complexo – mas que dispensa complicações.

Por que este restaurante?
Porque é novidade. E pela qualidade da pizza, nos padrões napolitanos.

Vale?

As pizzas custam entre R$ 28 e R$ 32 (individual). Não há muitas alternativas de bebida, seja vinho ou cerveja. Portanto, as chances de fazer grande estrago no bolso são pequenas. Vale.

Leggera Pizza Napoletana
R. Diana, 80, Perdizes, São Paulo, 3862-2581

Atualização: A Leggera abre de terça a domingo, melhorou as instalações, produz pães e cada vez mais se consolida entre as boas pizzarias de São Paulo.

Sevillano Bistrô
Deixem que a boa comida se defenda
Publicado em 11/12/2013 no Paladar

A cozinha tem boas qualidades e promete. O serviço é tão prestativo que atrapalha. Se eu tivesse apenas duas linhas para descrever minhas visitas ao Sevillano Bistrô, a síntese seria assim. Aberto há pouco mais de um mês na Al. Lorena, no ponto que já abrigou o izakaya Itigo, o novo restaurante é comandado pela chef (e sócia) Claudia Almeida. Nascida na Bahia, ela se estabeleceu em São Paulo depois de trabalhar por dez anos na Espanha, em regiões como Andaluzia, Alicante e Catalunha (nessa última, passando pelo extinto El Bulli).

O cardápio do Sevillano é sucinto e de inspiração hispano-mediterrânea. Seus pratos são feitos com bons ingredientes e há um evidente cuidado com as cocções e com o equilíbrio. O menu executivo, por exemplo, destaca entradas como o salmorejo (a sopa fria de tomate e alho, que recebe a adição de pedacinhos de jamón). E principais como o peixe fresco do dia na chapa – que pode ser a pescada amarela, bem marcada por fora, úmida e gelatinosa por dentro –, além de sobremesas como pera ao vinho tinto. Tudo por R$ 38,90.

Foi escolhendo pela carta, porém, que provei as melhores pedidas (com exceção da croqueta de jamón, um tanto pesada). A chef trata com capricho as coisas do mar e prepara um bacalhau bem confitado (um item que poucos acertam por aqui), de sabor piscoso, fishy, mais ao estilo basco. Serve uma tenra paleta de cordeiro (R$ 68). Dá também atenção especial às guarnições, notadamente os vegetais. E surpreende com uma sobremesa como a sopa de chocolate com azeite de oliva, farofa de chocolate e sorvete de iogurte (R$ 18).

Dito isso, é importante mencionar que o serviço, gentil, exagera na eloquência. Mal o cliente se acomoda, é abordado com toda uma pregação sobre a moderna cozinha da Espanha. Há uma insistência em explicar demais, contar que polvo é polvo, que croqueta é croqueta... Um excesso de informações que fazia sentido, quem sabe, no tempo em que Ferran Adrià dominava o Ocidente e os pratos nunca eram o que pareciam. Mas que perdeu o propósito, virou passado – e que não tem nada a ver com o que o Sevillano serve.

Também não carece circular pelas mesas para perguntar, a cada cinco minutos, se está tudo bem (quando não está, as pessoas avisam). Ou se o comensal está percebendo as sutilezas das receitas. Ou ainda antecipar as sensações que devem ser percebidas em cada prato. É só deixar que a comida se defenda por si. Ser menos presente, em suma, facilitaria a vida da brigada. Em lugar de interromper a conversa dos casais ou transformar uma singela pergunta sobre vinho numa palestra, bastaria ser eficiente e educado. Sobraria tempo para outras coisas, como cobrar da cozinha mais agilidade no menu executivo. E os clientes poderiam comer tranquilos.

Por que este restaurante?
Porque é uma novidade, com pratos bem feitos.

Vale?
Pedindo pelo cardápio, uma refeição completa fica entre R$ 100 e R$ 120 por cabeça, sem bebidas. O executivo custa R$ 38,90. Seria um "vale" mais convicto se não fosse o excesso de serviço.

Sevillano Bistrô
Al. Lorena, 871, Jardim Paulista, São Paulo, 3774-6877

Atualização: o restaurante segue aberto, sob o comando da chef Claudia.

Vito
A estrela é a salumeria
Publicado em 12/6/2013 no Paladar

A coluna de hoje não vai falar muito de pratos. Não vai chegar sequer à sobremesa. Vai ficar, majoritariamente, nos limites dos antepastos e entradas. Mas é por um bom motivo. É para guardar espaço e apetite para a salumeria artesanal produzida e servida pelo restaurante Vito, na Vila Beatriz.

O chef André Mifano é um conhecido aficionado pela carne de porco. Barriga, pescoço e outros cortes sempre fizeram parte de seus cardápios – embora as massas e a pesquisa da cucina tradizionale sejam o eixo do seu trabalho. Contudo, no momento em que o restaurante caminha para completar cinco anos, parece que uma nova identidade vai se cristalizando, para além da pasta e do risoto (que seguem confiáveis).

De uns bons tempos para cá, o cozinheiro tem se aprofundado na arte de elaborar embutidos e congêneres. A atividade começou experimentalmente, adquiriu volume, frequência. Variedades diferentes foram ganhando caráter, tipicidade, a maioria com inspiração na tradição da Itália (mas não apenas). Sua *expertise* é fruto de pesquisas técnicas, de degustação, mas, principalmente, de vigorosa curiosidade (segundo ele, a ideia é buscar a sensibilidade dos antigos artesãos, que se orientavam muito mais pelos sentidos do que por instrumentos).

O sal, a cura, as temperaturas, a seleção da matéria-prima, todos esses parâmetros parecem cada vez mais sob controle, resultando em produtos equilibrados e de sabores bem definidos. Agora, lonza, cacciatore, sopressata, copa (de queixada) e outros tipos já integram o menu regular, e as porções custam entre R$ 28 e R$ 41.

O mesmo processo aconteceu com as linguiças frescas e afins (porções por R$ 35). O musetto (feito com a carne da cabeça do porco) chega à mesa numa panelinha com feijões brancos. Já a linguiça de pé de porco tem a companhia de mini-rabanetes e raiz-forte. A de pernil com priprioca, por sua vez, vem com um pouco de farofa de pistache. E são todas muito apetitosas – incluindo a alheira, fruto de investigações mais recentes. (Segundo o chef, as opções frescas foram desenvolvidas conjuntamente com Alex Atala).

Recentemente, Mifano começou a fazer experiências com carne bovina, em receitas ainda em fase de teste, mas com resultados de bom potencial. O pastrami é dos mais promissores. Por fim, é importante lembrar que o Vito é pequeno e fazer reservas é sempre recomendável. E, ainda que a casa já disponha de um suprimento razoável, um ou outro embutido pode não estar disponível. Afinal, não se trata de uma fábrica, mas de uma produção artesanal – e artesanato fino, reconheça-se. Que chama a companhia de pão tostado e de uns bons goles de vinho tinto.

Por que este restaurante?
Por causa da ainda recente e bem-sucedida produção de embutidos feitos na casa.

Vale?

De pedido em pedido (as porções não são grandes), a aventura pode não ser lá muito barata. Mas vale, pela qualidade, pelo caráter artesanal.

Vito

R. Isabel de Castela, 529, Vila Beatriz, São Paulo, 3032-1469

Atualização: Em 2015, André Mifano saiu do Vito (o restaurante segue na ativa, na Vila Beatriz). O chef não tem feito mais embutidos e, em 2016, abriu o bem-sucedido Lilu.

Tordesilhas
Expandindo os limites
Publicado em 19/6/2013 no Paladar

O Tordesilhas – o restaurante – surgiu como um corte, um divisor no mapa da gastronomia em São Paulo. Não no sentido de repartir, de demarcar, como o Tordesilhas – neste caso, o Tratado. Mas na intenção de abraçar uma cozinha brasileira que andava meio difusa, ora restrita a cardápios regionais, ora revivida nos botecos. À sua maneira, a casa da chef Mara Salles traçou um breve compêndio de receitas e tradições.

O restaurante acaba de romper uma outra linha divisória. Atravessou a Av. Paulista e foi para os Jardins, onde ressurge mais bem instalado, mais apto a expressar seu repertório de clássicos e reinterpretações. Agora, conta com um salão maior, que destaca a mesa-balcão coletiva; com um *deck*, de frente para a Al. Tietê; e com ambiente para espera. A nova disposição facilita a dinâmica de serviço, que continua solícito e informal, embora nem todos os garçons estejam no mesmo nível. O almoço de meio de semana, por outro lado, não funciona mais, assim como o bufê de domingo.

No cardápio, a maioria dos *standards* foi mantida, com algumas novidades, e o restaurante parece ainda mais desenvolto na cozinha. Sempre comi bem no Tordesilhas, e isso há anos. Mas as recentes visitas foram além. E nem vou teorizar a respeito: às vezes, diante de uma bela pintura, o mais adequado é dizer, sob pena de soar ingênuo, que se trata de um quadro bonito. Por analogia, eu afirmo simplesmente que tudo o que provei estava muito gostoso.

Os petiscos são preparados com precisão e servidos com agilidade (até porque não há couvert): como os pasteizinhos mistos (R$ 24), o bolinho errado

(R$ 22), de mandioca com queijo, o bolinho de pirarucu com conserva de maxixe (R$ 25). As sugestões mais tradicionais, a moqueca capixaba, com badejo e camarão (R$ 77); o pato no tucupi (R$ 70); e particularmente a feijoada (R$ 65) de sábado, continuam profundas de sabor e sutis nos detalhes. Seja na qualidade da farinha d'água que acompanha a ave de inspiração amazônica ou no ardor e na vaga doçura do caldo da feijoada.

Entre as novidades, a casquinha de siri recebe um toque de dendê (R$ 18). O espaguete de abobrinha (R$ 27) com queijo da Serra da Canastra e tomate assado com aliche é leve e tem ótima textura. As três carnes do sertão (R$ 60) compõem um manual prático de curas e salgas, com jabá, carne de sol e charque em preparações diferentes, revelando as peculiaridades de cada uma. No primeiro exame, poderia parecer pesado, mas não: é fácil de ser abatido. Só ficaria melhor com uma farofa mais incrementada.

Das sobremesas, o creme inglês de pequi (R$ 19) com compota de maracujá orna bem com a já conhecida cocada de tabuleiro (R$ 21). Mas não ganha do dulcíssimo pudim de tapioca (R$ 19) com baba de moça – para mim, ainda a melhor sobremesa da casa.

Por que este restaurante?
É um clássico da cidade, em nova sede, com novos pratos.

Vale?
Uma refeição completa custa entre R$ 100 e R$ 150 por pessoa. Vale.

Tordesilhas
Al. Tietê, 489, Jardim Paulista, São Paulo, 3107-7444

Atualização: o Tordesilhas segue cada vez mais afiado na execução de seus ótimos pratos.

Domenico
Destinazione, Sicilia
Publicado em 3/1/2013 no Paladar

Alguém, na restauração italiana da cidade, precisava mesmo não querer ser só piemontês. E, principalmente, toscano, a grande onda dos últimos dois anos. Nada contra nenhuma dessas cozinhas regionais. O que incomoda é o efeito manada: uns começam, uma multidão vai atrás. Arremetendo rumo ao sul, o Domenico, aberto na R. Dr. Melo Alves, busca inspiração na Sicília, cuja culinária ainda não é das mais praticadas por aqui, e creio que não só por falta de informação. Mas porque é difícil executá-la sem dar atenção rigorosa a peixes e afins.

O proprietário é o empresário siciliano Domenico Mira, em São Paulo desde 2009. Na cozinha, o comando é do chef *pugliese* (e também sócio) Rodolfo De Santis, até recentemente no Biondi. Juntos, eles elaboraram um cardápio que não é apenas do mar, nem exclusivamente siciliano. Mas que se mostra um pouco mais arejado na comparação com seus pares.

A refeição pode começar muito bem com entradas como o crudo di pesce (R$ 42), com fatias de peixe-espada, azeite, alcaparras, rúcula, limão; a insalata di mare (R$ 38), com camarão, lula, polvo, minilegumes; e a berinjela à parmigiana (R$ 32). E seguir no mesmo nível com uma interpretação menos ortodoxa dos spaghetti freschi con sarde (R$ 48), a massa com sardinha, polvilhada com molica, a farofa de pão. Ou ainda o peixe do dia (no caso, atum, R$ 88) semicru, com aspargos e purê de batatas – dispensavelmente – trufado.

(Já impliquei com a invasão de panna cotta, com TVs no salão, com sommeliers ansiosos e tenho falado muito de trufados. Se não estamos em Alba, por que abusar desse tipo de produto? Deixemos a trufa para a hora certa).

Por outro lado, duas sugestões em particular precisam de reparos. O gnocchi com lagostim (R$ 56), em todas as visitas, foi sempre apresentado como um "carro-chefe" da casa. Até que, então, eu pedi o prato. O molho de bisque é bom, mas a massa carece de leveza e sabor. Já ao grigliato gallipoli (R$ 85), com frutos do mar variados, faltou justamente a expressão da grelha; mas sobrou molho de tomate (e rigidez para o polvo).

Se a cozinha balança um pouco, embora com bons resultados, o serviço dá seus solavancos. É gentil, só que não domina o menu e, dependendo da área do salão, revela algumas zonas de sombra, para usar a velha imagem do universo da telefonia móvel: o cliente fala, mas parece que é difícil ouvir. Durante um almoço, escolhi uma coisa, mas chegou outra à mesa. Ao ser questionado sobre o engano, o maître respondeu: "Não, está certo, é isso mesmo". Foi preciso retomar o cardápio, enunciar os ingredientes, comparar com o que foi apresentado... até que ele se convencesse do deslize. Logo depois, o prato correto foi trazido.

Fantasiando um pouco, confesso que esperava, digamos, um *deck* com o sol da Sicília um pouco mais rasgado, queimando na cara. O Domenico ainda não é isso. Mas já é, vá lá, uma escotilha.

Por que este restaurante?
Porque é uma novidade interessante.

Vale?
O gasto por pessoa passa facilmente dos R$ 150. Caro, mas vale arriscar.

Domenico
R. Dr. Melo Alves, 674, Jardim Paulista, São Paulo

Atualização: o restaurante fechou e, desde 2014, no mesmo ponto, funciona o Ristorantino.

Gero
Clássico aos 20 anos
Publicado em 12/11/2014 no Paladar

O Gero foi o restaurante que bagunçou o cenário da gastronomia paulistana, em vários sentidos. Vou explicar. Seu surgimento, há 20 anos, consolidou um novo degrau de culinária italiana na cidade: abaixo da cucina più raffinata de Fasano, Ca'd'Oro, Massimo; e obviamente acima de cantinas e afins. Mais do que um modelo de restauração, virou referência de estilo e se tornou um centro de formação de profissionais.

Por outro lado, o Gero, com seus inúmeros imitadores, serviu de inspiração para uma fórmula que, distorcida ao longo do tempo, configurou uma equação mais ou menos assim: brigada numerosa e bem-vestida no salão + pratos de domínio público + ambiente propício a badalações e "refeições pessoa jurídica" = contas cada vez mais altas. Um caldo de cultura que ajudou a moldar uma média restauração cara e repetitiva, com endosso de significativa parcela do público.

O que vai acima, claro, é por minha conta e risco. E é provável que o restaurateur Rogerio Fasano, quando criou o Gero para que fosse uma charmosa versão jovem do Fasano, nem pensasse em tal poder de influência. Era 1994 e o País vivia um ano alvissareiro em alimentos e bebidas, com preços estabilizados, mercado aberto à importação e o real equivalendo ao dólar. O então novo restaurante se ajustou ao momento e o sucesso foi imediato. Continua assim.

Hoje, para além do serviço acolhedor e da ambientação chique-sem-opulência, come-se bem no Gero, melhor do que no início, em níveis de preço que evidentemente nada têm de trattoria: R$ 40/R$ 50 para entradas; R$ 70 em média para principais; em torno de R$ 30 para doces. Nas últimas temporadas, a cozinha tem feito constantes evoluções, produzindo até alguns pratos memoráveis, como orzo perlato (com cevadinha e frutos do mar) e a paleta de cabrito, ambos não mais no menu. Hoje, sob o comando do chef José Solon, a casa continua um bom endereço para uma reconfortante polenta ao gorgonzola, para um tartar de atum, para uma lasanha sem invencionices (sem falar nos deliciosos chips de abobrinha, sempre repostos à mesa).

O bollito misto das sextas, ainda que numa interpretação amainada, compensa a visita, especialmente se antecedido pelo delicado capelete in brodo. E, a meu ver, o linguado à mediterrânea, com tomates e azeitonas, é um dos peixes mais confiáveis da cidade. E, considerando que se trata de uma casa de massas e carnes, é de admirar a qualidade da doçaria. Não apenas por escolhas mais óbvias como tiramisù e panna cotta, mas também no caso de sobremesas como mil-folhas e babá ao rum, que pouquíssimos executam como se deve.

Por que este restaurante?
É um clássico da cidade que chega aos 20 anos.

Vale?
A fórmula do almoço custa R$ 92, com várias opções de entrada, prato e sobremesa. Pedindo à la carte, do couvert à sobremesa, gasta-se entre R$ 150 e R$ 200, sem bebidas. O preço é alto. Mas é no conjunto comida/serviço/ambiente que se constata que o Gero segue acima de seus descendentes.

Gero
R. Haddock Lobo, 1.629, Jardim Paulista, São Paulo, 3064-0005

Atualização: a casa continua sendo um clássico da cidade.

Tartar & Co
O cru e o cru (e só alguns cozidos)
Publicado em 13/2/2013 no Paladar

Erick Jacquin, o chef do La Brasserie, resolveu se divertir com a comida. Seu recém-inaugurado Tartar & Co trata de maneira descontraída, quase lúdica,

88

a ideia dos pratos com ingredientes crus e finamente picados. Uma irreverência que se reflete no cardápio e se estende ao ambiente – cuja atmosfera, dependendo do horário, vai da lanchonete-chique ao estilo quase-balada, com DJ e tudo.

Jacquin já flertou com o pop e com os *dining clubs*. Há poucos anos, tentou uma vertente mais casual de bistrô, no finado Le Buteque. E foi consultor do também extinto Buddha Bar. Já o Tartar & Co, em Pinheiros, parece ter um conceito mais bem acabado, diferenciando-se da proposta mais gastronômica do La Brasserie. No dia a dia, a cozinha da nova casa é comandada por Felipe Macambyra.

Os principais itens do cardápio evocam quase uma orgia de crudités. A maior parte gira em torno do tartar, em pratos, sanduíches, tira-gostos. O tradicional, de carne bovina (R$ 38), é sutilmente condimentado (acho até que um pouco mais de potência não faria mal) e vem com batatas fritas. O de atum (R$ 44) vem com salada e é cortado com esmero, valorizando a mordida. O vegetariano (R$ 29) apresenta legumes em remoulade de pupunha.

Mas as referências ficam mesmo bagunçadas, no bom sentido, é na seção de petiscos e que tais. Os shots (R$ 8), servidos em copinhos, trazem salmão com espuma de moqueca e atum com musse de coco. Os minipastéis (montados com massa pré-frita, R$ 22) têm recheio de tartar bovino e compõem um jogo interessante de texturas – o que acontece também com os temakis (R$ 29, três unidades), igualmente de carne.

Um espírito bem-humorado, enfim, que se propaga pelos drinques, pelas sobremesas (tartar de profiteroles) e passa pelos vinhos. A carta, a propósito, poderia ser melhor, embora apresente uma bem bolada divisão por faixas de preço, com garrafas a partir de R$ 54. Louve-se ainda a adesão à água em jarra e ao couvert básico de R$ 4,50 (só seria mais adequado não usar pão amanhecido).

Há alternativas além do cru, obviamente. Como a terrine de campagne (R$ 24), de sabor um tanto acanhado. E o cuscuz paulista (R$ 24), que ainda carece de mais tempero e de um leve ardor, como o chef fazia no finado Le Buteque. Em contrapartida, sugestões quentes como a fraldinha grelhada (R$ 36) com batatas rústicas e o fricassé de lotte (R$ 39) funcionaram bem.

Resumindo o programa, não dá para ir ao Tartar & Co buscando os sabores e o aparato do La Brasserie. Trata-se de outra proposta, com considerável dose de originalidade – e, até por isso, ainda em consolidação. O que se nota inclusive no serviço, que é simpático mas desliza no *timing* e na ansiedade. Agora, considerando que este é um restaurante dedicado ao tartar, e tendo em vista a capacidade do chef, é legítimo esperar da nova casa as melhores batatas fritas possíveis. Ainda não são. Mas evoluíram bastante, entre a primeira e a terceira visita.

Por que este restaurante?
Porque é uma novidade interessante.

Vale?
Dá para se divertir e comer abaixo de R$ 100 (à noite, é barulhento). Vale.

Tartar & Co.
Av. Pedroso de Morais, 1.003, Pinheiros, São Paulo, 3031-1020

Atualização: A casa segue funcionando, ainda sob a consultoria de Erick Jacquin (que, como se sabe, tem feito sucesso no *MasterChef*).

Santo Colomba
Não se intimide. E peça o trenette
Publicado em 28/3/2013 no Paladar

É difícil de visitar o Santo Colomba e deixar de pedir um de seus carros-chefes, o trenette, a massa fresca e comprida originária da Ligúria. Eu, particularmente, o prefiro com o molho de tomate fresco (R$ 39). É um prato simples, revigorante, e não lembro de tê-lo comido num ponto que não fosse al dente. E isso há anos.

Quem o executa não é um italiano, mas um mineiro, o chef/proprietário José Alencar de Souza. Ele assumiu a casa em 1994 – o Santo Colomba, por sua vez, vai se aproximando dos 35 anos – e, desde então, segue fiel a uma cucina de bases clássicas, com eventuais laivos internacionais e de brasilidade. Alencar é um cozinheiro que exerce seu ofício com notável dignidade. Não faz concessões quanto à qualidade da matéria-prima e zela rigorosamente pelo padrão dos pratos. O que pode valer para o agnolotti alla Piemonte (R$ 43); para o clássico stracotto, o lagarto marinado e cozido longamente, servido com polenta (R$ 48); ou para o peixe do dia (que pode ser a pescada cambucu, R$ 53) preparado só no azeite, com alcachofras.

As sobremesas, por outro lado, dão mais a impressão de serem "doces de cozinheiro" do que itens de pâtisserie. Mas fecham bem o repasto, especialmente o perfecto de limão – um pavê gelado que, como quase tudo o que cerca a aura do restaurante, representa uma época. O passado, a propósito, não é só cenário: ele senta à mesa com você.

Instalado num *flat*, com seus painéis austeros, com o balcão de mogno trazido do bar do Jockey Club do Rio, o Santo Colomba causou impacto nos anos 1980. Muitos de seus frequentadores vêm daquele tempo. E ainda são maioria, com suas confrarias de vinho, suas reuniões de negócios. Num almoço recente, uma mesa ao lado comentava sobre audiências com o governador; outra, falava em juridiquês sobre ritos processuais. Os jovens eram poucos e tive a pachorra de notar que a primeira mulher só entrou no salão quando eu esperava a conta.

Num outro dia, enquanto reparava nos antúrios e samambaias do jardim de inverno, me ocorreu que, de tão entrincheirado na tradição, de tão fiel aos *habitués*, talvez o restaurante tenha se fechado para um novo público. Se o *décor* já intimida, o serviço, apesar da cordialidade à antiga, também não facilita a vida do intruso, ops, do novato. É o telefone que nem sempre atende, é a espera do fim de semana que nem sempre é acolhedora... Eu defendo que mais gente deveria conhecer o Santo Colomba. Se ele quiser ser mais conhecido, melhor ainda.

Não estou dizendo que é o caso de trocar a MPB (em volume camerístico) por algum som ambiente ao estilo "festa em Ibiza". Nem de enveredar por receitas de apresentação minimalista. Muito menos de trair a filosofia do chef Alencar. Mas de acenar para o comensal de primeira viagem. Afinal, tempos atrás, os *habitués* também já foram novatos.

Espero meu carro do lado de fora e imagino, para além dos iniciados, quem terá a ousadia de empurrar as portas feitas de madeira de lei e vitral, cruzar a recepção, chegar ao bar e simplesmente dizer: "Tem mesa disponível?".

Por que este restaurante?
É um clássico, aos 35 anos de vida.

Vale?
Vale. Mas cuidado: não aceita cartão (e não cobra taxa de rolha nem serviço de *valet*).

Santo Colomba
Al. Lorena, 1.165, Jardim Paulista, São Paulo, 3061-3588

Atualização: O chef Alencar e sua casa seguem adiante. Agora, aceita-se cartão de crédito.

Oui
Sem toalha, mas com rigor
Publicado em 15/10/2014 no Paladar

Vou começar pelo geral, para depois entrar no específico. Estamos no meio de uma onda de novos bistrôs. Tanto interesse tem a ver apenas com o apreço pela forma mais popular da restauração à francesa? Certamente que não. Trata-se de um modelo de negócio, mais simples de manter do que uma casa mais chique – o que condiz com os tempos atuais. Contudo, há diferenças dentro desse universo. A imensa maioria pode até se alinhar com a estética (ou seria ética?) "sem toalha", mas nem todo mundo se expressa do mesmo jeito. No caso do Oui, o despojamento me parece o reflexo de uma escolha: investir na cozinha, mais consistente que a de seus colegas de estilo.

O pequeno restaurante do chef e sócio Caio Ottoboni ocupa um ponto que já foi do Le Petit Trou, em Pinheiros. Seu menu cabe em uma página. E o funcionamento é mais ou menos o seguinte. A maior parte das sugestões varia conforme a sazonalidade. Fixas, mesmo, são três opções bovinas: steak tartare, filé mignon au poivre e prime rib de angus. No almoço de terça a sexta, o menu contendo entrada, prato e sobremesa custa o preço do principal escolhido, com acréscimo de R$ 6. O couvert, pão e manteiga, sai por R$ 5. À noite e no fim de semana, vigoram as cifras do à la carte.

Ottoboni fez parte durante sete anos da brigada de Erick Jacquin, de quem foi subchef, e passou 2013 trabalhando na França. O jovem mestre-cuca é perfeccionista com as bases e esmerado nas apresentações, mas sem afetação. Seu steak tartare mostra a textura e o tempero sem timidez que se esperam desse clássico (R$ 18 ou R$ 36, conforme a porção). O filé mignon (R$ 49), que tem cocção atenta e pimenta na medida, chega guarnecido por belas batatas fritas. É verdade que os pratos da seção "menu inspiração do mercado" mudam periodicamente. Mas eu espero que os comensais tenham a sorte se deparar com receitas como o pernil de vitela com um finíssimo purê de cará (R$ 39); a paleta de cordeiro assada com cenouras glaceadas (R$ 45); e o bacalhau fresco com sauce hollandaise (R$ 52), todos preparados com rigor de haute cuisine e desassombro de bistronomie.

Para sobremesa, são sempre duas alternativas. Nas três visitas realizadas, o ótimo brownie (R$ 13) sempre esteve entre elas e há um aspecto do doce que eu gostaria de ressaltar, por bobagem que pareça. É o creme que o acompanha, feito de maracujá – um ingrediente ardiloso, sempre a um passo de se tornar enjoativo, e que, aqui, surge apenas no melhor de seus aroma e sabor. É em minúcias assim que se percebe a intervenção do cozinheiro.

A carta de bebidas também é sintética, mas destaca vinhos interessantes, cidra e boas cervejas artesanais. O pacote, combinado a um serviço sereno e eficiente, faz do Oui um bom programa.

Por que este restaurante?
Porque é uma boa novidade.

Vale?
O executivo custa o preço do prato escolhido, mais R$ 6. À la carte, é possível fazer uma refeição completa abaixo dos R$ 100, sem bebidas (a rolha de vinho é gratuita). Vale.

Oui
R. Vupabussu, 71, Pinheiros, São Paulo, 3360-4491

Atualização: o restaurante mudou, mas continua em Pinheiros, agora na R. Costa Carvalho, 72.

Picchi
Cucina clássica com tons modernos
Publicado em 22/10/2014 no Paladar

Meses atrás, numa resenha sobre o retorno do Supra, eu abri o texto enaltecendo a novidade, já que o restaurante de Mauro Maia fazia falta ao mercado. Retomo a mesma ideia com o Picchi: depois de fechar as portas de sua casa no Itaim, no início do ano, o chef Pier Paolo Picchi retomou as atividades há um mês, desta vez na Oscar Freire. A volta de sua culinária técnica e de sabores precisos é uma boa notícia para o panorama paulistano.

O novo restaurante ocupa o térreo do Regent Park, que é sócio do projeto. E vai funcionar do café da manhã ao jantar, atendendo o público em geral e os hóspedes do hotel. O salão é agradável, num estilo mais formal, que lembra mais o primeiro Picchi, na R. Jerônimo da Veiga, porém com mais conforto. Quem comanda o serviço – bom, embora falte uniformizar o nível de informação e diligência dos garçons – é Lindomar Amorim, um maître dos mais ecléticos.

Com mais espaço e uma estrutura de trabalho melhor (o que inclui uma horta), a própria cucina clássica com laivos modernos do chef Picchi parece ter galgado um novo patamar. O cozinheiro prepara dos pães aos sorvetes, e mostra versatilidade num cardápio com itens tradicionais e receitas autorais. Um bom início para o repasto é pedir o palmito pupunha grelhado com aliche (R$ 29); a bresaola (R$ 29) curada na casa; e, se a sorte permitir (leia-se: se for pedido muito nhoque), provar das cascas de batatas fritas que acompanham o couvert (R$ 7 no almoço, R$ 17,50 no jantar e fim de semana).

Para a sequência? Espaguete allo scoglio (R$ 43), com vôngole e mexilhões, farto e aromático, ortodoxamente al dente. Agnolotti de coelho à caçadora (R$ 56), servido com o molho da carne, de grande profundidade de sabor. E nhoque de batata asterix assada com porcini e queijo de cabra meia cura (R$ 56), firme e, no entanto, leve. Só fico em dúvida com o fato de as duas últimas massas irem à mesa dentro de uma panela – algo mais pitoresco do que prático.

Pier Paolo Picchi, a meu ver, sempre brilhou com a pasta fresca e com o porco. Mas ele também manipula com respeito as coisas do mar. Seu bacalhau com favas verdes (R$ 78), por exemplo, foi um dos melhores que comi ultimamente. O chef usa a técnica aprendida no Mugaritz, na Espanha: prepara o peixe a baixa temperatura e elabora o caldo usando a pele. Já o grelhado do pescador (R$ 78) traz polvo, camarão, lagostim, lula e o pescado do dia (na ocasião, merluza), além de legumes, na simplicidade do sal e do azeite.

Para concluir, tiramisù – e a surpresa, por se tratar de uma casa à italiana, de encontrar entre os doces uma delicada queijadinha (R$ 23) e um instigante sorbet de tangerina com gengibre (R$ 24, três sabores).

Por que este restaurante?
Pela volta da cozinha do chef Pier Paolo Picchi.

Vale?
O menu executivo (um principal diferente por dia) custa R$ 45. Pela carta, gasta-se entre R$ 100 e R$ 150 por cabeça, do couvert à sobremesa, sem bebidas. A carta de vinhos é bem montada, destacando exemplares naturais. Vale.

Picchi
R. Oscar Freire, 533 (Regent Park Hotel), Jardim Paulista, São Paulo, 3065-5560

Atualização: Pier Paolo Picchi e seu restaurante (agora com uma estrela Michelin) seguem em franca evolução.

Carlinhos

Sírio ou armênio? Paulistano

Publicado em 6/2/2013 no Paladar

Não é sempre que se vai a um restaurante onde, rotineiramente, alguém recebe você com um aperto de mão. Nem é sempre que um estabelecimento "de bairro" consegue transpor a barreira do local, do pitoresco, para atrair outros visitantes. Mas o Carlinhos, no Pari, desempenha esse papel de forma espontânea.

A casa foi fundada em 1971 pelo sírio de origem armênia Missak Yaroussalian, o Carlinhos, morto em janeiro. Intuitivo, autodidata, Carlinhos – o mestre-cuca – misturou dotes de chapeiro de lanchonete a uma visão bem paulistana de restauração. Seu cardápio é extenso e, ao estilo antigo, tem de tudo: cozinha internacional, carnes diversas, receitas de acento árabe, massas.

Contudo, o Carlinhos – o restaurante – consegue seus melhores resultados no flerte dessa culinária variada com as tradições sírias e armênias. Sua cozinha se expressa pela linguagem do fogão a gás, da chama, do forno e, principalmente, da chapa. Já tentei variações em minhas escolhas. Mas é difícil ir até lá e deixar de pedir as especialidades que viraram assinatura do clã Yaroussalian.

Por exemplo, o arais (R$ 9,80), a kafta prensada como um sanduíche de pão sírio, para comer com as mãos. E o basturmalã com ovos (R$ 36,80), a carne curada à armênia, frita e servida com gemas moles, para apreciar beliscando com o pão sírio, no limite da lambança. Um perigo para quem usa camisas claras. O restaurante, entretanto, ganhou fama também pela picanha fatiada (R$ 48,80) na chapa. E, num segundo plano, pelo cordeiro, com duas versões em especial: o carré (R$ 72,80) para dois, a rigor malpassado; ou o pernil assado, para 12 ou mais (sim!), só sob encomenda.

Dias depois da morte do patriarca, o restaurante guarda ainda um certo luto. Mas nada que interfira no ritmo da cozinha, que mantém o tom. Nem que afete a cordialidade do serviço (sempre supervisionado pelo filho Fernando), que não tem mesuras nem formalismos – os garçons querem mais é cuidar bem dos pedidos e tratar o cliente com simpatia.

Almoçar no Carlinhos, por fim, não é um programa exatamente gastronômico, embora a comida seja gostosa e farta. É uma experiência paulistana, uma daquelas provas de que a metrópole não guarda seus segredo na superfície. Mas também não os restringe apenas aos nativos, aos confrades. Basta aprender a transitar entre os tempos e mundos paralelos que coexistem na cidade.

Ir à R. Rio Bonito, 1.641, enfim é a chance de conhecer um daqueles lugares que fazem São Paulo ser interessante e tão particular – para além de ingenuidades ufanistas do tipo "centro mundial da gastronomia" ou do ouro de tolo dos restaurantes da moda. É ótimo ver o Carlinhos em forma e com futuro. Mas mantendo os bons modos aprendidos no passado.

Por que este restaurante?
Porque é uma boa dica (talvez já seja um clássico da cidade).

Vale?
O programa é divertido e amigável. É possível partilhar muitos pratos, que nem são muito caros. Vale.

Carlinhos
R. Rio Bonito, 1.641, Pari, São Paulo, 3315-9474

Atualização: o Carlinhos permanece uma referência no Pari, comandado pelos filhos do fundador.

Castelões
Os 90 anos da pizzaria do detalhe
Publicado em 26/11/2014 no Paladar

Uma singela folha de manjericão pode se transformar numa verdadeira controvérsia. O tipo de discussão que os italianos – de nascimento ou naturalizados gastronomicamente – adoram. E ilustra o detalhismo da Castelões na lida com suas receitas.

A questão envolve a clássica marguerita: na maioria dos lugares, a erva assa junto com os demais ingredientes, a cerca de 400°C. A Castelões, contudo, nunca seguiu a temperatura mais usual na cidade. E seu padrão de 600°C acabava por queimar o manjericão, incorporando um traço de amargor à cobertura. Que fazer?

Depois de muito debate, a família Donato optou por servir a marguerita com folhas cruas, adicionadas no instante de ir à mesa (como alguns estabelecimentos do sul da Itália preferem). Manjericão fresco, aportando sabor e perfume, evitando notas carbonizadas. E assim tem sido, por décadas, rigorosamente. Como, aliás, quase tudo que diz respeito à maioria dos procedimentos da mais antiga pizzaria de São Paulo.

Aos 90 anos, a Castelões tenta se manter na mesma toada, com sua anárquica ambientação cantineira (embora sem música típica), com seu cardápio quase imutável. Mas talvez exale aquela certa melancolia de quem alimenta, na mesma medida, nostalgia pelas glórias do passado e dúvidas sobre o que virá.

O que faz sentido, por um lado: o almoço, com massas e carnes, não atrai mais tantos clientes; e o próprio bairro do Brás há muito saiu do eixo do lazer da capital. E é questionável, por outro: ainda existe um presente, com as boas pizzas; e uma perspectiva futura, com os netos e bisnetos dos clientes mais fiéis começando a frequentar o salão.

Fundada pela *famiglia* napolitana Siniscalchi em 1924, a casa pertence ao clã Donato desde 1950. A grande perda recente foi João Donato, figura onipresente na pizzaria, falecido há dois meses. Seu filho Fábio, que há muito já cuidava da operação, agora é o comandante oficial. É ele quem zela pela regularidade da massa sempre macia, de corniccione alto e coberta por molho de tomate fresco – invariavelmente. E é quem endossa o equilíbrio entre a calabresa artesanal e a mozzarella que caracteriza a proverbial castelões, variedade mais pedida até hoje, vendida a nada triviais R$ 70 (a marguerita sai por R$ 56). Ainda que o menu traga várias outras opções, não vale a pena inventar: fique entre as duas coberturas mais afamadas e vai comer bem.

Para sobremesa, tem trio de cannoli (R$ 22): chocolate, creme e, claro, ricota (o melhor deles). E, para beber, há bons vinhos italianos a preços promocionais: as caixas ficam à mostra, de modo meio improvisado; mas é possível escolher entre as garrafas guardadas na adega, em temperatura adequada. É melhor do que pedir o tinto da casa em taça (R$ 16), que não compensa.

Por que este restaurante?
Pelos 90 anos. Pela qualidade de pizzas como a castelões e a marguerita.

Vale?
Vale a revisita, para quem conhece. Para quem nunca foi, é a chance de tomar contato com outro tempo, com outra São Paulo.

Castelões
R. Jairo Góis, 126, Brás, São Paulo, 3229-0542

Atualização: a Castelões segue assando pizzas, sob o comando dos Donato.

Lasai
Ouça, coma, reflita, devore
Publicado em 3/12/2014 no blog Eu Só Queria Jantar, no Estadao.com

Tenho dificuldades com Schoenberg. Já tentei ouvir, não me prende, não há satisfação. Dodecafonismo, dizem músicos e pedagogos da área, exige treino, pede o estabelecimento de uma familiaridade. Se você se condiciona e aprende a decifrar a linguagem, gosta. Não alcancei esse estágio. Parei em Debussy e Stravinsky (entre outros), parei nos limites da tonalidade. Com eles, até consigo perceber essa história de que, captando a estrutura, vislumbrando a arquitetura (meu entendimento, que fique claro, é o do leigo com algum verniz), aproveita-se melhor a obra. Embora eu goste mesmo é das melodias e harmonias – algo que vem antes de entendimentos mais cerebrais.

O parágrafo de abertura deste texto me ocorreu no retorno de uma viagem bate-volta para o Rio, logo depois de um jantar no Lasai. Por que música? Porque a experiência tinha extrapolado a simples refeição: recordar seus passos evocava associações diversas, provocava outras conexões. E eu percebi que o restaurante do chef Rafa Costa e Silva tem aquela rara qualidade de permitir fruições em diversos níveis e camadas. Quem se interessa por técnicas, conceitos e filosofias vai gostar muito – e isso não tem a ver com jantares verborrágicos e explicações intermináveis sobre receitas. Quem tem, vá lá, paladar mais treinado e percebe a elegância das composições, das tramas de sabores e notas, idem. Quem apenas quer comer bem, sem teorizar, também vai se esbaldar.

O Lasai, assim sendo, se garante a partir do essencial: em seus pratos, platillos, snacks, sobremesas. O conjunto é delicioso. Mas também se afirma, astutamente, num discurso em segundo plano: permite que o comensal, junto com bocados de comida, mastigue o gosto de se sentir inteligente. Ao melhor estilo "entendi a brincadeira, captei a proposta, recebi a mensagem". A totalidade do programa, claro, ajuda muito. A casa, em Botafogo, é muito bonita, um imóvel antigo com intervenções surpreendentes; nada grita, nada se impõe pela opulência; a cozinha é um espetáculo à parte; o serviço tem aquela rara medida entre gentileza, altivez e eficiência; você é muito bem acolhido e fica à vontade. Mas sentemos à mesa.

Pedi o menu festival (R$ 245), servido em cerca de duas horas, num ritmo bastante ponderado, sem atropelos nem grandes intervalos. Foram quatorze tempos, mais três pequenas sobremesas. Não vou mostrar a lista completa, correndo o risco de transformar o texto, ele próprio, num rosário interminável de ingredientes e preparações. Mas não tenho como deixar de me ater a alguns destaques. A degustação começa bem, chega ao ápice, termina bem. Tem momentos mais ligeiros e divertidos, passagens mais sérias. Alterna pianos e fortíssimos, mas mantém o nível alto.

Rafa Costa e Silva, a despeito dos cinco anos trabalhando com Andoni Luis Aduriz no Mugaritz, tem uma visão muito particular da cozinha. Há muito de espanhol em suas concepções; há muito de Brasil na sua paleta de cores e sabores. Seu nível de sal não é dos mais altos, mas não por timidez. É que a personalidade de seus pratos se constrói na soma dos vetores: a acidez, a profundidade de sabor dos caldos, os constrastes. Há surpresas, mas não há lances aleatórios – o que, aliás, me faz pensar de novo em música. Os acordes às vezes são perfeitos. Em outros momentos, dissonantes. Em certas ocasiões, quase ensaiam sair do centro tonal, para desmontar nossas certezas – mas, no fim, se completam, fecham o tema. Só fingem o solavanco, só ameaçam desestabilizar o espectador/glutão, para devolvê-lo a um lugar seguro e reconfortante. O equilíbrio não se perde.

A brandade de beijupirá, o blini de beterraba com ricota de ovelha, a carne de porco enrolada num charuto de alface romana, todos parecem pura diversão. Mas é bem mais. É um flerte com a transgressão de clássicos, um jogo de citações – muito bom de comer, esteja você atento às referências ou não. O arroz de embutidos com língua, apresentado como um canapé, a tapioca de rabada, a vieira com tutano, tudo dá vontade de repetir. E há os pratos de resistência, notáveis: faisão com mandioquinha, peito de wagyu a baixa temperatura (de cortar com colher) com batata-doce, e um admirável pargo com cebolas e caldo de porco – um peixe de tamanho frescor, gelatinoso e delicado, talvez no nível dos que já comi no Japão. E é neste ponto que se consolida um dos pilares do Lasai.

Para além da execução rigorosa, das cocções milimétricas, das apresentações instigantes, da técnica bem dosada (e a serviço do prazer), existe uma devoção à matéria-prima. O produto sempre toma a dianteira, dos legumes aos frutos do mar, em todas as carnes. Rafa Costa e Silva não é um chef de laboratório, um pesquisador de gabinete: é um cozinheiro de lavouras, da pesca, do mercado. Na hora da sobremesa, mais algumas sutis subversões. O melão "gin tônica", a abóbora com banana e coco queimado, o bolo de fubá com erva-doce recriado...

Por fim, não há como negar que uma refeição desse porte se enriquece ainda mais com um trabalho como o do sommelier venezuelano Oliver Gonzalez (um dos vários estrangeiros da brigada multinacional do restaurante). Suas escolhas, especialmente exemplares naturais e biodinâmicos, foram sendo apresentadas aos poucos, com entusiasmo contido e precisão. Tintos e brancos do Loire, da Sardenha, do Jura, pinçados com objetividade, e não como mera demonstração de erudição.

O resumo do concerto? O menu (que pode mudar, constantemente) é longo, a carga de informações é intensa, a quantidade de comida pode chegar ao limite da maioria dos comensais. E, certamente, foi um dos grandes repastos deste ano, num restaurante que cumpre sua temporada de estreia já no grupo de elite da primeira divisão. Para não fugir à linha da Eu Só Queria Jantar, eu concluo, convictamente: vale.

Lasai
R. Conde de Irajá, 191, Botafogo, Rio de Janeiro, (21) 3449-1834

Atualização: de lá para cá, o Lasai (uma estrela Michelin), só fez evoluir em sua proposta.

La Casserole
Patrimônio preservado à mesa
Publicado em 14/5/2014 no Paladar

"Se o Casserole fechar, a gente faz um movimento, organiza um protesto". Nem sei quantas vezes já ouvi esse tipo de comentário em muitos anos. A síntese é a seguinte. Não importa se o mercado da restauração é incerto, vive de subidas e quedas, nutre-se de modismos, é caudatário da atividade imobiliária: no mais tradicional bistrô da cidade, patrimônio paulistano, ninguém podia tocar. De fato, ninguém tocou. Porque, acima de tudo, o Casserole soube se cuidar.

Poucos restaurantes foram tão hábeis em preservar a própria lenda como a casa fundada em 1954 por Roger e Fortunée Henry – e, desde 1987, conduzida pela herdeira Marie-France Henry. Já houve situações em que a degradação da região central pareceu um perigo incontornável. Já vi a cozinha em momentos menos felizes, visivelmente cansada pelo desgaste do cotidiano; ou titubeando entre o zelo pelo clássico e os acenos do contemporâneo. Na atual fase, existe um equilíbrio notável entre manter a antiga atmosfera e se abrir para novos ares.

Aos 60 anos, completados agora, o Casserole está lépido e fagueiro. Basta presenciar seu almoço durante a semana, lotado por gente que trabalha nos arredores, especialmente figuras do poder público (semanas atrás, numa visita ao meio-dia, contei pelo salão mais advogados e juízes famosos do que no julgamento do mensalão). Ou tentar uma mesa às 23 horas de sexta, com forte chance de pegar fila de espera, formada inclusive por casais jovens. Ou ainda aproveitar o almoço de sábado no esquema "boteco francês", com direito a coxinha de pato (R$ 17), escondidinho de coq au vin (R$ 39) e um ótimo picadinho (R$ 45).

Novidades à parte, eu continuo fazendo questão de começar pelo couvert (R$ 10 no almoço, R$ 14 à noite), sempre com pão crocante, comprado desde os anos 1970 na padaria vizinha, e pela terrine do dia (R$ 27,50). E de me refestelar com o steak tartare (R$ 62) preparado à mesa, calmamente, servido com ótimas fritas.

E como não se divertir com o confit de pato (R$ 79), feito com o devido apuro, ou com o delicioso cassoulet (R$ 59 para um, R$ 79 para dois, aos sábados)? Além do mais com o atendimento de um sommelier como Sebastião Martins, o Tom, um entusiasta capaz de pinçar as melhores escolhas para cada ocasião?

Olhando em retrospectiva, particularmente nos últimos 20 anos, eu mesmo achei que, em alguns momentos e para além da comida, o decano bistrô do Arouche correu o risco de se tornar apenas uma trincheira. Um símbolo de resistência pelo Centro, pelos estabelecimentos clássicos, pelo respeito a uma tradição. Contudo, o melhor é constatar que, mais do que nunca, ir ao Casserole não é dever cívico, é um prazer.

Por que este restaurante?
Porque é um clássico, que chega aos 60 anos caprichando na cozinha, no ambiente e no serviço.

Vale?
O executivo custa a partir de R$ 49 (com queijo e uma taça de vinho, R$ 64). À la carte, uma refeição completa sai entre R$ 100 e R$ 150, sem bebidas. Vale. (Até 11/6, entre terça e quinta, serve menus comemorativos concebidos por chefs convidados, como Erick Jacquin e Julien Mercier, a R$ 185.)

La Casserole
Largo do Arouche, 346, Centro, São Paulo, 3331-6283

Atualização: o Casserole prossegue em atividade, quebrando marcas.

Loi Ristorantino
Harmonia entre sala e cucina
Publicado em 21/5/2014 no Paladar

Seja no almoço ou no jantar, não anda lá muito fácil encontrar mesa no Loi Ristorantino. A casa comandada por Salvatore Loi e por Ricardo Trevisani abriu há 40 dias e, mesmo no meio da semana, o movimento é intenso. O público, você tem sempre a impressão de que conhece de algum outro lugar: Fasano, Piselli... Alguns chegam sem carro, saindo dos prédios da R. Melo Alves e arredores, o que dá ao Loi – vou exagerar – quase uma aura de estabelecimento de bairro.

Em comparação com o antigo ocupante do imóvel, o Domenico, as mudanças físicas nem foram tão radicais. No entanto, o restaurante ficou totalmente diferente. E, quase tão importante quanto a comida do chef famoso, creio que boa parte da identidade do Loi vem do serviço. Do porteiro até o funcionário que traz a conta, o atendimento é extremamente polido. Profissional com anos no Grupo Fasano e, até poucos meses, sócio da Maremonti, Trevisani controla o salão no detalhe, mas faz isso com leveza, pois conhece a fronteira entre servir bem e assediar (para usar uma expressão de Jay Rayner, crítico do *Observer*). Tem, em suma, a vocação do restaurateur, uma espécie ameaçada de extinção.

Salvatore Loi notadamente vive uma nova fase de trabalho. Ficaram para trás as jornadas mais solenes de Fasano e já parecem um tanto distantes os dias ainda recentes de Girarrosto. Eu arriscaria dizer que até seu perfil de sabor está diferente. Aqui e ali surgem notas doces, seja no queijo de cabra com compota de tomate do couvert (R$ 12), ou em massas como o culingione (a massa de sêmola e sem ovos, recheada com ricota e limão-siciliano, R$ 58), ou mesmo nos amuse-bouches que mudam diariamente. Percebe-se uma acidez mais presente, uma busca por contrastes que não transparecia tanto em outros tempos.

Depois de três visitas, em semanas e circunstâncias diferentes, eu definiria a experiência – tratando apenas do que vai no prato – como boa, com momentos muito bons. Gostei do espaguetini com bacalhau (R$ 63), de molho intenso, sem medo do sal nem da faceta "piscosa" do *Gadus morhua*; do tenro e intenso cabrito recheado com linguiça (R$ 79); do macio e aromático polvo com arroz integral (R$ 95). Por outro lado, o tímido molho de tomate e, principalmente, o cuscuz marroquino com frutos do mar (R$ 62) me pareceram abaixo do nível geral – este último, principalmente pela cocção excessiva de camarões e vieiras.

No que diz respeito ao ritmo e, digamos, à curva de desempenho, todas as refeições finalizaram bem. A doçaria do Loi é convincente tanto em sobremesas como o tortino de chocolate (R$ 32, servido com vinho do Porto) e o pudim de pistache (R$ 32), como no bolinho que acompanha o café (R$ 7): trata-se da levíssima veneziana, clássico da pasticceria feito com amêndoas.

Por que este restaurante?
É a nova casa de um chef consagrado. Pelo cardápio com sugestões autorais, inclusive de inspiração sarda.

Vale?
O almoço executivo custa R$ 85. Pelo carta, o repasto sai por volta de R$ 200, sem bebidas. Os preços, altos, não são para todo dia. Vale conhecer.

Loi Ristorantino
R. Dr. Melo Alves, 674, Jardim Paulista, São Paulo, 3063-0977

Atualização: Salvatore Loi saiu da sociedade em 2015, e a casa, desde então, segue como Ristorantino, sob o comando de Ricardo Trevisani. O chef, por sua vez, é sócio do Moma e do Mondo.

La Guapa
Artesanato fino, estilo argentino
Publicado em 11/6/2014 no Paladar

Vou confessar que fiquei na dúvida se a La Guapa, aberta em abril no Itaim Bibi, seria mesmo uma boa recomendação para os leitores da coluna. Não por causa da comida, que é excelente. Mas porque se trata de uma casa pequena, com um balcão apertado e uma mesa coletiva. Que parece muito mais conveniente para uma refeição rápida do que para um almoço ou um jantar com mais conforto – pois, na média, imagino que seja isso que esperam da minha resenha semanal.

Felizmente, eu mesmo tinha os contra-argumentos. Se nunca fiz distinção de restaurantes por critérios como luxo ou localização; se já escrevi inclusive sobre caminhão de comida; e se, em minhas visitas, me deliciei com seus quitutes e sobremesas, por que não dividir isso com os leitores?

Então, vamos lá. A La Guapa é a casa de empanadas aberta por Paola Carosella, do Arturito, em sociedade com Benny Goldenberg, do Mangiare. São sete variedades, custando R$ 6,30 cada, mais uma opção de salada (muito boa, melhor ainda com queijo da Serra da Canastra e noz-pecã, R$ 12,90) e três sugestões de sobremesa. O cliente faz suas escolhas, paga no caixa e espera o pedido ficar pronto – o que coincide, mais ou menos, com o tempo de surgir um assento livre.

Quantas unidades são suficientes? Duas ou três para começar, quem sabe. Eu, que provei os sete tipos, acho que cabem mais, e já explico o porquê.

Paola Carosella prepara uma empanada de chef. Assenhorou-se de uma especialidade tradicional, deu uma volta a mais no parafuso e, no La Guapa, serve um produto que é o estado da arte em massa (feita com banha de porco) e recheio, em acabamento e cocção. Isso vale tanto para a salteña, com carne, azeitona, ovo caipira e batata cozida, como para as cremosas de espinafre, com brócolis e mussarela; tanto para a de frango caipira com legumes como para as porteñas, com três queijos e tomate assado.

Por vezes, elas parecem quase queimadas, mas não estão: apenas refletem a segurança de quem não tem medo do forno, de quem sabe que os melhores sabores emanam das crostas bem douradas.

Mas as sobremesas também justificam a visita. Prove o sorvete de doce de leite (R$ 8, uma bola) e o tabletón (R$ 12), um alfajor gigante e para ser fatiado, crocante, com doce de leite, cacau, chantilly. Ambos são fartos, opulentos. Quando chegamos à última colherada, talvez pareçam até excessivos, como se a saturar as papilas com tamanha exuberância. Porém, isso é algo que só se percebe quando não resta mais nenhum vestígio, mais nada a ser raspado pelo talher.

Por que este restaurante?
Porque é uma boa novidade. Pelas empanadas e sobremesas de qualidade.

Vale?
Sim, vale. Cada empanada custa R$ 6,30. Mesmo pedindo várias (não são grandes) e sobremesa, gasta-se abaixo dos R$ 50. A menos que tome vinho, que é caro, considerando a proposta geral. São duas opções, um branco e um tinto, R$ 20 a taça. O copo custa mais, por exemplo, do que o menu Guapa, que inclui duas empanadas, salada e água (ou refrigerante) e sai a R$ 19.

La Guapa
R. Bandeira Paulista, 446, Itaim Bibi, São Paulo, 3079-2631

Atualização: a casa de Paola Carosella e Benny Goldenberg já tem mais três unidades, nos Jardins, em Pinheiros e no Brooklin.

Bravin
O clássico sem o óbvio
Publicado em 22/1/2014 no Paladar

Eu estava numa mesa próxima, não tinha como não escutar. Até que, num dado momento, passei a me esforçar para ouvir melhor. Três amigas investigavam o menu de almoço do restaurante Bravin (a casa vem abrindo também ao meio-dia, desde novembro). Percorriam item por item, conversavam entre si, consultavam a garçonete. Até que levantaram, pegaram as bolsas: "Desculpe, a gente não se animou. Esse cardápio é muito diferente". E saíram.

Não estou aqui para censurá-las, cada um come o que quiser. A bem da verdade, agradeço: forneceram um ingrediente e tanto para quem escreve. Contudo, o diferente em questão era o seguinte. Tagliatelle com ragu de pescoço de cordeiro (muito gostoso, a propósito); espaguete com sardinha (com massa rigorosamente al dente, além do peixe refogado, acompanhado por pimenta biquinho); carré de porco com chucrute, purê de maçã e morcilla (um conjunto potente, mas equilibrado); além de língua ao molho madeira, miolo à milanesa com creme de milho, entre outros. Um repertório de orientação clássica, quando não trivial. Mas certamente não alinhado com alguns padrões.

Aberto há dois anos pela sommelière Daniela Bravin, o restaurante vem se consolidando com um estilo idiossincrático. Num ambiente charmoso, de ar boêmio, a proprietária dá atenção especial aos vinhos, com muitas opções servidas em taça, sempre variáveis, inclusive naturais e biodinâmicos. Abre espaço para queijos e embutidos artesanais. Investe num receituário inspirado por *standards*, sem assinatura de chef, privilegiando preparações substanciosas, miúdos, cortes desprezados. Em suma, tem a disposição, como assinalaram as desconfiadas (quase) comensais do início do texto, de propor experiências menos óbvias.

O almoço de segunda a quinta apresenta três possibilidades. O menu executivo, a R$ 37, é composto por entradas como sardinha em escabeche e tartar de peixe com beterraba; pelo prato do dia (na segunda, por exemplo, é contrafilé a cavalo, mandioquinha rústica e couve); e por uma sobremesa (como manjar de coco e rabanada com creme inglês). Já os clássicos (que lembram a fórmula da Tappo, onde Daniela trabalhou) contêm opções de preço variável, como o referido carré de porco (R$ 55) e o risoto com ragu de costela (R$ 46), acrescidos de entrada e sobremesa. E o comercial, a R$ 29, para quem quer apenas o principal.

À noite, além de alguns pratos do almoço, o cardápio inclui sugestões já conhecidas, como o trio de linguiças artesanais (R$ 28) e a bochecha de boi (R$ 63), além de uma caprichada tábua de queijos (R$ 59). Domingo, muda tudo: o clima é de churrascada, com todas as sugestões do dia feitas na grelha. O Bravin, enfim, só faz o que lhe dá na telha.

Por que este restaurante?
Pelo novo almoço. Pelos pratos com personalidade. Pela boa política de vinhos.

Vale?
No almoço, os preços começam em R$ 29 (com taças de vinho a R$ 17). À noite, os principais ficam entre R$ 50 e R$ 60. A sommelière também serve metade da garrafa, caso o cliente não queira 750 ml. Vale.

Bravin
R. Mato Grosso, 154, Higienópolis, São Paulo

Atualização: Daniela Bravin deixou o restaurante em 2015 (e cuida de projetos como o Sommelier Itinerante e o Sede 261). No mesmo ponto surgiu o Tita, que fechou em 2016.

TonTon
Mais do que um restaurante de bairro
Publicado no Paladar de 5/3/2014

Ao final de três visitas ao TonTon, aberto em novembro no Jardim Paulista, achei que seria fácil escrever a resenha, já que havia bastante coisa para ser relatada. Por outro lado, as possibilidades de abordagem eram tão variadas que foi difícil eleger o que contar.

Eu poderia, por exemplo, iniciar comentando sobre o posicionamento bem definido – ambientação despojada, mas charmosa, preços condizentes, serviço sem salamaleques. Ou falar sobre o cardápio sucinto, sutilmente autoral, *mezzo* contemporâneo, *mezzo* brasileiro, sem desprezar os *standards*. Mas vou abrir expressando a satisfação de constatar que a casa trata bem as coisas do mar, algo ainda raro por aqui. Pescada-cambucu, badejo, camarão... Tudo que provei foi bem executado pelo chef e proprietário, Gustavo Rozzino. Já retorno aos pescados.

Cozinheiro de formação eclética, Rozzino seguiu um percurso dos mais peculiares. Trabalhou em lugares como o Manacá, em Camburi; o Sadler, de

Milão; foi mestre-cuca de magnata russo em Londres, onde também integrou o Mocotó, que servia comida brasileira na capital inglesa. De volta a São Paulo, abriu o Bola Preta, na Rua José Maria Lisboa – um projeto que teve altos e baixos, mas já continha o cerne que, de forma mais bem acabada, desembocou no Ton Ton. Até com certa despretensão, a nova casa se apresenta com um restaurante de bairro, com influências da bistronomia. Eu acho que vai além.

Sempre presente na cozinha, o chef libera com desenvoltura entradas bem servidas como a terrine de porco e pistache (R$ 29), macia como um patê; os tijolinhos de queijo coalho (R$ 19), modelados como se fossem samosas; o folhado de cordeiro desfiado (R$ 29) e a salada de quinoa, avocado, ervilha e rúcula (R$ 18). Capricha na profundidade de sabor do ragu de rabada que envolve o radiattore (R$ 34), estritamente al dente. Extrai a melhor textura de pescados como a pescada-cambucu (R$ 51), com arroz negro, quiabo e beurre blanc, e o badejo (sugestão do dia, fora do cardápio, R$ 51) com arroz de grãos. E brilha particularmente na moqueca (R$ 52), servida empratada, que é leve, aromática, com tamboril, lula e camarões de cocção meticulosa.

Em resumo, Rozzino demonstra estar seguro de suas propostas. E parece estar contando uma história que é sua, sem se apoderar de narrativas alheias nem levantar bandeiras. Está só preparando os pratos que, imagino, goste de comer. Não é alta gastronomia, não há concepções revolucionárias. Mas esse é o tipo de restaurante que pode ajudar a dar mais musculatura ao cenário paulistano: com mais atenção à cozinha, menos ao supérfluo.

Por que este restaurante?
É uma boa novidade. Pela relação preço/qualidade. Pela cozinha equilibrada, de bons ingredientes.

Vale?
É possível fazer uma refeição completa abaixo de R$ 100. A água em jarra é parte do couvert (R$ 5 ao meio-dia, R$ 8 à noite). O menu executivo varia entre R$ 29 e R$ 32, destacando sempre o arroz com feijão. A carta de vinhos tem rótulos simples, mas bem escolhidos, a preços amigáveis, e a rolha custa R$ 30. Vale.

TonTon
R. Caconde, 132, Jardim Paulista, São Paulo, 2597-6168

Atualização: além do Tonton, hoje o chef também comanda o Sandoui.

Tatini
Tudo muda. Menos o estrogonofe
Publicado em 29/1/2014 no Paladar

Na primeira vez que fui ao Tatini, eu não tinha carro, não existia celular e nem imaginava que um dia escreveria sobre comida. E o que isso importa? Perto de completar 60 anos de trajetória gastronômica, sendo os últimos 30 vividos na Rua Batataes, o clã Tatini tornou-se guardião não só de receitas, mas de uma época. O que se constata na decoração, no serviço à antiga e, principalmente, no estrogonofe, seu carro-chefe. Isso significa que eu mudo, você muda e o restaurante, que permanece o mesmo, funciona quase como um espelho. É ali, periodicamente, que percebemos o que o tempo andou nos fazendo.

A história começou em Santos, em 1954, com o Don Fabrizio, inaugurado pelo toscano Fabrizio Tatini. Continuou em São Paulo, já sob o comando de Mario, filho do fundador. E se consolidou em 1983, com o nome definitivo e no endereço atual, quando a moda era abrir restaurantes em *flats*. Embora tenha nascido da cucina italiana, o Tatini, a meu ver, se forjou mesmo na cuisine internationale. E muito da fama, é verdade, veio do fogareiro a álcool onde os pratos são finalizados, diante dos clientes. Algo que era chique, ficou meio cafona e, hoje, é uma *expertise* em extinção. (Lembro de Saul Galvão, ressabiado com o uso do *réchaud*: "Lugar de fogo é na cozinha", ele dizia).

Mas voltemos ao presente. O salão está sempre movimentado, inclusive à noite. Aos domingos, há fila de espera, com visitantes de várias idades, não apenas *habitués* de cabelo grisalho. Nos últimos anos, quem recebe os comensais é outro Fabrizio, o filho de Mario Tatini.

Na maioria das mesas, está lá o estrogonofe, a R$ 60 por pessoa. Os garçons de paletó bege, mais experientes, cuidam da preparação; os de branco, ajudam: é preciso subir na hierarquia para pilotar o fogareiro. Mas cabe a eles estacionar o carrinho e trazer da cozinha a *mise en place*, com manteiga, cebola picada, filé mignon em tiras e empanado na farinha, páprica (30% picante, 70% doce), cogumelos frescos, molhos (de tomate, molho rôti e inglês), conhaque, creme de leite.

A performance se configura aos poucos, a cada ingrediente adicionado à frigideira, a cada gesto. Não há pressa na construção dos sabores, e uma profusão de vapores e aromas vai dominando o entorno (o que inclui sua roupa). Até que chega o ápice cênico: a carne é flambada e o estrogonofe é servido, com arroz e batata palha. Tudo muito substancioso, porém equilibrado; solene, mas amigável.

Claro que o Tatini não tem um prato só. Seu couvert (R$ 15), a despeito do pão meio murcho, é atraente, com salada de salsão, vôngole e patê de beringela. E o extenso cardápio traz sugestões como o apetitoso steak diana (R$ 60), o segundo mais pedido; o ravióli de pato (R$ 55), um pouco pesado; e até virado à paulista (no menu do almoço). Mas, sinceramente, para que inventar?

Por que este restaurante?
É um clássico, comandado por uma família que chega aos 60 anos de gastronomia. E pelo estrogonofe.

Vale?
Do couvert à sobremesa, sem bebida (os vinhos são caros), come-se por entre R$ 100 e R$ 150. Vale o programa.

Tatini
R. Batataes, 558, Jardim Paulista, São Paulo, 3885-7601

Atualização: o restaurante continua servindo seu estrogonofe e seus filés.

Vecchio Torino
Um vecchio de 20 anos
Publicado em 27/3/2014, no Paladar

O Vecchio Torino, para mim, é uma espécie de enigma. No que diz respeito à mesa, é capaz de servir alguns dos melhores pratos de cucina clássica da cidade. No que diz respeito à experiência de fazer um repasto em seu salão, há sempre um senão. Uma sensação que ora vem do excêntrico ambiente; ora emana do excesso de idiossincrasias; ora surge da possibilidade de que a conta, sempre alta, traga alguma surpresa não muito agradável.

Giuseppe La Rosa, o chef e proprietário, inaugurou a casa há vinte anos. Era início do Plano Real, o câmbio era estável e, naquele contexto, o cuoco dedicou-se principalmente às receitas de seu Piemonte natal, com bons produtos e um grau de autenticidade que o destacava de italianos da cidade. O restaurante começou *cult*, ganhou fama entre a elite, ensaiou entrar em moda e, no momento, para o bem e para o mal, saiu dos radares – por seus próprios esforços e escolhas.

Sempre comi muito bem no Vecchio Torino, embora nem tudo esteja do mesmo nível (acho que as sobremesas caíram de qualidade). Puxo pela memória e não encontro quem faça na cidade um nhoque melhor que o seu alla piemontese (R$ 69). Também não vejo competidores para o polpettone (já falo sobre o preço), bom de morder, saboroso sem ser bruto. Nem para o ossobuco (R$ 96), um exemplo de equilibrismo entre exuberância e delicadeza. Isso para não entrar na lasagna (R$ 63), feita com espinafre, ou no próprio couvert (R$ 27) – como resistir, por exemplo, à perfeita dosagem entre o azedo e o picante da caponata? E sem falar na trippa alla parmigiana, no brasato al barolo...

O Vecchio Torino, enfim, é uma grande cozinha. Só não acho que seja um grande restaurante porque escolheu dar tudo apenas aos amigos. Aos não amigos, sobrou a lei, em interpretações muito particulares (e não falo só por mim; recebo muitos relatos de outras pessoas). Nada contra conceder mimos e regalias extras à freguesia mais assídua, que, ao longo do ano, prestigia fielmente o estabelecimento. Mas desde que o patamar mínimo de hospitalidade – para todos – também seja bom.

Posso descrever, por exemplo, um almoço recente. A casa não trabalha com vinhos em taça, embora às vezes tenha alguma garrafa aberta para esse fim. Indaguei se havia algum rótulo disponível, o garçom disse que não. Minutos depois, um *habitué* à mesa vizinha fez a mesma pergunta e... o vinho em copo foi servido. Pedi então o polpettone e o atendente me propôs servi-lo em dois tempos: primeiro, a massa (um excelente trucchioli); depois, a carne com a salada. Topei e só descobri na conta que o preço não era o do cardápio: ia de R$ 78 para R$ 92. Nem acho injusto que seja mais caro, mas custava avisar?

Talvez essas coisas não importem a seu público cativo, formado por famílias e clientes mais velhos, aos domingos. E, durante a semana, majoritariamente por jovens senhores de semblante preocupado – quase sempre trocando mensagens no Whatsapp, à espera dos membros de suas confrarias de vinho. Porém, são práticas que espantam o comensal de primeira viagem. Precisava ser assim?

Por que este restaurante?
É um clássico fazendo 20 anos. E porque, apesar das controvérsias, sua cozinha deveria ser mais conhecida.

Vale?
Os pratos são caros, mas muito bons (sem bebida, gasta-se facilmente acima dos R$ 150/cabeça). Porém, questione pratos sem preço aparente; atenção com as "sugestões" de vinho e com a generosidade com a água; resista a "gentilezas", como um digestivo final. Se tomar esses cuidados, vale.

Vecchio Torino

R. Tavares Cabral, 119, Pinheiros, São Paulo, 3816-0560

Atualização: O restaurante segue suas atividades.

Tête à Tête
Eloquente sem gritar
Publicado no Paladar de 11/2/2015

O Tête à Tête, em sua primeira encarnação, trazia algumas propostas à frente do seu tempo, na São Paulo de 2008.

Cozinha de mercado e menus-confiança ainda soavam distantes do público. Somou-se a isso a localização, num imóvel meio imperceptível em Higienópolis; e, em especial, uma concepção gustativa que privilegiava mais a sutileza do que o arrebatamento. Achismos do crítico à parte, o projeto teve vida curta. E, até por isso, seu retorno em 2015, em versão aprimorada, torna-se ainda mais interessante.

O mestre-cuca Gabriel Matteuzzi continua no comando, agora dividindo fogões e sociedade com Guilherme Vinha (eles foram colegas no D.O.M.). Mas, desta vez, o novo Tête à Tête ocupa uma casa bem montada, na Rua Melo Alves, com atenção aos detalhes arquitetônicos – decorativos e funcionais. Uma infraestrutura que permite aos chefs o exercício de uma culinária de minúcias, rigorosa na matéria-prima e perfeccionista na apresentação. E que mantém a característica da delicadeza, de uma cozinha que não grita. Embora seja eloquente.

O cardápio é curto, concentrado em produtos sazonais, de pequenos fornecedores. Em três visitas, comi praticamente a lista inteira – e foi tudo bastante bom. Exemplos? Repare no creme de cenoura com espuma de pequi, entrada do menu executivo (R$ 50), leve, melífluo, com o pequi sabiamente adicionado (ele demora a surgir, mas chega). Ou, falando ainda de entrantes, nas cucurbitáceas (R$ 35), com abobrinhas e congêneres viçosos e crocantes, dispostos como a evocar o gargouillou de jeunes légumes de Michel Bras (com quem Matteuzzi trabalhou longamente). Ou no ceviche de frutos do mar, com leche de tigre de tucupi e maracujá (R$ 42). E, principalmente, na deliciosa terrine de foie gras (R$ 45) com sua não menos empolgante compota de lichia.

Os principais, por sua vez, destacam os ingredientes centrais. Seus acompanhamentos dão contraste, outras texturas, para que a composição final se produza a cada garfada, na própria mastigação. O beijupirá (e seu caldo) em crosta de farinha uarini (R$ 45) revela todo o frescor do peixe. O javali (R$ 72, carré ou lombo, conforme a disponibilidade) é tenro e, no entanto, não nos nega o prazer da mordida. A costela bovina (R$ 68) braseada, por si só apetitosa, vem com uma sedosa manteiga de mandioquinha. Os doces, por fim, não deixam o nível cair, seja na torta de chocolate 70% (R$ 35), quase ofuscada pela qualidade do creme de laranja e do sorbet de cacau com flor de sal; na multitexturizada maçã (R$ 32), servida com sorvete de calvados; ou na dupla de cilindros (R$ 30), de massa finíssima e crocante, recheados com creme de baunilha e creme de iogurte.

Por que este restaurante?
É uma boa novidade.

Vale?
O executivo custa R$ 50 e inclui do couvert (com água) ao café. À la carte, gasta-se entre R$ 100 e R$ 150 numa refeição, sem bebidas (há duas degustações, de R$ 200 e R$ 280). A carta de vinhos, elaborada por Daniela Bravin, tem boa diversidade e a vantagem de preços possíveis.

Tête à Tête
R. Dr. Melo Alves, 216, Jardim Paulista, São Paulo

Atualização: O restaurante ganhou um estrela Michelin, mas encerrou suas atividades no início de 2018.

Izakaya Matsu
Comida de bar, comida de casa
Publicado no Paladar de 25/2/2015

Foi num izakaya de Kyoto, entre petiscos e doses de shochu e saquê, que me foi ensinada a lição: você não deve abastecer o próprio copo, pois não é educado. Quem faz isso é seu parceiro de balcão. Também foi ali que aprendi que, a bem da fluidez do serviço, é adequado pedir o primeiro trago logo ao sentar. A comida, escolhe-se depois. Afinal, izakaya é pub, é boteco (ainda que com nuances de estilo, do simples ao mais chique), mas tem seus códigos.

Em suas versões brasileiras, difundidas com mais força nos últimos anos, os bares nipônicos adaptaram-se às condições locais e abraçaram várias vertentes – incluindo até sushi, algo pouco usual no Japão. Já o ainda novo Izakaya Matsu, aberto em Pinheiros, envereda pela essência: ambiente despojado, com um balcão confortável (e uma só mesa no térreo); atendimento e preços camaradas; preparações de perfil caseiro, sem ecletismo exagerado, mas refletindo a diversidade do cotidiano à japonesa, com frituras, macarrão, cozidos.

O Matsu é comandado por Lucio Ouba, filho de Margarida Haraguchi, do Izakaya Issa, e Masanobu Haraguchi, do Ban. Obviamente, há afinidades entre os três estabelecimentos, em especial no cardápio. A nova casa de Pinheiros, contudo, une o perfil de bar com o de restaurante para almoços rápidos: ao meio-dia, imperam os teishokus, os PFs, limitados a 25 porções por dia. Cada *kit* custa R$ 35 e inclui um item principal (que pode ser contrafilé empanado, lombo de porco com gengibre etc.), sempre variável, mais arroz, conservas, missoshiru e abacaxi para a sobremesa. Uma refeição umami, no melhor dos sentidos: apetitosa.

À noite, vale o menu mais tradicional, com entradas, tira-gostos e pratos. Entre as otoshis, prove a salada de batata com maionese, azedinha no limite certo; as infalíveis bardanas, à maneira do Issa, a casa-mãe. E pratos como o tempurá udon (repare no ponto do camarão e na qualidade do caldo). Ou o hambúrguer, muito gostoso, servido no prato (há três variantes), bem temperado, compacto, um respiro diante das tantas propostas mistificadoras (não, eu não vou usar aquela palavra com "g") que andam em voga pelo País. Ou ainda o curry rice, com arroz delicioso, molho encorpado, mas sem desequilíbrios, e legumes em admirável cocção, tenros e crocantes no centro.

Ao mesmo tempo que é informal, o lugar tem seus regulamentos. Se você está sozinho, ou em dupla, pode se acomodar na mesa, se houver assento livre. Caso chegue um grupo maior, você vai precisar ceder sua cadeira e mudar para o balcão, assim que surgir vaga. Eu não vejo problema, até porque tudo é conduzido com simpatia, mas acho importante avisar, pois tem gente que se incomoda. É possível reservar, mas só acima de três pessoas, e na referida mesa.

Por que este restaurante?
Pela cozinha japonesa de bar, de acento caseiro.

Vale?
O teishoku de almoço custa R$ 35. A maioria das sugestões fica entre R$ 20

e R$ 30. A maior despesa é com a bebida: há uma razoável oferta de saquê e shochu. Vale.

Izakaya Matsu
Av. Pedroso de Moraes, 403, Pinheiros, São Paulo, 3812-9439

Atualização: o Matsu permanece em seu estilo, e sempre prestigiado pelo público, de dia ou de noite (só que com algumas mesas mais, no piso superior).

Taberna da Esquina
Modernidade à portuguesa
Publicado no Paladar de 1/4/2015

Não é padrão desta coluna fazer autorreferências. Mas vamos lá, porque me parece pertinente. Há seis anos, escrevi um texto que chamei de "Quem será o não Antiquarius?". Resumindo: não estava na hora de surgir por aqui uma casa portuguesa que não seguisse os padrões palacianos e o cardápio majoritariamente bacalhoeiro da grife alentejano-carioca? A quem caberia promover o *aggiornamento* de uma modalidade culinária tão estimada pelos brasileiros? O nome do chef Vitor Sobral, então às voltas com o projeto do que viria a ser a Tasca da Esquina, evidentemente veio à baila.

Sobral, como se sabe, abriu a Tasca nos Jardins, em 2011. E há quase dois meses inaugurou sua versão mais informal, a Taberna da Esquina, com ares de bar e receituário que estimula o compartilhamento. O novo espaço é agradável, bem iluminado; com a virtude de se prestar tanto a uma refeição à base de tira-gostos como a um repasto mais convencional. O menu divide-se pelo estilo de cocção, por assim dizer: há conservas, frituras, grelhados, pratos de resistência (e suas guarnições), sobremesas. No almoço da semana, há ainda uma fórmula executiva, da entrada ao doce. Para beber, a pedida é o vinho, de várias regiões portuguesas.

Em minhas três visitas, tive experiências distintas. No frigir dos ovos (com ou sem trocadilho, escolham), gostei. Principalmente pelo repertório, pela atualidade portuguesa que a Taberna propõe ao panorama luso-paulistano. Só não foi melhor por algumas questões, a saber. Acho que algumas preparações ofuscam o ingrediente principal: a barriga do dito (R$ 21), por exemplo, com os temperos se sobrepondo demais à boa carne de porco; ou o queijo que predomina nos muito bem fritos bolinhos de arroz, bacalhau e queijo (R$ 23).

Também dei azar justo com ele, o bacalhau: o lombo grelhado (R$ 92), uma bela peça, chegou à mesa bastante salgado, depois de uma considerável espera (a cozinha, nas duas primeiras oportunidades, esteve mais para lenta). Alguns itens, em contrapartida, foram memoráveis. A alheira com quiabos grelhados e picles de cenoura (R$ 29,50); as lulas de coentrada (R$ 37), quase crocantes; as pataniscas de bacalhau com legumes, leves e sequinhas (R$ 21). E, em especial, as costeletas de javali grelhadas (R$ 120), prato para dois que, a meu ver, serve até três, um dos melhores do gênero que comi nos últimos tempos (junto com o lombo do Tête à Tête). Para acompanhar, guarnições igualmente saborosas, como o purê de grão-de-bico e as batatas-doces assadas. Entre as sobremesas, não tem toucinho do céu nem pastel de nata: então, divirta-se com pudim de azeite (R$ 18) e baba de camelo (R$ 16), que caem bem.

Por que este restaurante?
Porque é uma boa novidade.

Vale?
O almoço executivo custa a partir de R$ 52 (há uma variante de R$ 58, o menu do mar, com pescados e afins). À la carte, a conta pode oscilar bastante, dependendo do ímpeto com as escolhas (partilhe!). Mas, numa refeição de fio a pavio, come-se gastando entre R$ 100 e R$ 150, sem bebida. Vale.

Taberna da Esquina
R. Bandeira Paulista, 812, Itaim Bibi, São Paulo, 3167-6489

Atualização: Depois da Tasca e da Taberna, o chef Vitor Sobral abriu ainda a Padaria da Esquina.

Jamie's Italian
Como é a cozinha do restaurante de Jamie Oliver em São Paulo
Publicado em 13/5/2015, no Paladar

Não me lembro de ter visto tantos celulares à mesa, tantas *selfies*, tanta gente tirando fotos do salão, dos detalhes decorativos, até dos jovens garçons. O Jamie's Italian, inaugurado há pouco mais de um mês, vem mesmo superando os padrões. A casa anda sempre cheia, comumente com fila na parte externa. A aglomeração na entrada acontece ora por lotação, ora por um peculiar sistema, usado em especial nos primeiros dias: mesmo com assentos vazios (são 230 lugares), era seguido um ritual de dar o nome, aguardar... enfim, garantir o buchicho na entrada.

O Jamie's Italian tem ambiente moderno, música alta, atendentes simpáticos, certa atmosfera de *casual dining*. Seu cardápio é eclético, com petiscos, pratos variados, carnes, massas – neste último caso, a maioria das sugestões pode ser pedida em meia-porção, como primo piatto, o que é louvável. A questão, entretanto, é justamente com a pasta em si. Falta textura de massa fresca: não é al dente, é encruada. E sobra peso aos molhos. Algo que se repetiu tanto com o pappardelle com linguiça (R$ 28 e R$ 39) como com o tagliatelle à bolonhesa (R$ 28 e R$ 39).

Os excessos, digamos, meio cantineiros, se estendem ao cesto de pães artesanais (que é pequeno, R$ 22). Há azeite e condimentação demais na focaccia, no grissino (no singular, é só um), até no finíssimo pão carta de música – este último, cai melhor acompanhando a tapenade na gostosa porção das "melhores azeitonas do mundo no gelo" (R$ 25). Vejamos então o rump steak grelhado (R$ 65) com cogumelos e batatas fritas. A matéria-prima é boa, a cocção, bem feita... mas a conjugação da marinada da carne com a gremolata de limão transformam o prato em algo mais potente do que um simples e bom churrasco de miolo de alcatra.

É evidente que o restaurante não se propõe a vender cucina tradicional. Sua intenção é oferecer criações de inspiração italiana pelo filtro de Jamie Oliver. O problema não é a modernidade, mas a qualidade. O olhar novidadeiro que faz dos raviólis de quatro queijos fritos um divertido tira-gosto (sob o nome de "nachos italianos", R$ 19), por exemplo, não funciona com o maciço tiramisù (R$ 24), com raspas de laranja e sabor desbalanceado. Para que fique claro: muito mais do que gastronomia, é o burburinho.

Por que este restaurante?
Porque pertence a Jamie Oliver.

Vale?
Numa refeição completa, gasta-se entre R$ 100 e R$ 150 por pessoa, sem bebidas. Se é só pelo *frisson*, divirta-se. Se é para comer bem, não vale.

Jamie's Italian
Av. Horácio Lafer, 61, Itaim Bibi, São Paulo, 2365-1309

Atualização: O restaurante segue suas atividades.

Ici Brasserie
Com alma (e com cerveja!)
Publicado em 10/6/2015 no Paladar

Muito tempo atrás, ainda no Divirta-se, escrevi um texto meio implicante sobre como alguns termos e ideias acabavam sendo distorcidos no nosso mercado. Explico. Era a velha história da trattoria que parecia ristorante, do bistrô metido a chique, da brasserie que não dava ênfase à cerveja.

O cenário evoluiu e esses conceitos, até por conta da crise, vêm se ajustando melhor. Com direito, inclusive, à consolidação de lugares como o Ici Brasserie, com boas receitas de inspiração francesa e, como sugere o nome, atenção especial às cervejas – apesar do clima mais nova-iorquino do que alsaciano.

O tema desta coluna é a unidade da R. Bela Cintra, aberta há dois meses. Contudo, a capacidade empreendedora de seus sócios – o Grupo Ici e a Cia. Tradicional de Comércio – é tamanha que, há poucos dias, uma terceira sede já foi inaugurada, no Market Place. Tratemos, enfim, da filial dos Jardins, a única na rua. A ambientação segue o estilo da rede, com barris de chope na fachada, decoração moderna e música alta.

O cardápio, elaborado por Benny Novak e executado por Marcelo Tanus, é quase igual ao da casa-mãe, no JK Iguatemi, com poucos itens novos. A cozinha de bistrô segue como referência, ora com receitas mais clássicas, ora mais despojadas, porções, sanduíches.

O plateau de charcuterie (R$ 57, para dois), com terrine de campagne, rillette de porco, foie gras au torchon (enrolado no pano e cozido) e embutidos, é pura diversão bistrotière. O steak tartare (R$ 37, entrada, ou R$ 50, prato) é competente na textura e na condimentação.

Os sanduíches, como o ótimo hambúrguer (R$ 39), montado com sabedoria e guarnecido por fritas de primeira, e o porquinho crocante (R$ 35), com barriga de porco, bacon e cornichon, são à prova de decepção. O frango assado (R$ 49), servido com legumes, tem tempero equilibrado e se desprende facilmente dos ossos.

É notável como o Ici Brasserie tem conciliado qualidade e padrão com escalas cada vez maiores.

Em resumo, a comida é boa; a bebida, bem tratada; e a atmosfera, acima de tudo, convida ao congraçamento, ao deleite. Como, afinal, convém a uma brasserie. Por fim, uma observação de quem se sentou em diversos pontos do salão, em dias diferentes. Nas mesas à esquerda de quem entra, onde estão as prateleiras com garrafas, o serviço é curiosamente mais rarefeito. Se estiver com pressa, prefira os assentos do meio ou os sofás.

Por que este restaurante?
Pela boa cozinha à francesa, pela seleção de cervejas especiais (além de astuta oferta de vinhos e drinques).

Vale?
Da entrada à sobremesa, gasta-se em torno de R$ 100/cabeça, sem bebidas (mas é possível partilhar vários itens, o que reduz a conta). O que vai definir a cifra final é a sua sede. As cervejas, que já não eram baratas, subiram por causa da nova tributação. Vale.

Nota final: Depois de quase doze anos, deixo de escrever críticas no Grupo Estado.

Por quê? Para começar uma nova etapa na carreira.

Vale? Opa, se valeu! Agradeço ao *Estadã*o e aos leitores. Espero que tenha valido para vocês.

Ici Brasserie
R. Bela Cintra, 2.203, Jardim Paulista, São Paulo, 2883-5063

Atualização: a Ici Brasserie, hoje, tem quatro unidades.

POSTS DO BLOG EU SÓ QUERIA JANTAR

Blog?

O que é ter um blog? Que tipo de material ele deve conter? Qual a periodicidade de publicações? É preciso ser interativo?

Na virada de 2008 para 2009, quando surgiu o Eu Só Queria Jantar, dentro do Estadao.com, eu não sabia direito como explorar aquela nova ferramenta. Usei um pouco de método e de pesquisa, ouvi conselhos de colegas, apelei para muito de intuição. E o blog se tornou um espaço informativo, reflexivo, de crônicas, de implicâncias, de conversas com o leitor.

No quesito participação do público, me orgulho particularmente de duas iniciativas. A primeira foi criação do fermento natural, quando o tema não era discutido publicamente, totalmente online *e em tempo real: eu fazia do meu lado, os leitores acompanhavam de suas casas, e íamos comentando, tirando dúvidas. Foi tão legal que essa "maratona" do levain acabou sendo repetida, tempos depois. A segunda surgiu em meio a polêmicas sobre uma nova lei do couvert em São Paulo: convoquei leitores do mundo inteiro a opinar sobre como funcionava o couvert no país em que eles viviam. A repercussão foi enorme, com participantes em dezenas (sim!) de países.*

Na seleção a seguir, preferi não me ater a esse lado mais interativo do blog – até porque o mais interessante seria apresentá-lo com seus muitos comentários. Optei por análises, observações, um certo free jazz *de assuntos gastronômicos. E, olhando em retrospectiva (há textos entre 2008 e 2015), como eu arrumei assunto, não?*

E os clientes do futuro?
Publicado em 24/1/2009 no blog Eu Só Queria Jantar, no Estadao.com

Passei recentemente em uma loja de vinhos, uma das grandes da cidade, só para xeretar. O movimento estava mediano, com algumas pessoas bisbilhotando, como eu, outras comprando. Reparei em dois jovens que entraram, olhando vários rótulos, percorrendo gôndolas, meio perdidos. Um deles vestia bermudão. Em nenhum momento algum vendedor se aproximou da dupla para saber se podia ajudá-los. Claro, de todos que estavam ali, eles eram os que menos pareciam ter poder de consumo. Por que perder tempo, então? Os dois foram embora, sem nenhum funcionário ter notado sua presença.

Mas será que, até mesmo pela idade, eles não poderiam estar entre os clientes do futuro? Se fossem ouvidos, informados, persuadidos, será que não sairiam com uma garrafinha, a mais barata da loja, e, quando fossem mais velhos, já integrando o mercado de trabalho, será que não se transformariam em apreciadores?

Mais do que educação, eu diria que faltou visão estratégica. Faltou zelar pelo futuro do vinho. Estou sendo dramático?

Outro caso, igualmente verídico, ocorrido menos recentemente. Eu estava num hotel-fazenda com a família, passando uns dias. E, logo depois do almoço, no varandão onde as pessoas tomam café, estava lá um garçom, arrumando as coisas e batendo um papinho com os hóspedes – e ele não tinha a menor ideia de que eu era jornalista da área de comida. O rapaz era do tipo falastrão e começou a contar que foi parar lá para fazer um bico. Ele, na verdade, trabalhava num restaurante em São Paulo – um tradicional, antigão, bem conhecido. E, narrando o cotidiano da casa, disse assim, rindo bastante: "Lá, quando o cliente pede vinho de cem reais, a gente fala 'Ih, esse aí é duro'". Eu ri também, mas fiz algumas observações. Disse que cem reais não eram pouco dinheiro. E argumentei: "Esse cara do vinho de cem reais, um dia, pode subir na vida, ficar rico. Se ele foi bem atendido, ele vai voltar ao seu restaurante e comprar um vinho de mil reais. Mas se ele foi desprezado, ele não vai voltar nunca mais. Já pensou nisso?" O garçom respondeu que não tinha pensado. "Só estou contando como o pessoal faz, né?".

O pessoal, em resumo, poderia pensar na ampliação do mercado de vinho e gastronomia, que depende de dinheiro, mas se alimenta principalmente de cultura.

Não precisa recorrer a teorias muito sofisticadas. Basta pensar na lógica dos vendedores de carro nos EUA. O bom profissional sabe que um consumidor, em seu tempo de vida, pode trocar de carro dez, vinte vezes. Mas, para isso, é importante conquistá-lo, desde o momento em que adquire o primeiro automóvel, o mais barato, o mais simples. Se esse cliente for acolhido, compreendido, respeitado, é muito provável que ele seja fiel por muitos e muitos anos. E, que, com o passar do tempo, sofistique suas escolhas.

Portanto (e para além do fato de que todos merecem um bom serviço), é melhor ter mais atenção com o menino de bermudão e com o cara do vinho de cem reais.

Refeição barata?

Publicado em 22/2/2009 no blog Eu Só Queria Jantar, no Estadao.com

Esta é uma história verídica. Só não vou contar onde aconteceu.

Sábado à noite, em pleno carnaval. E tive a exótica ideia de ir jantar com minha mulher. Verifiquei quem estava aberto, escolhi o lugar e fomos. Ao chegarmos, casa completamente vazia, só nós e os funcionários.

Sentamos na parte externa, vimos o cardápio e escolhemos. Eu havia levado um vinho, o Borgueil Trinch 2006, que estava ótimo, sugestão do amigo Jacques Trefois. O salão, contudo, não estava de todo vazio. A alguns metros, na parede, lá no alto, minha mulher identifica: uma barata, das grandes, cascudas.

Avisamos o maître, que se aproximou do bicho e, com um pano, desferiu um golpe que o derrubou. O inseto caiu perto de umas plantas, e lá foi o dedicado funcionário para tentar pisoteá-lo, sem muito vigor (medo de fazer barulho e estardalhaço, talvez? não vamos esquecer que esse tipo de tarefa é sempre desagradável, além do mais no ambiente onde se come).

Matou? Sim, está morta, disse ele, visivelmente incomodado. As justificativas: a *cucaracha* teria vindo da rua, estava muito calor, e a porta teria ficado aberta. Com tudo fechado e o ar condicionado funcionando, estaria resolvido o problema etc. Depois ele limparia o estrago, já com o restaurante fechado.

Mas e aí, ficamos, vamos? Perdemos a fome?

Permanecemos, pois logo chegaram as entradas – até que bem feitas, apesar de o apetite já ser sido seriamente comprometido. Prosseguimos, vieram os pratos, bonzinhos até, e... reapareceu a barata, na mesma parede, escalando rumo ao teto. Avisamos o maître.

É a mesma? É outra?

Ele então se aproximou do local onde havia deixado o cadáver, observou com olhar de investigador e disse com gravidade: "ela sobreviveu", como numa cena de filme ruim de terror. O inseto chegou então até o alto, passou por uma fenda e desapareceu, provavelmente foi para a rua. E o funcionário permaneceu por ali, olhando, incrédulo, refazendo mentalmente a trajetória da cascuda. "Você também tem medo de barata, né?", perguntou minha mulher. Suando, engolindo em seco, o maître respondeu: "Eu tenho pavor. E muito nojo também".

Pedimos para fechar a fatura. Eu me desculpei, peguei minha rolha, fechei a garrafa e coloquei de volta na bolsa. A conta chegou à mesa com abatimento de 20%, "devido ao transtorno", segundo o maître. Se o preço não foi o integral, a fome foi praticamente pela metade: comemos bem menos do que o normal.

O Trinch foi terminado em casa. Estava mesmo bom.

(PS: por que não contei onde foi? Não podia provar se a barata veio da rua, estava na cozinha, subiu por um cano... Preferi não dizer, por uma questão de responsabilidade. Mas a casa fechou, e eu conto. Aconteceu no Magistrale, que funcionava na R. General Mena Barreto, Jardim Paulista, São Paulo).

Ousarei comer um peixe?
Publicado em 16/3/2009 no blog Eu Só Queria Jantar, no Estadao.com

Escrevi recentemente sobre a dificuldade de achar um peixe feito de maneira simples (porém com técnica) aqui pela cidade. Ainda que em tom de desabafo, o texto continha, digamos, um certo otimismo – isto é, levava em conta um mundo onde ainda daria para comer alimentos que vêm do mar.

Por que essa conversa? Pescados, ao que tudo indica, cada vez mais tendem a se tornar raridades. Leio, na revista do *Figaro*, um artigo que demonstra como, mais e mais, os melhores *poissons* vêm sendo tratados como iguarias. Bons *turbots* e *loups de mers* só fazem subir de preço: mais escassos, demandam uma pesca mais trabalhosa, longínqua; mais caros, ficam acessíveis a poucos restaurantes e, por conseguinte, a poucos clientes. O peixe como iguaria: já pensou nisso?

Alguns pesquisadores trabalham com um panorama absolutamente assustador. Em 2048, já não teremos peixes e que tais para comer.

Esse futuro sombrio, que já aparecia em livros/estudos como *The End of the Line*, tem grande chance de se confirmar se algumas medidas não forem tomadas. Como a diminuição e a regulação da pesca, em nível mundial – afinal, do oceano se tira muito mais do que se repõe. E a prática do consumo de espécies criadas em cativeiro, de produtores certificados.

The End of the Line, que virou filme (e foi exibido no último festival de Sundance, inclusive), tomava o bacalhau (o *Gadus morhua*) como exemplo desse *overfishing*. A espécie está seriamente ameaçada e, se as experiências com criadouros não derem certo, o peixe preferido de muita gente vai virar lenda, a exemplo do pássaro dodô (que, dizem, era uma delícia). Eu mesmo, que adoro bacalhau, ando pensando duas vezes antes de pedir no restaurante ou comprar. Anos atrás, quando eu garoto, apreciá-lo era só na Páscoa e, com sorte, em alguma outra ocasião no ano. Agora, tem sempre. Significativo, não?

Por um outro lado, todo mundo agora quer comer de tudo o ano inteiro, e não é assim que deveria funcionar. Se você não abre mão de comer uma garoupa ou um caranguejo toda semana, por exemplo, e sempre encontra o que deseja no restaurante, inclusive fora da época certa, há duas possibilidades mais prováveis. Ou o chef está servindo para você um produto congelado. Ou ele foi obtido fora da lei, pescado no defeso. Aliás, o que não falta por aqui (pelo mundo) é barco pesqueiro ilegal.

Puxe pela memória, e veja que a situação não atinge só o *Gadus morhua* e o atum bluefin, capturados em mares distantes. Anos atrás, achava-se mero em vários restaurantes de São Paulo. E agora? Mais difícil, certamente. Pense agora num bom cherne: poucos lugares andam trabalhando com o produto. Antes, o que se pescava aqui em Ubatuba, agora só se encontra lá perto da Bahia. Será que os peixes mudaram de endereço só de pirraça, meramente para bagunçar o fornecimento, elevar seu preço e nos privar de sua presença à mesa?

Não quero aqui posar de catastrofista, nem de militante ambientalista, coisas que não sou. Sou apenas um apreciador de comida, preocupado com a preservação de alguns sabores.

Consumidores, formadores de opinião, restauradores, pensemos o seguinte: escolhendo as coisas na época certa e consumindo produtos certificados, ainda tem jeito. Se até o esturjão, hoje de população extremamente reduzida no eixo Irã/Rússia, está sendo gradualmente recuperado em cativeiro (Ok, o caviar ainda não é tão bom), por que não podemos reverter o quadro com outras espécies?

Espero não ter estragado o apetite de ninguém com essas coisas, só pretendia chamar a atenção para o tema. Acho que nenhum apreciador gostaria de ver que, no futuro, seu prazer poderá se converter em grave transgressão ambiental. Já imaginou ter de subir um morro na calada da noite, levando um maço de dinheiro, para um encontro suspeito com um fornecedor clandestino? "E aí, trouxe o badejo? E a cavala?".

Com a permissão de T. S. Eliot, encerro fazendo uma graça com a *Love Song of J. Alfred Prufrock*: "Do I dare to eat a fish?".

O cardápio é seu contrato

Publicado em 6/4/2009 no blog Eu Só Queria Jantar, no Estadao.com

Como sabiamente costuma dizer o Saul Galvão, o cardápio é o contrato dos clientes de restaurantes. Quem resolve se aventurar fora das regras vai correr riscos. E, para isso, é melhor se informar.

Por que estou abrindo com essa questão? Tenho ouvido vários relatos de pessoas que andaram pagando mais do que queriam – e comendo, eventualmente, coisas que nem desejavam. "Dancei na mão do sushiman", diz um. "Fui atrás da sugestão do chef e me dei mal na conta", lamenta outro. Comer algo especial, exclusivo, pode ser muito bom. Mas é indispensável saber em que terreno estamos pisando.

Já escrevi recentemente sobre a necessidade de acertar bem os ponteiros com o sushiman (no caso, o do Shin-Zushi) antes de entrar numa festança de niguiris e sashimis. Antes de abrir a sessão, pedi só os peixes bons e baratos do dia, falei quanto podia gastar, e deu certo. Essa sinceridade de intenções de ambas as partes é essencial, e pode significar a diferença entre pagar R$ 200 ou R$ 500. Sem falar no desgaste.

Há um outro lado da questão. Vamos escolher um restaurante: Jun Sakamoto, por exemplo. Sua degustação é cara. Mas o preço é aquele, determinado, avisado. Você vai se der, se quiser. Mas existe um pré-acordo, às claras.

Já o esquema "vai-mandando-o-que-você-tem-de-melhor-e-depois-a-gente-vê" é um salto no escuro. Eis então você na total informalidade, sem sequer um contratinho de gaveta, rendido, à mercê da boa vontade do sushiman. Quanto ele vai marcar na comanda? Mistério. Comeu? Então paga.

Portanto, é melhor passar por um eventual pequeno constrangimento (para mim, não é mais) de ficar perguntando preços do que enfrentar o enorme constrangimento de se sentir lesado. Não estou defendendo que você permaneça em alerta constante, que não relaxe nem aprecie sem sobressalto o seu sushi no balcão. Basta estabelecer critérios. E, se mesmo assim, o chef enfiar aquela faca afiada de filetar peixes na sua carteira, reclame e não volte mais. Ele ganhou umas dezenas ou centenas de reais desta vez? Certo. Mas será a última.

A mesma cautela se aplica às mesas ocidentais, longe dos balcões japoneses. Certa vez, faz muito tempo, numa trattoria de preços médios, resolvi arriscar a sugestão que o maître nos cantou, uma cotoletta à milanesa, "o senhor vai ver, está um negócio". Sim, negócio: bom para eles, péssimo para mim, já que o prato custava, creio, o que seria hoje por volta de cem reais.

Mais uma situação clássica, chata. Você acabou de sentar com sua mulher, sua namorada, e o garçom fala: "Champanhe para começar, senhor?", já com a taça na mão. É quase uma coação, ou não é? Da primeira vez, inexperiente, você aceita, imaginando, "puxa, enfim o mundo está descobrindo o quanto eu sou legal. Eu mereço". E aí descobre que cada copo custa umas 50 pratas. O atendente vai contar, claro, com o seu embaraço em dizer não diante da moça. É mesmo uma situação delicada. Avalie, não sucumba ao excesso de gentileza do serviço. Peça apenas se quiser, e não porque o restaurante quer.

E tem, claro, aquele menu-degustação que o chef propõe, só com produtos frescos, do dia. Uns ingredientes especiais, sabe como é, coisa fora-de-série. Você pode provavelmente se deliciar, é verdade. Mas se não estiver de acordo com os preços, vai azedar o programa. Então, não tenha receio de perguntar: "O preço vai ser igual ao do menu-degustação do cardápio? Quanto vai custar?". E se ele falar que vai mandar uma coisinha especial, pergunte também. Pode ser chato misturar prazer com essas coisas de dinheiro. Mas não tem jeito. Entre a pecha de generoso e cuca-fresca (perdulário, na verdade) e a boa gestão do seu orçamento, fique com a segunda. A menos que seja dia de festa, de libertinagem total.

É claro que esse não é um comportamento generalizado. Há chefs/maîtres que têm mais consideração por aquilo que o cliente vai pagar. Ou, por vezes, quando querem apresentar algo novo, simplesmente oferecem um pequeno mimo aos clientes mais assíduos. Como uma entradinha, uma pequena porção. Mas, pelo sim, pelo não, pergunte.

Não se importe se vão achar que você não tem dinheiro – e pode ser que não tenha muito mesmo, o que é um problema apenas seu. Você só quer comer bem sem ser tungado. Conseguindo isso, temos aí um esboço de civilização.

Serviço, *service, servicio*

Publicado em 24/2/2009 no blog Eu Só Queria Jantar, no Estadao.com

Voltei da Argentina na semana passada, mas a viagem ainda ecoa. Trago lembranças de quitutes, vinhos, jantares. E fiquei pensando aqui numa comparação, sem influência de rixas futebolísticas nem de contenciosos comerciais: quais as diferenças de estilo entre o serviço daqui e o dos argentinos?

Primeiro, queria incluir um terceiro país no enredo, ainda a pátria-mãe neste quesito: a França. Não vou nem falar de haute cuisine, mas do universo bistronomique.

Se você já foi a lugares pequenos como Le Baratin ou o 21 (o bom restaurante de Paul Minchelli, na Rue Mazarine), já deve ter visto que uma pessoa só, eventualmente duas, dão conta de todo o movimento da casa. No 21, o maître/garçom/sommelier, um sujeito circunspecto, mas cordial, faz tudo, ao mesmo tempo. Abre vinhos, atende o telefone, traz o prato da cozinha.

Mas quem me impressiona mesmo são as meninas do Le Comptoir, em especial as que trabalham no almoço. Aquela fila enorme, gente apressada, e só uma garçonete para as mesas de dentro, outra para as de fora. Elas são lépidas, movem-se em todas as direções, giram nos calcanhares. Lembro, na última ocasião, de ter sido atendido na área externa, e a garota era absolutamente polivalente. Explicava os pratos em detalhes, ajudava na escolha de vinhos, cobrava a conta. Era simpática, mas firme: na ocasião, enquadrou para valer um senhor que reclamava da demora de seu coquelet rôti.

Em relação a esse nível de eficácia, como estamos? Diria que longe. Nosso padrão médio está ainda aquém de tanto profissionalismo. Mas, para iniciar o cotejo com os *hermanos*, diria que vejo mais potencial no serviço daqui (sim, já estou imaginando os comentários que irei receber). Não quero cair em generalizações do tipo "jeitinho brasileiro x soberba argentina". Mas também não tenho como fugir tanto disso.

Serviço não cai do céu, não é dom inato. Se o funcionário tiver uma predisposição para lidar com o público, tanto melhor. Mas a palavra-chave é: treinamento. Atender, servir, resolver problemas, tudo isso envolve técnica, método. Simpatia é um traço de personalidade, sem dúvida. Já polidez e educação, isso dá para aprender. Até o bom senso pode ser aprimorado. Isso requer trabalho, investimento.

Tem gente que defende que o garçom não deva nem ser percebido. Exagero, ninguém precisa se anular, virar uma não entidade, um autômato. Basta se colocar na hora certa, aparecer quando necessário. Os atendentes argentinos, portenhos em particular, de certa forma, gostam de demonstrar uma certa altivez, até demais. São bem informados sobre o que estão fazendo e têm uma cultura de restauração mais antiga e consolidada. Mas não conseguem aparentar que estão preocupados em receber bem o cliente. É algo do tipo: "servir não é exatamente um prazer, e você não é exatamente bem-vindo".

Os brasileiros, por sua vez, tendem muitas vezes ao improviso. Se não sabem alguma coisa, arriscam, enrolam e, se colar, colou. Falta-nos a disciplina para estudar cardápios; a sabedoria de não confundir formalidade com frescuras e salamaleques; a clareza de que ser gentil não significa ser servil, mas que é necessário conversar menos (bater papo com o cliente, só mesmo quando ele estiver a fim); e, não esqueçamos, por questões sociais e educacionais, as pessoas caem no mercado sem repertório, e seria um milagre se fosse diferente. Porém, os trabalhadores daqui demonstram mais prazer no que fazem, demonstram satisfação em receber bem. Muitos deles se aperfeiçoam e viram craques do salão. Brasileiros são capazes de um grandíssimo serviço.

Já os sommeliers da Argentina são eloquentes, costumam mostrar conhecimentos sobre vinificação, sobre regiões produtoras, discutem com consistência o que está dentro do copo. Sua grande vantagem: têm a cultura do vinho, pois nasceram com ele. Seu grande problema: consideram a bebida feita em seu país a mais importante do mundo, e nem estão tão acostumados à diversidade e à qualidade de produtos de outras origens. Os brasileiros, por sua vez, na média, não apresentam tal nível de articulação e carecem de informações mais técnicas – os profissionais de primeiro time, aqui, ainda são mais exceção do que regra. Muitos exageram na afetação, quando o vinho exige apenas o devido respeito (pois, como diz o Luiz Horta, não pode ser servido como Coca-Cola). Contudo, parecem mais arejados para trabalhar com enogastronomia e mais aptos para lidar com a imensa gama de rótulos disponíveis no mundo. Ainda que eles não sejam numerosos, já temos profissionais de primeiro time. Sem contar que as adegas de nossos melhores restaurantes são mais bem montadas que as das boas casas de lá.

Para terminar, faço a seguinte analogia. Há muito tempo temos cobrado mais técnica, mais qualidade de produto, mais personalidade de nossos cozinheiros, e o panorama tem melhorado. É hora de exigir o mesmo da brigada de salão. Senhores restaurateurs, senhores gerentes, vamos investir no profissionalismo?

À Antiga

Publicado em 29/6/2009, no blog Eu Só Queria Jantar, no Estadao.com

Foi uma passagem apressada, coisa de vinte minutos. Eu ia a um restaurante dos Jardins mas, como a visita não deu certo, resolvi comer rapidamente na Lanchonete da Cidade da Al. Tietê. Pedi um 'bombom', apenas com o molho de tomate – é como eu prefiro. O hambúrguer estava em seu padrão, com a carne ao ponto e pão crocante. Tudo certo. Mas fiquei com um dos *slogans* da Lanchonete na cabeça, 'sanduíches como antigamente'.

A casa, como sempre fez parte de sua proposta, faz alusões estéticas e afetivas aos anos 1960. A arquitetura, os fuscas, o clima da R. Augusta na época da Jovem Guarda etc. Mas é curiosa a intenção de amarrar essa memória paulistana à qualidade da comida. Esse *in illo tempore* no qual as coisas eram evidentemente mais legais. É um apelo forte, e certamente mexe com todo mundo.

No anos 1960, certamente não havia um hambúrguer como o bombom. Nem como os da Hamburgueria Nacional, para citar um outro exemplo. Pois comemos bem melhor agora do que antes. A Companhia Tradicional, dona da Lanchonete, do Astor, da Bráz, é um dos grupos mais competentes em ação no nosso universo de bares e restaurantes. Suas casas são modernas e muito profissionais. O tom passadista, claro, é afetivo, bem-humorado. Um discurso pela nostalgia: éramos bem mais novos e as coisas pareciam mais saborosas. Nosso espírito era *naïf*, mas éramos felizes porque tínhamos uma perspectiva, não uma realidade. Essa abordagem, ainda que recorrente, não é exclusiva da Companhia. Há outros estabelecimentos que evocam, no presente, a supremacia daquilo que se fazia no passado.

Vinte ou 25 anos atrás, eu obviamente sabia ainda menos sobre comida. Tinha em minha cabeça um universo muito mais restrito de sabores e possibilidades. Não podia pagar lugares caros (o Massimo dos anos 1970, por exemplo, não conheci). Posso evocar, puxando lá do fundo, algumas reminiscências do hambúrguer das Lojas Americanas (sim, era lá que se comia), servido no balcão, com batatas chips. Ou o do Well's. Ou o do extinto Jack in the Box (era *fast-food*, mas, como era novidade, não nos dávamos conta disso). E posso me lembrar, digamos, do Elio, restaurante italiano que ficava na Gabriel dos Santos. Ou rememorar a feijoada do Franciscano. Eram bons? Assim eram considerados, em sua época. E acho que eram: me vem à cabeça uma mistura de satisfação do apetite com senso de ocasião, de novidade.

Mas reflita. Quem fazia hambúrguer com o rigor e a técnica de hoje? Repare na escolha dos cortes de carne. Na preparação na grelha a carvão. E quem tinha a mesma clareza na seleção dos ingredientes, na manipulação de pães e acompanhamentos?

É como pensar, voltando ao tempo abstrato, hipotético, nos maravilhosos Bordeaux de 200 anos atrás (imbebíveis, hoje?). Ou sobre como era bom aquele churrascão servido no restaurante do seu fulano de tal, lá no centro (carne de gado de origem zebuína, daquelas mais duras? uma peça de um quilo sobre o seu prato?). Com tudo o que ainda precisamos amadurecer no cenário gastronômico local, eu creio que nunca tivemos antes cozinheiros brasileiros como Alex Atala e Helena Rizzo. E posso arriscar que, com todo o respeito aos estrangeiros que ajudaram a pavimentar nosso caminho nos últimos anos, nenhum era superior a Erick Jacquin.

Claro que há exceções. Deve haver, é só pensar, por exemplo, naquela cerveja que era produzida com mais cuidado e hoje é totalmente industrial. Ou nos franguinhos criados ciscando. Ou naquele queijo trazido quase secretamente do interior. Ou naquela receita específica que só é realizada de acordo com tais e quais padrões. Só que esta é uma outra discussão.

Daqui a uns vinte anos, estarei eu subindo em caixotes e proclamando as virtudes e sabores da primeira década do século 21? Entrarei numa fase *o tempora, o mores* contra a nova geração do chefs e empreendedores? Acho que não. Talvez eu lamente por algum problema de digestão, ou me queixe de reumatismo na hora de sentar num balcão de sushi, vai saber. Quem sabe até receba proibições médicas. Não vou pensar nisso agora.

Reconheço a importância de cada passo, de cada etapa de nossa história. Vivemos momentos e experiências que foram importantes para nós, em níveis e profundidades variados. Só não sou de sentir saudades, o que é característica minha. Era legal? Era. Mas eu não quero voltar o relógio. Vivo melhor agora.

Cada qual que use suas fantasias como quiser. Que sonhe o tempo pretérito. Cada um que se refestele com suas memórias preferidas, que seja livre para inventar um passado de delícias e gulodices.

Mas, na hora de falar sério, vamos reconhecer. O sanduíche de hoje é que é o bom. Como antigamente.

Banquetes imaginários

Publicado em 18/7/2009, no blog Eu Só Queria Jantar, no Estadao.com

Na biografia de John Lennon (*A vida*, de Philip Norman) há uma passagem interessante sobre a infância de Yoko Ono, ainda no Japão. Descendente de uma família de banqueiros, artistas, enfim, elite dos quatro costados, Yoko chegou a passar fome na Segunda Guerra – devido a racionamentos, estados de emergência, crises de abastecimento e outros problemas típicos dos grandes conflitos bélicos. Quase pré-adolescente, ela cuidava do irmão mais novo e, em certos momentos, diante da falta de comida, usava a veia criativa para compor banquetes de faz-de-conta. Imaginava longas refeições, ao estilo imperial, cheias de entradas e pequenos pratos. Coisas sofisticadas, em apresentações detalhistas. E assim se mantinham diante da inevitável escassez.

Lendo isso lembrei de uma velha história contada pela minha avó materna (nascida em uma família de imigrantes do Vêneto, gente que veio para cá num miserê danado, para trabalhar na lavoura do café). Certa vez, um vizinho defumava linguiças, com todo aquele cheiro se espalhando pelos arredores. E ela, com uma fatia de pão na mão, sorvia o aroma e mastigava casca e miolo como se fossem um bom pedaço daquela carne de porco que ela sequer enxergava – mas que era tão inspiradora.

A memória puxou então por outra coisa. *Olhai os Lírios do Campo*, de Érico Veríssimo, obra lida há muitos e muitos anos. Um trecho em especial. Eugênio, o protagonista, então Genoca, menino e muito pobre, se queixava de fome para o pai que, resignado, aconselhava: "Vai dormir, filho. Sono é pão".

Nascido felizmente num ambiente sem tanta penúria, crescido já com o apetite pela boa comida, confesso que às vezes me pego montando menus fictícios. Nada tão vanguardista, mas sempre com alguma pretensão criativa. Será que daria certo fazer uma entrada misturando certo ingrediente com aquele outro? E uma apresentação assim, em vez de assado? E se tal coisa fria for sobreposta a uma outra, quente?

Entre tantos devaneios, alguns deles até acabam sendo experimentados na cozinha. Fazem sentido? São harmônicos? Às vezes até sim, saem de primeira. Em outras ocasiões, exigem repetição, precisam de aperfeiçoamento, alterações, tentativas e erros. Mas vários valem apenas a distração, são quase como contar carneirinhos (ou seria melhor dizer cordeirinhos, com paletas, costeletas, pernis?) antes de dormir.

Nem o ritual *kaiseki* das pantomimas de Yoko, nem o ludibriar dos sentidos da minha avó, nem o pão do Genoca. Apenas o entretenimento de um banquete imaginário.

O dez

Publicado em 15/8/2009 no blog Eu Só Queria Jantar, no Estadao.com

Primeiro esclarecimento: o título do post não é uma referência ao Maradona nem trata de futebol. O tema é o grau mais alto, o máximo, o nível mais elevado.

Na fase em que estudei engenharia, tive aula de Física I (assim, com algarismo romano) com o lendário professor Fleury. Ainda que eu não entendesse muita coisa do que ele explicava, eu tinha a clara sensação de que ali, diante dos alunos, estava alguém especial – um professor acima da média. Seu vocabulário castiço, seus termos em grego, suas ideias que misturavam filosofia e cálculo integral, principios morais com ciência, foi isso que me marcou. Seu curso era difícil – eu passei raspando – e suas provas tinham fama de ser algo esotérico, intangível. Mas ele dizia: "Há professores que nunca dão a nota máxima. Eu, não: se a prova é impecável, o aluno merece. O dez existe para ser dado".

Aguentei até o terceiro semestre e, quando caí na real que minhas melhores notas eram em sociologia e filosofia, me dei conta de que não queria (nem deveria) ser engenheiro.

Já na faculdade de jornalismo, tive um outro professor desses inesquecíveis (desta vez, de língua portuguesa). Péricles Eugênio da Silva Ramos, poeta, tradutor, ensaísta. Falava baixo, não fazia concessões de conteúdo e, se o estudante quisesse aproveitar, que sentasse perto dele e prestasse atenção. Para ele, especialista em poesia barroca, tradutor de Shakespeare e de Eliot, o grau máximo era visto de outra forma. "Ninguém merece dez. Uns poucos luminares levam nove, e olhe lá. O dez não existe".

O fato é que, vinte anos depois, eu penso frequentemente sobre o dez, como grau, como norte, como horizonte estético – agora, sim, estou falando principalmente sobre comida.

Mas será que o dez está reservado apenas à alta gastronomia?

Eu diria que não. O dez pode ser simplesmente o píncaro (com o perdão do termo), o ápice, o encontro perfeito de uma expectativa com um resultado. Aquilo que seria simplesmente o melhor para aquele momento. Se já fiz refeições deste patamar em São Paulo? Acho que sim. E aí é bom entender o dez como aquilo que, dentro de um contexto, é irretocável. Por exemplo: um prato trivial, que se pretenda como tal, quando magnificamente executado, merece todo o louvor. Dez? Quem sabe.

Voltando aos dois mestres, eu acrescentaria um aspecto. Atribuir dez exige também coragem. Às vezes é bem mais fácil não tentar compreender, achar defeitos, menosprezar. Isso, logicamente, convencionando que estamos falando de pessoas que trabalham a sério. Não de quem defende interesses escusos ou simplesmente faz oba-oba.

Achar tudo ruim é tão simplista como achar tudo bom. Não há nuance nem reflexão. É cômodo, você não se compromete.

Em suma, tenho de me guiar pelos meus valores, pelos meus conhecimentos – e não me apoiar só no repertório pessoal. Tenho de ser honesto para entender por que gostei, ou não gostei. A construção desse julgamento se dá a partir do meu entendimento. E também levando em conta que estou ali representando alguém que eu não exatamente conheço – o tal do leitor –, mas cujos tempo, bolso e inteligência eu me vejo na obrigação de respeitar.

Aqueles notáveis professores já se foram. Mas eu quero terminar dizendo que acredito na existência do dez, ainda que seja muito raro. Nas minhas andanças, o que eu peço é iluminação e clareza para que, eu mesmo, na busca pelo dez, não valha apenas sete ou oito.

João
Publicado em 2/9/2009 no blog Eu Só Queria Jantar, no Estadao.com

Talvez poucos conheçam ou se lembrem. Mas há uma música de Caetano Veloso chamada *Outro Retrato* (do disco *Estrangeiro*, de 1989), cuja letra começa assim: "Minha música vem da/música da poesia de um poeta João que/ não gosta de música/Minha poesia vem/da poesia da música de um João músico que/não gosta de poesia."

Ele fala de João Cabral e de João Donato.

Lembrei da canção num momento muito particular, fazendo uma leitura bem pessoal: minha paixão por restaurantes vem de um João que não gosta de restaurantes.

O João de que falo é meu pai. Ele morreu ontem.

João não tinha paciência para o ritual que eu tanto prezo. Sair, se locomover, entrar num lugar cheio de gente estranha, pedir coisas desconhecidas, arriscar-se, ter a surpresa de comer bem, ou o azar de comer mal... ele detestava tudo isso. Mas gostava de comida – especialmente se fosse a de minha mãe. Especialmente se fossem seus pratos preferidos.

Eu me lembro de comermos bacalhau, ou feijoada, ou frango assado, quase além do limite do razoável. Enquanto minha mãe e minhas irmãs já tinham entregado os pontos e até saído da mesa, ficávamos nós dois no segundo, no terceiro prato.

E dizia assim: "Me respondam aqui. Em que restaurante se come um almoço desses em São Paulo? Não tem". Aquele, não tinha. Era só ali – ou na casa de minha avó materna. Assim, como poderia ver algum motivo para buscar lá fora aquilo que ele já tinha na própria cozinha?

Comer na rua, para ele, era algo prático e objetivo. Algo para se fazer no horário de almoço no trabalho, num *self-service* ou coisa do tipo. Massa, ele nunca apreciou muito – seu carboidrato era o arroz. Etnias diferentes? Nada disso. Comida japonesa, então, jamais experimentou.

João tinha curiosidade pelo mundo. Mas desde que o mundo viesse à sua casa.

Se eu ia ao País Basco, ele estudava o tema e, antes que eu pudesse falar de Martín Berasategui, ele recitava a população de San Sebastián e de Bilbao, a renda *per capita* da região, o PIB da Espanha. Se eu viajava a Paris, antes de qualquer relato sobre os bistrôs ele explicava sobre as intervenções urbanísticas do Barão Haussmann na cidade.

Mas viajar, para ele, era bobagem. Dava preguiça. "Vai viajar? Para ver o quê? Paisagem? Paisagem tem aqui".

João gostava de dicionários e enciclopédias. E não dava bola para o Google.

Já adulto, eventualmente – em certas datas – eu o levava (com minha mãe) para almoçar. Mas acho que ele não se divertia muito. Não ficava muito à vontade, estranhava os pratos. Aquilo tudo era bom para mim. Não necessariamente para ele.

Parei então de forçar a barra. Quando ele quisesse, iríamos. Caso contrário, eu levava um vinho ou alguma guloseima até a casa dele, e funcionava melhor. Aceitamos a divergência, em resumo.

Algo que me remete a uma certa fase de minha vida, quando eu só usava camisas brancas (porque era mais fácil, não perdia tempo escolhendo e pensando em combinações). Ele sempre me presenteava com camisas listradas, ou de outras cores – que, obviamente, eu acabava não usando. Até que um dia, em algum aniversário distante, eu abri um pacote que continha, enfim, uma camisa branca.

E assim íamos nos entendendo.

Não vou querer desfiar em um único post a relação de um pai com um filho.

Afinal, como sempre explico, este é um blog sobre comida. Pois então volto ao início. Minha paixão por restaurantes vem de um João que não gostava de restaurantes. Mas gostava de comer. E de ser curioso sobre as coisas. Um legado que eu ainda preciso clarear mais, ou formular melhor, como Caetano Veloso fez com seus Joões. Neste momento, eu só sei que, sem ele, eu jamais estaria neste ofício.

"Salve, cavalheiro"

Publicado em 9/9/2009 no Blog Eu Só Queria Jantar, no Estadao.com

Vou guardar para sempre a tradicional saudação de Saul Galvão.

Saul, o grande *expert* em vinhos, o crítico de restaurantes, morreu nesta madrugada. Estava doente, lutando contra um câncer, fazia quase dois anos.

Mas eu tive a honra de trabalhar com ele nestes últimos anos, no Guia e no Paladar. Saul não era uma figura intensa apenas como apaixonado pela gastronomia. Era um amigo generoso, um colega que estava sempre disposto a contribuir com sua experiência e seu notável conhecimento.

Jamais vou esquecer de nosso primeiro encontro à mesa. Faz tempo.

Eu trabalhava no *Jornal da Tarde*, estava começando a arriscar uns textos sobre comida e vinho (fiquei, depois, só na comida). Saul escrevia no *Estado* – portanto, éramos colegas de empresa. E nos conhecíamos de vista, de corredor, do café.

Eu cheguei então para uma degustação de champanhe, grande champanhe aliás, num famoso restaurante. Estava cru de tudo (sem trocadilho enológico), era inexperiente, ainda não sabia a que evento ir ou não ir. Um *complete unknown*, como diria Bob Dylan. E eis que me vi diante de uma mesa cheia de especialistas, gente cujos textos eu lia fazia tempo. Uns me olharam com uma certa curiosidade, outros nem me viram. Mas o Saul: "Ô, meu caro, senta aqui". Puxou uma cadeira ao lado dele, me explicou o que estava acontecendo – eu estava um pouco atrasado –, enfim, deu-me um chão.

Os vinhos eram servidos, provados. E ele me perguntava: "E aí, o que está achando? Gostou mais de qual, deste ou do anterior?".

E eu pensava: mas como? O homem que escreveu *Tintos e Brancos* quer saber o que eu acho? O homem que já tinha produzido milhares de resenhas de vinhos e restaurantes está curioso pela minha opinião?

E ele queria saber mesmo. O Saul era assim. Um crítico sem afetação, e o maior degustador brasileiro que eu já vi em ação.

Jamais comentei com ele sobre aquele dia. Mas ele não devia fazer ideia de como aquela hospitalidade foi importante para mim.

Eu acabei de receber a notícia de sua morte, o telefone tocou às 6h. E me ocorreu esta história (na verdade, lembrei-me dela ontem, quando soube que a situação era extremamente grave).

Há muitos outros episódios. Passagens divertidas, curiosas, sempre generosas. O Saul foi também um dos melhores frasistas que eu conheci, mas, neste exato momento, não tenho nada muito inventivo para dizer. Porém, posso usar o idioma que ele tanto prezava:

Monsieur Saul, *merci beaucoup.*

O que é original?
Publicado em 12/9/2009 no blog Eu Só Queria Jantar, no Estadao.com

Comecemos por um esclarecimento. O título do post usa o termo em questão no sentido de origem, de autenticidade. Não no sentido do ineditismo, da singularidade – do diferente, melhor dizendo.

Resolvi, por esses dias, fazer um estrogonofe ao estilo tradicional. Minha filha gosta muito do prato e, para ela, o gabarito é aquela receita que leva catchup, mostarda, molho inglês, champignon (o cogumelo Paris), creme de leite. Talvez, de fato, seja esta a preparação mais conhecida em São Paulo (lembro-me em particular, quando era criança, de uma maciça campanha do maior fabricante de creme de leite. Eram peças publicitárias que conclamavam a transformar o trivial picadinho num "sofisticado" estrogonofe).

E esse dito picadinho-chique, tal qual se difundiu por aqui, por muito tempo foi prato do dia no calendário paulistano – era servido às terças, e dava para encontrá-lo tanto em lugares caros como em botecos. Nas cozinhas mais simples, o tal do creme de leite nem entrava: o molho era engrossado com farinha, mesmo.

Evidentemente, há variações desta receita. Alguns, mais preciosistas, não abrem mão de flambá-la com conhaque. Mas raramente se encontra por aí uma versão mais aparentada da original, criada na Rússia dos czares.

Pois eu usei como guia o "stroganov" que o Saul Galvão cita no livro *A Cozi-*

nha e Seus Vinhos. Por coincidência, isso foi dois dias antes de ele morrer.

Mas eu fiz então conforme a recomendação. Nada de catchup ou de molho inglês. Mas uma boa dose de páprica: os cubinhos de carne são batidos na pimenta. Ela dará a cor e o caráter picante do prato.

Aqueci a manteiga, passei então a carne rapidamente no fogo (bem alto) e a retirei. Na mesma panela, adicionei cebola, vinho branco, depois o creme... enfim, segui os passos. Mas só transgredi a receita do Saul em dois pontos. Usei os cogumelos e um pouco de mostarda (a inglesa Colman's, em pó, preparada minutos antes; é forte...).

O espírito do stroganov, entretanto, estava lá. E fiz as explicações para minha filha: olha, esta versão aqui está mais perto do prato clássico, que os russos já comiam no século 19 etc. etc.

Acho que ela gostou – felizmente, ela aprecia as notas apimentadas. Só pontuou que prefere a abundância cremosa da receita que, para ela, era o padrão. Mas comeu mais de uma vez. Da minha parte, eu diria que, feito à maneira castiça, o estrogonofe fica com muito mais jeito de prato de adulto do que o referido picadinho incrementado que por tanto tempo foi febre na cidade (ainda é um item famoso, mas já sem tanta penetração).

Ainda que minha filha não tenha discorrido mais sobre o assunto, imagino que ela tenha sentido aquele tipo de estranhamento de quem descobre – estou falando para além da comida – que o tal do original é diferente daquilo que se tem como modelo (como real, em suma). Mais ou menos como acontece com as casas que aprendemos a desenhar quando pequenos, com suas linhas simples, sua forma de cubo coberto por um telhado de duas águas perfeitamente simétricas. Uma construção que, um belo dia, depois que passamos a observar o que está nas ruas, nos livros, nos filmes, constatamos que simplesmente não existe.

Não sei se, daqui por diante, ela vai preferir a páprica ao catchup. Mas acho que alguma portinha se abriu, seja pelas novas experiências de sabor, seja pela noção de que a história começa bem antes de a gente mesmo existir.

O degustador em ação

Publicado em 17/9/2009 no blog Eu Só Queria Jantar, no Estadao.com

Saul Galvão tinha um jeito próprio de degustar. Segurava o copo não pela haste, mas pelo globo, como a subjugá-lo com a mão. Quase como se quisesse dizer ao vinho: "Olha, quem manda aqui sou eu". Mirava a cor da bebida com determinação de desvendá-la, de descobrir qual era o truque, qual a magia. E pendia-se para a esquerda.

Absolutamente canhoto, aproximava a taça a 45 graus de inclinação da narina esquerda, fechava o olho direito. Era como se, ao entortar músculos e sentidos para um único lado, direcionasse toda sua sensibilidade para um só ponto. Conseguia, assim, acertar o foco. Como se concentrasse vários feixes de luz, difusos e dispersos, num único e concentrado raio. Algo que, depois, veio a me lembrar Maradona: de tão canhoto, era quase torto. Mas conseguia transformar assimetrias em movimentos simétricos. Destruía os princípios cerebrais da lateralidade para reconstruí-los em outro plano, de uma única dimensão: o lado esquerdo, portanto, virava o centro de equilíbrio.

Eu já havia visto Michel Bettane degustar – tanto em palestras como frente a frente. E pensava: "O que passa no cérebro deste francês?". Imaginava, dentro da cabeça dele, dígitos correndo, imagens se sobrepondo, planilhas se abrindo: uvas, componentes minerais do solo, safras. Ele bebia, sentia. E conseguia, por um *software* (e por um *hardware*) mental muito particular, acessar informações guardadas em cantos distantes, profundos. Para então, depois de provar o vinho, dizer de onde ele vinha, qual o ano da colheita. Algo que lembrava uma máquina de degustar – um apreciador científico, infalível. Foi o maior conhecedor que já pude ver ao vivo (nunca encontrei Robert Parker nem Hugh Johnson, diga-se).

Saul era também preciso, compenetrado, brilhante. Mas emocional, sem papas na língua. Passada a abordagem vigorosa e inicial, passada a luta corporal contra o copo, ele se desentortava, repousava a taça na mesa e já disparava a comentar. Falava de características, traços, aromas... e dava até a nota. Preferia a escala até 100 pontos e tinha horror a usar sinais de mais ou de menos: "Isso é frescura", dizia. Ia da seriedade ao escracho em um átimo.

Acho ainda impressionante que ele tenha conseguido se dedicar a pratos e garrafas quase que com a mesma intensidade. Isso me lembra uma frase de *Terra em Transe*, de Glauber Rocha (de quem, aliás, não sou muito fã): "A poesia e a política são demais para um homem só". Pois eu acho a comida e o vinho demais para um crítico só. Eu, por exemplo, fiquei apenas com a comida – ainda que, uns anos atrás, tivesse pensado um dia em me dedicar aos vinhos. Saul não: ele se entregava às duas vertentes. E se aprofundava o mais que podia. Mas, para mim, era genial mesmo com seus tintos e brancos. Foi o grande degustador brasileiro que tive a chance de ver em ação, e por várias vezes.

O chef e o mar

Publicado em 15/10/2009 no blog Eu Só Queria Jantar, no Estadao.com

Se você tiver oportunidade de conversar com Olivier Roellinger, que chega a São Paulo nos próximos dias para comandar a aula demonstrativa de encerramento do evento Mesa Tendências, não o trate apenas como um chef francês. Não que ele negue suas origens, pelo contrário. Mas é que, na gastronomia, acima da bandeira *bleu-blanc-rouge*, ele tem um compromisso com as velas ao vento. Roellinger se considera, antes de tudo, um cozinheiro do mar.

Como definir seu trabalho? Talvez com algumas antíteses: cerebral e emocional; científico e intuitivo; filosófico e pragmático. Seria então Roellinger apenas contraditório? Nada disso. Esse bretão de 54 anos é um dos chefs mais coerentes da França, alguém capaz de conciliar o mais alto grau de exigência técnica com o respeito profundo às forças da natureza. Não por acaso, seu melhor amigo é Michel Bras. Como ele costuma dizer, Bras é o campo, o *terroir*; ele, a costa. São complementares. Introspectivo, investigativo (é engenheiro químico), Roellinger sempre teve uma tendência a permanecer em sua concha – talvez influência dos ares de Cancale, a capital bretã das ostras. O chef que hoje participa de congressos e apresenta a série de documentários *Le Cuisinier de la Mer* é uma invenção recente. A força de suas ideias, enfim, acabou superando a timidez do intelectual que evitava falar em público e usava uma franja cobrindo os olhos. Para Roellinger, uma tradição culinária que se queira grande tem de ter alma mestiça. A França, segundo ele, só chegou aonde chegou porque soube valorizar, séculos atrás, os produtos de outros continentes trazidos pelos navegantes. "Batata, tomate, berinjela, cacau, café, tudo veio de fora. Até um prato tão nacionalista como o cassoulet é feito de feijão, algo originalmente exótico", explica. Nascido à beira-mar, Roellinger não afirmou seu talento apenas com peixes, crustáceos e moluscos. Ele é um homem de verduras, legumes e, principalmente, ervas e temperos – a vizinha Saint-Malo, ele ressalta, era a plataforma de onde os navegadores se lançavam às Índias. O chef reforça que poderia praticar sua filosofia de cozinha tanto em casa, na acolhedora Maison de Bricourt, como num país estrangeiro. Da mesma forma que, compara, um homem pode se apaixonar por uma francesa ou por uma vietnamita. Roellinger é capaz de manifestar seu preciosismo em várias dimensões. Seja pela busca de um linguado perfeito, cozido com o mínimo de intervenções; seja na pesca artesanal do camarão, quando a maré começa a baixar perto do Monte Saint-Michel; ou estudando possibilidades das principais variedades de maçãs, criando uma sobremesa barroca como a assiette autour de la pomme. Ele abriu seu restaurante em

1982. Ganhou a primeira estrela Michelin em 1984, a segunda em 1988. A terceira foi confirmada só em 2006. E este colunista pôde conversar com o cozinheiro por várias horas no início de 2007, quando a mais alta honraria do guia era ainda uma novidade. Naquela ocasião Roellinger estava em Salvador, gravando sequências para seu documentário, e a vida parecia mais simples. Entre longos comentários sobre peixes e frutas brasileiras ("o sapoti é como uma pera caramelizada, que já vem pronta da natureza"), ele respondeu à pergunta inevitável: sentia mais pressão por ter virado um três estrelas? "Na verdade, sinto-me livre. Ficava ano após ano esperando a terceira estrela. Ela veio, posso seguir em frente". Fazer parte da elite da restauração mundial, entretanto, era mais complicado. No fim de 2008 ele simplesmente devolveu suas estrelas, explicando que não tinha condições físicas e emocionais de seguir submetido aos ditames da haute cuisine. Seu projeto de vida não era manter uma casa de luxo. Apenas preservar as conexões vitais entre gastronomia e natureza. Postura mais adequada a um romântico do que a um *businessman* – ainda que ele seja muito bem-sucedido com sua linha de temperos, as Épices Roellinger. "Gosto de usar a imagem do cozinheiro criando como se estivesse na beira do mar lançando garrafas com mensagens, pensando em que costa elas serão encontradas". Diferentemente do senso comum, Roellinger tem uma certeza: o mar aproxima as pessoas. Quem afasta é a terra.

Alguém provou este prato?

Publicado em 23/11/2009 no blog Eu Só Queria Jantar, no Estadao.com

Erros acontecem. Nós todos os cometemos. Trocamos coisas de lugar indevidamente, fazemos bobagens involuntárias, damos mancadas variadas. Eu, por exemplo, aqui. Posso cometer desde um deslize de ortografia até simplesmente trocar um nome. Mas posso, especialmente no mundo virtual, também rever, corrigir. *Ça n'arrive qu'aux vivants.*

Agora, mudemos o cenário. Estamos em um restaurante, onde erros igualmente acontecem. Neste caso, falemos da comida. Quantas vezes você esteve diante de um prato salgado em excesso, de uma carne além do ponto, entre outras coisas do tipo?

São deslizes. E é importante saber lidar com eles, seja do lado do cliente, seja do lado do chef – e observar como a cozinha reage ao contratempo (com humildade, ou com soberba...). Mas são erros, e a gente releva. Duro mesmo é quando o desacerto faz parte de uma concepção equivocada. Isto é, o cozinheiro fez assim porque acha que é assim.

Já reclamei, certa vez, num restaurante italiano, do pappardele cortado com uns 5 mm de espessura. Argumentei que não estava correto, o cuoco defendeu que não, que havia pesquisado num livro do século 19 e até adquirido uma máquina antiga. Não dava para comer, e o profissional não admitia. É mais grave do que uma pasta cozida demais.

O que me incomoda, mesmo, é ter a impressão de que o cozinheiro nem provou o que fez. Às vezes eu acabo experimentando coisas tão anódinas, ou tão absolutamente esdrúxulas, que chego a me preocupar: será mesmo que a brigada considera isso bom? Não houve um controle de qualidade em nenhum momento, da primeira montagem ao carimbo final do chef?

Ao contrário do que muita gente pensa, existem, sim, cozinheiros que não comem o que fazem. Não raro, até mesmo por restrição alimentar (gente que serve camarão, mas não suporta frutos do mar, por exemplo, ou é alérgico). Da mesma forma que existem aqueles que não apenas provam como também usam os outros sentidos: percebem uma massa al dente no olhar; reconhecem o barulho crepitante de uma farofa; sentem o cheiro de um cozido pronto.

Acontece muito de eu comer mal, e é um dos riscos da profissão – eu preciso rodar, conhecer casas novas, revisitar outras tantas já estabelecidas. Às vezes, são duas refeições ruins num mesmo dia. Quando é assim, termino a noite com aquela sensação incômoda de desperdício (mas que é um dos ossos do meu ofício). Só que, sinceramente, o que tem me deixado mais intrigado é a tal dúvida: será mesmo que os cozinheiros acharam que estavam me servindo pratos bem executados?

Nada, no entanto, que a experiência de um repasto decente não revigore. Para nos deixar prontos para um novo almoço. Para novos erros.

O retiro do chef

Publicado em 28/1/2010, no blog Eu Só Queria Jantar, no Estadao.com

Não é espuma. Ferran Adrià vai sumir por uns tempos.

Mas seu tão comentado retiro, para mim, é antes de tudo um ato de coragem, e uma prova de liberdade. Isso não significa que ele irá parar – apenas o Bulli ficará de portas fechadas, em 2012 e 2013. Ainda que diga não estar fugindo da pressão cotidiana, nem da obrigatoriedade de ser criativo e espetacular a todo instante, creio que faz sentido pensar que não será ruim para o chef escapar dos holofotes por um tempo.

O que escrevo aqui são ilações, que misturo a ideias e informações que ouvi de gente que o conhece com relativa intimidade. Assim, eu colocaria no mesmo pacote uma série de questões.

Primeiro, a pausa era algo desejado por Adrià já havia alguns anos. Ela só não tinha se tornado viável ainda pelo redemoinho de compromissos ligados ao mundo Bulli (que é mais do que um restaurante; é uma marca, é um irradiador de conceitos e modas).

Depois, acredito que Adrià tenha consciência da necessidade deste passo para trás. A alta cozinha espanhola teve seu auge midiático e de influência na gastronomia mundial na primeira década deste século. Qual o caminho a seguir agora? Qual a decisão certa: partir para uma nova reinvenção, ou esperar a decadência? O chef certamente pode refletir sobre isso sem estar cercado por câmeras e microfones.

É importante lembrar, por exemplo, que Joël Robuchon saiu de cena vistosamente, em 1996, e quando era o cozinheiro mais celebrado do mundo. Voltou em 2003, mais como restaurateur do que como chef, defendendo outros conceitos, apresentando uma nova forma de trabalhar – e ganhando mais estrelas Michelin e dinheiro do que nunca.

Assim, recapitulando. Adrià chegou ao topo; virou celebridade mundial; virou referência artística e cultural, participando até da Documenta; mudou o jeito de o mundo pensar uma refeição; ganhou fãs e muitos detratores; passou a ser o grande responsável – aos olhos de muita gente – tanto pelo que de bom como pelo que de ruim acontecia na gastronomia; viveu as tensões da disputa com Santi Santamaria e foi questionado em seus métodos e receitas; tornou-se, para uns, o maior embaixador da Espanha; para outros, revelou-se um inimigo da saúde pública e da cocina das madrecitas; abraçou projetos importantíssimos como a Fundação Alicia; virou artífice da desnaturalização da comida.

É humanamente compreensível que ele esteja com a paciência esgotada.

El Bulli dá dinheiro? O chef responde que não. Trata-se de uma vitrine, de um laboratório. A receita viria de outros projetos – inclusive consultorias para a fabricação de azeites, batatas fritas e outras coisas mais. Mas defendo que Adrià, dentro do possível, sempre manteve sua integridade criativa. Deve ter recebido incontáveis convites para abrir uma filial no Japão (ou em outros países), mas sempre resistiu. O Bulli, dizia ele, só fazia sentido ali, com sua equipe, com seus produtos, no caminho tortuoso até a Costa

Brava. Uma experiência que não poderia ser clonada. Ao que consta, não é milionário, tem apenas uma situação bastante confortável – o que não faz dele alguém moralmente melhor, a questão não é essa. Sugere apenas que a criação (e a vaidade da criação, por que não) vinha em primeiro plano, à frente do *business*. Parar, assim, deve ser menos complicado.

De novo, fazendo conjecturas: no Madrid Fusión, ele enfatizou que a pressão não o incomodava, que ele funcionava melhor sendo cobrado. Mas tudo tem seu limite. Numa comparação com os mártires da música pop, me ocorre a lembrança de Jimi Hendrix: surgiu como grande surpresa do rock, como instrumentista virtuoso; tornou-se um *showman*, o mais espetaculoso dos *rockstars*; suas performances ao vivo eram cada vez mais aguardadas; num ano, ele quebrou a guitarra no palco; em outro, colocou fogo no instrumento. O que fazer depois? O que oferecer de novidade à audiência, além da própria imolação? Talvez, com um sabático de dois anos, quem sabe Hendrix não tivesse se matado (o que, de novo, é pura especulação).

Adrià pode enveredar por qualquer caminho. Pode reabrir como um assador, ao estilo Etxebarri. Pode retomar a cocina catalana antiga. Pode retornar ainda mais científico, ainda mais experimental. É um gênio (uso este termo com muita parcimônia; eles são raríssimos) que escolheu a gastronomia para se expressar. Poderia se destacar em outras áreas. Apelo agora a outra comparação. Paulo Francis escreveu uma vez que Pelé, como sua espantosa habilidade motora, se tivesse aprendido balé, se tornaria um Nijinsky. Tenho essa impressão com Adrià. Ele pode fazer um filme, dirigir um laboratório, editar livros, virar um industrial, virar palestrante internacional, desses regiamente pagos – e isso é bastante possível. Ou reaparecer com um novo tipo de restaurante. Está livre, enfim. E deve render notícias antes do que se espera.

Alguém realmente acredita que um sujeito como esse chef catalão, com tanta fúria criativa, conseguirá ficar parado?

Nossa língua

Publicado em 25/8/2010 no blog Eu Só Queria Jantar, no Estadao.com

Não sei se é um estratagema. Ou apenas uma impossibilidade de comunicação. Mas tem vezes em que a gente não se entende com o serviço de um restaurante.

A cena:

Num bar recém-aberto da cidade, pedimos, entre outras coisas, uma bruschetta de alcachofra. O garçom, muito gentil e voluntarioso (de verdade), trouxe uma de abobrinha.

– Garçom, por favor. Esta bruschetta é de abobrinha.

– Isso, abobrinha, né?

– Mas nós pedimos de alcachofra.

– É, alcachofra, né?

– Mas lá na cozinha você pediu alcachofra ou abobrinha?

– Alcachofra. Trouxe a de abobrinha porque a de alcachofra demora, né? Tem que gratinar. Aí vocês vão comendo essa...

(Vários minutos depois, chegou a de alcachofra; não tinha nada de gratinado)

No mesmo bar, num outro momento: chega à mesa uma seleção de antepastos. Ninguém pediu. Ou alguém tinha pedido?

– Garçom, quem pediu estes antepastos?

– Pediu, né?

– Pediu quem? (Um dos ocupantes da mesa tinha ido ao banheiro; teria sido ele?) Alguém aqui da mesa pediu?

– Não, eu pedi, né? Para os senhores conhecerem.

(A seleção trazida, contudo, não tinha nada do que estávamos pensando em comer. Rogamos, então, para que a tábua fosse retirada. E aí, sim, escolhemos o que queríamos).

Por fim, na hora dos doces:

– Garçom, qual das sobremesas é feita aqui?

– A torta de ricota.

– E a pastiera di grano?

– É comprada.

– Então, por favor, pode trazer a torta de ricota.

(Porém, veio à mesa a pastiera).

– Garçom, esta aqui é a pastiera?

– Pastiera, né?

– Mas nós pedimos a torta de ricota.

– Ricota, né?

– Será que são as mesmas? Você não está confundindo?

(O rapaz disse que eram mesmo duas opções diferentes, que não estava chamando pastiera de torta de ricota. Ele foi à cozinha e, na volta, explicou que a de ricota tinha acabado).

E assim fomos até a hora de ir embora, mais trumbicando do que comunicando. Separados pela mesma língua, perdidos na tradução. A conta, felizmente, continha apenas o que comemos – e o que pedimos. Sobrevivemos, enfim.

Porca fartura 1
Publicado em 1/1/2010 no blog Eu Só Queria Jantar, no Estadao.com

Nunca entendi direito por que a carne de porco, tão cheia de sabor e de possibilidades, ficou tanto tempo esquecida pela maioria dos restaurantes – e incluindo aí casas dos mais variados estilos. Quando muito, eram as costelinhas das churrascarias; ou os pertences das feijoadas completas; ou os leitões dos restaurantes mineiros. Fora isso, a carne suína, tão identificada com a tradição europeia (latina ou germânica), com a culinária chinesa, com o receituário interiorano do Brasil, parecia restrita mais ao lares e aos bares do que às cozinhas dos chefs. Por quê? As justificativas variavam: desconfiança com as condições sanitárias dos criadouros; qualidade da matéria-prima; condicionamentos culturais, do tipo "porco só se come em casa" ou "tem muita gordura".

Foi assim até poucos anos atrás, mas parece que essa fase já se foi, tal a quantidade de bons pratos suínos espalhados pela cidade. Em sua edição de 2008 (ano que, aliás, começou regido pelo signo do porco, segundo o horóscopo chinês), o Prêmio Paladar trazia pela primeira vez uma categoria reunindo lombos, paletas e que tais. Naquela mesma ocasião, o prêmio de produto do ano, não por coincidência, foi para a carne suína. Estava completa a cadeia: os criadores aprimoraram a qualidade do rebanho e profissionalizaram a manipulação, os restaurantes puseram no cardápio, o público reconheceu. Pode reparar: os chefs agora não param de apresentar novas sugestões com a carne preferida de portugueses, espanhóis e cia.

Benny Novak, do Ici Bistrô, acaba de colocar no cardápio algumas novas receitas com o ingrediente. A barriga (R$ 26), servida como entrada, é tenra e tem apenas um inconveniente, por assim dizer: a concorrência de sua própria guarnição, um ótimo purê de couve-flor. Já a costeleta à milanesa (R$ 42) vem muito bem empanada, ainda que carente de um pouco de sal, e funciona harmonicamente na companhia de anéis de cebola e arroz com milho. O melhor deles, porém, é o pé-de-porco, o pied de cochon farci, muito bem montado e deliciosamente recheado, com carne desfiada e cogumelos. Uma bela destinação para uma parte ainda pouco explorada (a instigante releitura da feijoada feita pelo Maní, diga-se, é feita com um carpaccio de pé de porco).

É digno de nota que pratos tão apetitosos partam justamente da cozinha de um chef de origem judaica – cuja tradição, digamos, não é lá de apreciar mamíferos não ruminantes. Novak já trabalhava com itens suínos tanto no Ici como na Tappo Trattoria (as costeletas, em particular). Mas acertou a mão mesmo no trio citado acima. Assim como é digno de nota encontrar essa carne em várias línguas pelos cardápios paulistanos: cochon, maiale, ton, cochinillo. Estamos quase saindo da porca miséria para entrar num período de porca fartura.

O contrabaixo e o arroz
Publicado em 5/1/2011 no blog Eu Só Queria Jantar, no Estadao.com

Por muito tempo, especialmente na época de criança, eu sentia dificuldade em perceber o contrabaixo nas músicas que ouvia. Eu gostava do nome, da ideia de um instrumento que seguia por uma espécie de mundo subterrâneo, abaixo do plano por onde transitava a melodia. Mas, no fundo, não sabia direito o que era o contrabaixo – e quem seria aquele sujeito misterioso, o contrabaixista. Confundia o timbre, a função...

Um dia, claro, eu aprendi a identificar o som emitido pelas quatro cordas grossas. E percebi que vinha dali o esqueleto da música, quando não a própria musculatura. Desde então, o baixo passou a ser a primeira coisa na qual eu reparo quando escuto uma canção. É algo natural. Como se eu tivesse acionado irreversivelmente um seletor de 'agudos' em minha cabeça, de modo a tornar certas frequências mais perceptíveis, de modo a identificar os sons graves de maneira mais evidente, quase em relevo. Em música de orquestra, desenvolvi reflexo parecido com o fagote, ainda que em menor escala: mal eu começo a ouvir e minha atenção se encaminha diretamente para ele. Seria uma afinidade com os timbres ribombantes? Não sei.

Bom, antes que você imagine que o 'Eu Só Queria Jantar' deixou de ser um blog de comida, eu começo enfim a chegar ao ponto. Quero dizer que, depois que você passa a perceber o arroz do niguiri – assim como acontece com o referido contrabaixo –, nunca mais deixa de notar sua presença fundamental na mais refinada das variantes do sushi. Nos primeiros bolinhos provados na vida, muitos anos atrás, era o peixe que se destacava. Mas a percepção vai se refinando. E vamos tendo acesso a coisas melhores. E um dia notamos que ele, o arroz, está lá. Sempre esteve.

E acabamos por desenvolver uma espécie de coordenação motora intrabucal, de mistura de habilidades tácteis e gustativas. Conseguimos perceber o conjunto dos grãos, e ao mesmo tempo, um único grão, isoladamente. Nos divertimos saboreando texturas, temperatura, acidez, doçura... E, diante de um bom arroz, a experiência é maravilhosa. Mas eis aí que surge o problema. Quantos sushimen de São Paulo são capazes de fazer um arroz deliciosamente cozido, temperado e manipulado?

Eu diria que no Jun Sakamoto e no Shin-Zushi, cada qual ao seu estilo, a qualidade é superior. Depois, colocaria Aizomê, Kinoshita... e aí começaria a ter de quebrar a cabeça para engordar a lista (aliás, lembrei outro: Hamatyo). São poucos, talvez raros. E o que é uma pena. Pois eu nunca mais deixei de perceber o arroz. Assim como nunca mais desliguei do contrabaixo.

Rasgando a fantasia

Publicado em 24/1/2011 no Blog Eu Só Queria Jantar, no Estadao.com

A harmonização de vinho com comida, naquele nível avançadíssimo, intrincado, é uma fantasia que eu já rasguei. Não estou negando a existência de casamentos mais acertados e prazerosos, não estou pregando o desprezo pelas melhores combinações.

Mas coloco em questão as filigranas, os fru-frus excessivos. Especialmente quando se trata de um longo menu. Para cada prato, um vinho; para aquela pequena porção, um outro... Precisa? Se for só para tirar chinfra, por passatempo, pelo prazer da pesquisa, ótimo. Se for para sofrer, para tratar como verdade absoluta, aí não.

Acho que, se temos na mesa um grande vinho, por que não fazer a refeição em torno dele? Basta não atrapalhar. É claro que não vou apreciar aquele tinto maravilhoso, especialíssimo, com camarões, sob o risco de ficar com gosto de parafuso (o de metal, não o de massa) na boca. Assim como não vou colocar aquele branco elegante e sutil para brigar com um cordeiro bem vermelho por dentro. Para mim – vou confessar –, quando se trata de combinar vinho e pratos, os erros são mais visíveis do que os acertos.

Por outro lado, ficarei sinceramente na dúvida se um certo lagostim mostrará grandíssimas diferenças escoltado por um Chablis ou por um Sancerre. Mas certamente vou sugerir que fiquemos com o melhor entre esses dois brancos.

Vejam bem: eu percebo e venero as diferenças entre os vinhos. E dou graças por termos a possibilidade de apreciar coisas diferentes, em horas diferentes. Estou me referindo ao barroquismo por vezes desnecessário das relações entre o prato e o copo.

Uns bons anos atrás, quando eu comecei a levar mais a sério assuntos como comida e bebida, eu ouvia falar da harmonização como se fosse o caminho para uma espécie de nirvana gustativo. Uma iluminação, um estágio superior. E via referências a um tal terceiro gosto. Do tipo: combinar Sauternes com foie gras, cuja junção formaria um novo sabor, que se instalaria em outras regiões do cérebro e da alma...

Já me emocionei (e me emociono) com pratos, com vinhos. Tive *insights*, fiquei fascinado... Mas não lembro de ter atingido tal estágio de elevação sensorial.

Há também aquela velha questão dos menus-degustação, especialmente os mais longos. Existe sempre aquela necessidade de mostrar variações, de valorizar uma certa pluralidade... Então, a amuse-bouche é servida com um espumante italiano; o primeiro prato, com um Torrontés argentino; e o próximo, com um Sauvignon Blanc neozelandês, e por aí seguimos. Até que surge um determinado branco, o melhor deles, disparadamente... Por que não utilizá-lo nas demais etapas, desde que respeitando as compatibilidades? Só para nos deixar a sensação de que fomos mais felizes apenas por uns breves momentos?

Certo, eu sei que, muitas vezes, se você está num restaurante, ou se você comprou um menu que já inclui a bebida, tem a questão do preço dos vinhos. Vão colocar coisas mais baratas na seleção (ou da parceria com a importadora). E, por isso, temos aquela sensação de montanha-russa a cada passo do jantar, "piora, melhora... piora, melhora...". Mas não é só isso. Tem aí também um viés em nome da diversidade – que é importante, mas que também não deveria virar ditadura. E em nome de uma micro-harmonização que não necessariamente busca o melhor, mas apenas o mais específico. Uma espécie de exibição de conhecimento, um tira-põe interminável de taças, tacinhas e taçonas.

É bom, mesmo? Ou é só para mostrar uso profundo de manuais, guias e catálogos de harmonização? A diversidade, a meu ver, deveria nos proporcionar mais liberdade, e não o engessamento. Não a reprodução, num outro plano, da camisa-de-força das convenções excessivas, das codificações exageradas.

Eu confesso que me divirto mais juntando a melhor comida (a meu ver) com a melhor bebida (idem). Ao mesmo tempo que respeito quem só consegue comer, digamos, queijo broccio, da Córsega, com aquele determinado Condrieu... Mas desde que isso seja assumidamente um prazer pessoal, uma curtição. E que não seja vendido como dogma.

Cadências
Publicado em 5/5/2011 no blog Eu Só Queria Jantar, no Estadao.com

Coma devagar.

Não é o que ouvimos, desde que somos crianças? É de bom senso. Quando pequenos, tendemos a engolir – de fome, de pressa de fazer outras coisas. Adultos, muitas vezes incorremos no erro. Mas a regra funciona, para tudo, em todas as instâncias? Cada vez mais, acho que deveríamos rever tal conselho moderador. Que tal um mais específico "mastigue bem"? Ou, mais vagamente falando, "coma direito"?

Experimente comer muito devagar um prato de massa fresca, pronta ali na hora. Ou mesmo um risoto. Tente apreciar, em bocados lentos e bem espaçados, um pedaço de carne grelhada. Fique contemplando um sushi por longos intervalos... O que acontece?

A massa perde parte de seu encanto, pode até passar do ponto. O risoto, tende a ficar empedrado. A carne? Se a gordura esfria, encontramos uma outra textura, e um outro sabor (bem menos agradáveis, garanto). Certo, aí alguém dirá que só falei de pratos quentíssimos. Não, tem o sushi: quando ele sai da mão do sushiman, já deve ser apanhado e abocanhado. Sob o risco de desmontar e perder o viço. Já aquela sopa fumegante, você pode, claro, sorver pelas beiradas, aos poucos.

Não estou falando que se deva engolir a comida (os macrobióticos, presumo, devem estar horrorizados com este texto), pelo contrário. Mas comer lentamente não significa, do ponto de vista gastronômico, saber comer melhor. É preciso não ter uma velocidade única para tudo.

Uma refeição exige ritmo. Tanto para quem serve, como para quem está diante do prato.

O perigo não está nos extremos

Publicado em 1/8/2011 no blog Eu Só Queria Jantar, no Estadao.com

Pior do que bidus e adivinhões, só mesmo aqueles que se metem a trombetear diante de alguma previsão supostamente acertada, ao melhor estilo: "eu bem que avisei". Peço perdão, portanto, se este longo artigo for interpretado assim. Mas eu, particularmente, não tenho como entrar – mais uma vez – no debate sobre os preços dos restaurantes sem recorrer ao meu próprio arquivo.

Pesquiso aqui no blog e localizo vários textos sobre o tema, especialmente relacionados a São Paulo. Percebo que o auge das postagens (e das discussões, boas por sinal) remete a 2009 e 2010. O cenário nacional era de otimismo, com economia aquecida, apesar da crise no exterior. Porém, e talvez por esse motivo, eu defendia que os preços que pagávamos andavam irreais. Estávamos mais caros do que NY, Paris, Barcelona. Ofertas e demandas à parte, havia alguma coisa errada. Mas, se os salões estavam cheios, seria até antinatural baixar as cifras. Já que o público topava pagar...

Numa certa hora, parei de falar em caro ou em barato. De tratar de números – pois estes sempre poderiam ser contestados. Não era meu papel entrar em guerra de planilhas. Passei, então, a discorrer sobre valor, que é outra coisa: tem a ver com o retorno que recebemos por aquilo que pagamos. E, desde 2011, tenho adotado o já conhecido "Vale?" no encerramento de minhas resenhas. E, posso afirmar: pouca coisa tem realmente valido.

Agora, há uma crise se estabelecendo. A inflação é perceptível e afeta todo mundo, consumidor ou empresário. Famílias revisam seus orçamentos, o que é inevitável. A considerar por estatísticas do setor, a contar por apurações pessoais, o panorama é muito preocupante. Nas últimas semanas – já comentei no blog – tenho visto salões muito mais vazios do que o normal. E arriscaria afirmar que não tem a ver com as férias de julho. Os comensais se queixam dos preços, dos serviços. Os restauradores, do baixo movimento, dos custos. É aquele momento da festa em que todos se perguntam: afinal, quem está se divertindo?

Creio que o impacto parece ainda maior porque complicamos – assim, na primeira pessoa do plural – demais o ato de ir a um restaurante. Vamos ver se me explico. Na crise europeia, ainda que a alta gastronomia tenha passado maus bocados (e sobrevivido graças aos turistas dos Brics), a população não parou de fazer refeições fora. Continuou indo a lugares simples, ao bar à vin da rua, à tasca vizinha, onde o foco era só a comida. Aqui, o programa gastronômico – que também é visto como passeio, como lazer – ficou tão cheio de aparatos e rapapés que deixou de ser natural. Com o risco de se tornar meramente supérfluo.

Quando menciono complicações, me concentro especialmente na chamada média restauração. Pois os estabelecimentos populares cumprem a sua função, servindo pratos sem pretensões. As casas de luxo também seguem trilha própria e o jogo é às claras: são caríssimas e para poucos. Mas é a faixa média que concentra a maior parte do movimento "visível" dos restaurantes. E é também onde se encontram as maiores armadilhas para o cliente. Se eu vou ao Fasano e ao D.O.M., sei que preciso preparar o bolso. Se eu vou a um novo bistrô ou trattoria (na acepção paulistana dos termos), já não sei o que me espera.

Estou falando de lugares que, em sua maioria, trabalham com cardápios de domínio público, que apostam pouco em ingrediente e em pesquisa. Que replicam um subproduto do clássico. Que investem mais na ambientação do que na cozinha. Que vendem repastos fuleiros como coisa chique. Não tenho nada contra belos salões, boas louças e coisas do tipo. Pelo contrário. Bastava que todo esse fausto fosse aplicado no momento certo, não em tudo que é hambúrguer, sushi ou lasanha. Modismos, *hypes*, badalações, isso tudo sempre existiu e existirá. É parte do contexto. O duro é quando esse jeito torto de trabalhar começa a contaminar todo o sistema. Isso nasce de um posicionamento equivocado dos empreendedores. Mas com importante parcela de culpa da clientela (e da crítica/imprensa especializada).

Pensemos o seguinte. O mesmo comensal que, em Paris, fica feliz em ir a um bistrô de mesa apertada, copos de vidro, com apenas um atendente, aqui exige manobrista, taças de cristal, sommelier. Tudo isso vira custo. E então, um prato da culinária bistrotière, um mero frango assado, que poderia ser vendido por R$ 30, acaba custando R$ 60. Culminando, desta forma, naquelas contas de R$ 200 por cabeça que não conseguimos mais entender. Como um *kit* de entrada, prato e sobremesa, num local mediano, gastronomicamente inexpressivo, pode custar tanto?

Já escrevi, uma vez, que tínhamos inventado uma espécie de "italiano jabuticaba", que só havia aqui. Um estabelecimento com preço de ristorante, cardápio de trattoria e comida de cantina. Por que é tão difícil que um bistrô seja simples e barato como deve ser? Que uma tasca seja boa e farta como deve ser? Por que os conceitos se embaralham e nos conduzem a um mesmo lugar, onde tudo é o médio com preço alto? Por que todos, no fim, acabam ficando tão parecidos, tão sem identidade?

Nos últimos anos, temos visto grandes grupos investindo pesado em restaurantes. Projetos milionários, que só podiam dar retorno ou com enorme escala de vendas, ou com margens muito altas. Uma estratégia que, a meu ver, acabou passando uma mensagem distorcida para o mercado. E aí, dá-lhe confit de pato a R$ 80, dá-lhe risoto de R$ 70. Só para esclarecer, é óbvio que não estou colocando a culpa só nesse perfil de empreendedor, eles são apenas parte do conjunto. Vejo com muito bons olhos o ânimo dos capitalistas e sei que, a rigor, restaurante é negócio. Mas também quero crer, algo romanticamente, que gastronomia exige um quê de paixão. Não é banco nem corretora de valores.

Por outro lado, não resisto a apelar a uma expressão que virou clichê: seria a crise a oportunidade de um freio de arrumação? De reestabelecer um certo equilíbrio no mercado?

Suponhamos uma pirâmide da restauração, uma estrutura que representasse os hábitos da classe média. Num panorama mais saudável, teríamos os restaurantes mais simples para o dia a dia, na base. Iríamos, quem sabe, aos étnicos e a lugares mais modernos para provar coisas diferentes. Recorreríamos a restaurantes mais bem montados em ocasiões especiais. E deixaríamos o luxo (no topo) para os momentos de celebração. Num cenário mais avançado ainda, a comida de rua seria outra alternativa, aumentando a concorrência, distendendo preços, dando à hipotética pirâmide um necessário alicerce popular. O desenho atual, sabemos, é desbalanceado.

Conheço gente que vai aos restaurantes mais caros da cidade várias vezes ao mês, alguns várias vezes na semana. Ainda que cada um deva fazer o que quiser, eu acho que está errado. Assim como eu acho errado querer comer só trufas, só foie gras. É a vulgarização da iguaria, é o desrespeito com algo que deveria ser mais reverenciado. É também a isso que eu me refiro, quando digo que nossa pirâmide da restauração é capenga.

Acho que os empreendedores têm muito trabalho pela frente. Estão com um senhor pepino para descascar. A começar por trazer de volta o *habitué* ressabiado, em contenção de despesas (e com medo dos assaltos e arrastões, que continuam a acontecer). Falar em baixar os preços e reduzir custos seria o óbvio – mas não é simples. Especialmente para quem tem que arcar todo mês com aluguéis nos Jardins e nos shoppings, taxas de cartão de crédito e um rosário de impostos. Outra coisa importante: formar e treinar mão de obra, para não precisar de dez funcionários para fazer o serviço que caberia a cinco (sim, a produtividade é baixa). Aumentar a base de frequentadores também seria fundamental. Até vou abrir um parágrafo só para isso.

Fazendo uma analogia com o mercado do vinho, sempre tive a impressão de que os acenos do mercado foram muito mais no sentido de manter um clube fechado, do exclusivismo, do que da sedução de um público maior e mais pluralista (e nem estou me referindo à nova classe média). A média de consumo nacional *per capita*, por exemplo, quase não evolui. E por quê? Tem um lado cultural, de hábito, que certamente conta para a estagnação. Mas eu acho que falta o envolvimento maior de muitos importadores e revendedores (que, eu sei, sofrem com impostos e burocracias). Também vejo uma postura semelhante no universo dos restaurantes. Parece que a base de consumidores se expande muito pouco. Restaurant Week? Poderia ser uma chance. Mas, do jeito que se faz aqui (com honrosas exceções), parece não surtir o efeito de porta de entrada para o novo cliente.

Vejo ainda o surgimento de uma subcultura local, de bairro, que pode também trazer alguns componentes novos para esse caldeirão de fatores. Cada vez mais, observo empreendedores abominando os custos de trabalhar nos eixos mais badalados, fugindo de aluguéis absurdos (no Itaim, um ponto sem nada de especial pode sair facilmente por R$ 20 mil ou R$ 30 mil/mês). E apostando num novo tipo de comportamento: com lei seca, assaltos, trânsito, muita gente vem optando por comer perto de casa, em vez de cruzar a cidade.

Mas isso tudo está mais para análise conjuntural do que para gastronomia. Quase encerrando este imenso arrazoado, vamos lembrar que estamos num país livre. E que os restauradores têm o direito de cobrar o preço que quiserem, do mesmo modo que o público pode ir (ou não) aos restaurantes que quiser. Se as pessoas pudessem ser mais zelosas da relação preço/qualidade, isso já teria um efeito muito benéfico. Do jeito que está, vai ter muita gente se afastando dos salões, o que seria péssimo.

E eu? No fundo, eu só queria jantar. E encontrar a essência dessa história toda: comer bem, pelo preço justo, seja um prato trivial, seja um menu gastronômico. É preciso deixar claro que não defendo o baratinho, pura e simplesmente. Pagar R$ 15 e comer mal é sempre mau negócio.

O que temos de transformar é esse nosso cotidiano de refeições cronicamente insatisfatórias. E valorizar mais a cozinha (seja ela popular, clássica ou inventiva) do que aquilo que é meramente acessório. Eu queria apenas que, a cada ponto final que coloco em minhas colunas semanais, respondendo ao "Vale?", eu pudesse escrever com muito mais frequência e convicção: "Sim, vale!".

Refazer

Publicado em 10/2/2011 no blog Eu Só Queria Jantar, no Estadão.com

"Você faz as coisas como se nunca fosse morrer? Ou como se fosse morrer a todo instante?".

Se não me engano, li este questionamento em *Zorba, o Grego* (faz muito tempo). Era alguma das histórias narradas pelo personagem-título – entre um e outro naco de queijo de ovelha e solos de *santouri* –, com aqueles embates e diferenças que surgiam a todo instante entre ele e seu patrão. É interessante pensar a respeito, ainda que as duas proposições caminhem numa mesma direção. A mensagem? Na dúvida, faça o que deve ser feito, e pronto.

Lembrei disso porque, às vezes, acho que me posiciono diante de uma refeição como se ela fosse a última. E às vezes acho que me lanço como se eu tivesse décadas e décadas de almoços e jantares pela frente. Não sei e não saberei qual é a alternativa certa – até porque tanto pode ser isso, como pode ser aquilo, como pode ser uma outra coisa. É mais um jogo de ideias e sensações do que algo realmente importante. É mais estética do que ética.

Porém, independentemente de fatalismos ou de delírios de eternidade, acho que me coloco diante de cada novo prato como se aquela pudesse ser uma refeição redentora. A melhor, a mais reveladora, aquela que me acenderá as luzes definitivas. Seria só um resquício do pecado original, uma nostalgia do paraíso perdido?

No fundo, sei que sou movido por uma eterna e utópica busca pelo bom, pelo belo, pelo justo. E isso não significa que minha fome seja linear, ou melhor, retilínea. Há o momento de comer o trivial, há a hora do luxo, há o clássico, e a vanguarda. E é preciso estar atento para, como já escrevi antes, não ficar desejando que macieira dê laranja. É fundamental entender a proposta e julgar o resultado. Ajustar o foco entre desejo e realidade.

Cabe aqui uma ponderação. Do que jeito que estou falando (digo, escrevendo), parece que o ato de comer é um drama, é uma ópera, que "há uma gota de sangue em cada refeição", com o perdão de Mário de Andrade. Não é isso. O processo é mais estimulante do que opressivo.

Foi preciso, então, ir à raiz latina da palavra para chegar ao fecho desta ideia (e deste post). E pensar sobre algo óbvio, que estava ali na mesa, quase como um *sous-plat*: a cada refeição, eu (me) refaço. Não é este um dos espíritos da coisa?

Assim, não é ótimo ter a sensação de que poderemos sempre refazer alguma coisa? Uma nova chance. Um novo prato. Uma nova vida. O que não significa que as expectativas serão atendidas, que a fome seja aplacada. Mas é a possibilidade de ir em frente. Isso me condena ao inatingível ou simplesmente me lega o privilégio de renovar as esperanças cada vez que eu me acomodo numa mesa (ou num balcão)?

Tanto faz. Não comi bem hoje? Quem sabe amanhã.

Pois *refectio* é reparo, é restauro, é refação. Ou, se preferirem, é só comida.

A lição de anatomia do Dr. Bassi

Publicado em 31/3/2013 no blog Eu Só Queria Jantar, no Estadao.com

Hoje, domingo de Páscoa, o Templo da Carne (R. 13 de Maio, 668, São Paulo, 3251-1488) abre normalmente. O que, presumo, seria perfeitamente coerente com a vontade de seu fundador, Marcos Guardabassi, que morreu há uma semana. Trabalhador incansável, Bassi deixou uma marca no panorama paulistano que vai além de brasas e bifes.

Marcos Bassi tinha o diagrama da anatomia bovina na cabeça. Mais ainda, acho que ele via cortes em 3D, quem sabe em hologramas. Sabia o que havia de churrasqueável numa boa carcaça vértebra por vértebra, fibra por fibra. Não estivesse satisfeito com as fronteiras estabelecidas pelos frigoríficos, ele enxergava o que ninguém havia visto e simplesmente redefinia limites. Assim nasceram o bombom de alcatra e o bife de açougueiro, por exemplo.

A lida com a carne no balcão do açougue e nas câmaras frias, desde garoto, é indissociável da figura de grande assador que aprendemos a conhecer nas últimas décadas. Bassi, por esse ponto de vista, já era moderno havia muito tempo – dominava a cadeia e conhecia a fundo o produto que servia. Se hoje, por aqui, é possível comer grelhados de primeira linha, ele é um dos responsáveis. Ajudou a consolidar uma *expertise* não apenas dentro do restaurante, mas nas próprias casas das famílias. Para ele, churrasco era "estado de espírito".

Houve uma fase em que, a meu ver, ele dava a impressão de que seria ultrapassado. Questões com a marca que havia ajudado a criar, um momento não muito feliz em sua casa-mãe, na R. 13 de Maio... Parecia inevitável sucumbir à força de Rubaiyat, Varanda e outros. Mas foi só uma pausa para reacender o fogo: em 2006, ele reinaugurou como Templo da Carne e voltou ao topo.

Bassi era a solidez, num cenário dado à volubilidade. Era erudito na matéria-prima, científico na técnica. Mas popular na hora de servir – e de expressar a paixão pelo churrasco.

Porca fartura 2
Publicado em 20/5/2013 no blog Eu Só Queria Jantar, no Estadao.com

Já usei o título acima em outra ocasião, eu sei. Mas achei que valia recuperá-lo para falar da Virada Cultural, mais especificamente dos chefs, quituteiros e afins que se reuniram na Av. São Luís no fim de semana. Em relação ao evento do ano passado, houve muitos avanços – de infra, de agilidade, de fluência de serviço. E, de um jeito ou de outro, creio que tanto o público como os empreendedores saíram bem mais satisfeitos. Pelo que pude ver (e apurar, mais tarde), as vendas foram significativas, com destaque para os estandes sempre concorridos de cozinheiros como Raphael Despirite, Lourdes Hernandez, Janaína Rueda, entre outros.

Mas voltemos ao título. Foi impressionante ver a performance do chef Jefferson Rueda e sua quase orgia da carne suína. Porções e mais porções de seu porco à paraguaia eram servidas incessantemente, com presteza, por uma equipe que parecia muito bem treinada para a missão. O prato (R$ 15), com deliciosos nacos de carne, tutu, pururuca, caiu muito bem no domingo de temperatura amena. E, imagino aqui comigo, que tremendo sucesso a receita não faria num esquema de *food truck*. Como palmeirense, numa fase que tem sido de lascar, me senti indiretamente reconfortado com o tratamento digno dado à porcada.

Sobre a comida de rua, creio que estamos chegando a um momento de mudanças. Há chefs mobilizados para tanto (e grupos de trabalho já articulados, como O Mercado e o Chefs na Rua). Há profissionais (que não necessariamente chefs) muito empenhados em abraçar essa oportunidade de negócio. Há público altamente interessado. Há um aceno das autoridades municipais, seja na esfera executiva, seja com o projeto do vereador Andrea Matarazzo, que regulamenta atividade.

Seria um avanço e tanto para cidade. Não apenas como alternativa alimentar e como estímulo a novos negócios. Faria bem à gastronomia. Os restaurantes teriam mais concorrência, haveria uma distensão no mercado. E a pirâmide da restauração, digamos, ficaria muito mais consistente: não há cenário relevante que não comece por uma boa base popular. Enfim, veríamos os benefícios no bolso do consumidor, no apetite geral, na movimentação da economia.

Tomando a porca fartura de Jefferson Rueda como um símbolo (de um trabalho que, eu sei, envolve aspirações e esforços de muita gente), espero que ela seja um marco – vamos torcer – de uma nova fase.

Belezas, persistências, memórias

Publicado em 2/2/2014, no blog Eu Só Queria Jantar, no Estadao.com

Não me lembro, nos últimos anos, de ter visto um filme com a capacidade de persistência na memória – vamos chamar assim – de *A Grande Beleza*. São lampejos, faíscas, que sugerem quase uma confusão dos sentidos. Sabem certos sabores que, de repente, reaparecem, meio que do nada? Eu sinto isso, de vez quando – falando, agora, sobre paladar, ou de uma espécie de alucinação gustativa. As amêijoas na chapa, só com sal e azeite, no Rafa's, em Rosas, na Costa Brava. O caldo dashi "recém-passado", em Kyoto. Ou, bem mais remotamente, o frango e o lombo que grudavam na assadeira da minha avó (eu gostava de raspar a fôrma depois do almoço). Mas o fato é que o filme me vem à cabeça, toda hora. Dormindo, ou andando pela rua, ou fechando os olhos no farol vermelho para descansar por um segundo da luminosidade do sol. Cenas, planos, instantes. Os jardins, as pontes do Tevere, a vista sensacional do apartamento do protagonista, aquelas festas repletas de figuraças. O que não significa que seja um dos meus longas preferidos, pois nem é. Eu gostei muito, é verdade. Porém, o que me intriga, mesmo, é a tal da persistência.

Não conheço Roma tão bem mas, por um momento, achei que a referida vista da casa de Jep Gambardella nem existia. Fazia parte da cidade real *mezzo* irreal proposta pelo diretor. Não me lembrava de nenhum prédio com aquela paisagem do Coliseu. Contudo, o amigo Gerardo Landulfo, que conhece a Itália como poucos, me contou que o tal *palazzo* existe – embora não seja tão na boca assim do mais famoso monumento romano, como o filme dá a entender. Minha maior restrição à *Grande Beleza*, por outro lado, é com sua duração (Luis Fernando Verissimo, a propósito, também comentou sobre esse aspecto, apesar de ter adorado). Minto, não é nem a duração. Creio que não tem apenas a ver com o fato de estarmos viciados em filmes de duas horas, canções de quatro minutos, posts com poucos caracteres. Acho que é um problema de curva dramática, como se diz em ópera. A coisa avança, avança, parece que vai se resolver... mas não se conclui. Aí, surge outra situação, tudo leva a crer que é derradeira... mas não. E então outro momento, mais um ápice... e o conflito não se fecha. Chega uma hora em que começamos a torcer, "acaba, pelo amor de Deus".

Será que os cineastas andam se levando a sério demais? *A Grande Beleza*, na soma total, tem, para mim (vou chutar), pelo menos 20 minutos de gordura, fácil, fácil. *Azul É a Cor Mais Quente*, outro bom filme, com interpretações de primeiríssima, também podia ter meia hora a menos. *Ninfomaníaca*, então, é tão extenso que precisou ser dividido. E aí eu me lembro de livros como *O Gênio do Sistema*, um relato sobre a idade de ouro dos "superprodutores" de Hollywood, como David O. Selznick: de tão poderosos, eles não apenas determinavam o negócio do cinema, mas influíam na estética, no produto final. Mandavam cortar, esticar, trocar... até porque entendiam do assunto. Não sei, assim sendo, se andam faltando Selznicks para cortar as barrigas e acertar as curvas dramáticas que os diretores andam deixando passar. Só para ficar claro: não estou defendendo a mera submissão da sensibilidade do criador à tesoura de algum departamento burocrático. Estou afirmando o valor de um olhar externo. De alguém que possa funcionar como um interlocutor/interventor do artista, com talento e acuidade para extrair o melhor da obra – seja ela de que tipo for. Não fosse a caneta de Ezra Pound, riscando, enxugando, propondo, T.S. Eliot talvez não conseguisse fazer de *The Waste Land* um dos maiores (o maior?) poemas do século 20. E isso vale para todos os âmbitos. Cozinheiros. Jornalistas. Um editor arguto, por exemplo (Ilan Kow foi o melhor com quem trabalhei), tiraria 30% do blablablá deste texto. Aliás, gosto do jeito como o genial Murilo Felisberto definia a função: editar é a arte de jogar fora.

Saber terminar as coisas (e este texto já está ficando pançudo e deformando a curva), portanto, é realmente uma virtude e tanto. Voltando a falar de comida, que é o assunto do blog, não foram poucas as vezes em que me deparei com menus-confiança que pareciam intermináveis. Conceber uma boa degustação tem a ver, como sabemos, com senso de harmonia; com dosagem de tempos e pesos; com porcionamento; com talento para balancear o piano e o fortíssimo; com capacidade de surpreender. Se um menu pode contar uma história em quatro ou seis tempos, por que fazer tudo em quinze etapas?

Na última temporada do El Bulli, eu encarei uma sequência de 51 itens (platillos, snacks, coisas, nem sei como chamá-las) e, digo honestamente, valeu todo o esforço, o programa foi sensacional. Por outro lado, já passei por situações em que um encadeamento de oito pratos parecia uma barreira intransponível. Vai entender... As experiências superiores, quero crer, são as que se perpetuam. Mesmo que com a volatilidade de um *flash*, elas darão um jeito de permanecer na memória e, volta e meia, cutucar nossa consciência.

Vai!

Publicado em 10/9/2014, no blog Eu Só Queria Jantar, no Estadão.com

A piscina estava à minha frente. Com um passo a mais, eu já cairia na água. Não sabia qual seria a profundidade naquela borda, mas isso também já não importava. Eu só não queria tirar zero em educação física – no fim, tirei – e não sabia se temia mais a severidade do professor ou os apupos dos colegas de sala, que rodeavam a piscina. Eu tinha dez anos, havia acabado de mudar da Casa Pia para o Colégio Claretiano. Seria minha primeira prova de natação, sendo que eu mal sabia boiar. Tentei até explicar a minha situação, que talvez fosse melhor eu não participar, mas não teve jeito. "Então, fica sem nota", ameaçou o professor. Os alunos formavam fila, cada grupo numa raia, mergulhavam e nadavam até a outra extremidade. Era a minha vez. Até que foi dado o comando: "Prepara... Vai!".

E eu fui, sem entender direito para onde ia, tentando canhestramente imitar o que os outros faziam. Lembro-me da água entrando pela boca, do choque térmico, do impacto no fundo, queixo, dentes, nariz, do gosto de sangue. Sim, a profundidade: era raso, coisa de um metro, menos até. Enquanto os outros nadavam para frente, eu emergia e boiava como um tronco, depois de ter dado de cara no chão. Tentava gritar por socorro, não conseguia, estava grogue. Só saía um balbucio, um urro abafado. Até que alguém da minha classe (não o professor), também dentro da piscina, percebeu que alguma coisa não estava bem e chamou a atenção do grupo. Fui resgatado, recobrei a consciência. Cortei o queixo, lasquei o dente. Constatar que toda a classe estava à minha volta, alguns com incontidas risadinhas, foi tão ruim quanto o quase afogamento.

Levei zero na prova, o que relatei ao chegar em casa, me sentindo mais culpado pelo fracasso geral do que indignado pela insensatez do professor. Mas minha mãe ficou louca da vida e foi à escola reclamar. Como podiam ter aplicado um exame de natação a uma criança que nunca nadou? No fim, consegui o direito de fazer uma outra prova, em terra firme. E, nos anos seguintes, aprendi direito: *crawl*, costas, peito etc. Demorou para que eu pegasse o jeito, acertasse a técnica, foi difícil, por conta de medos difusos e inaptidões motoras variadas. Uma hora, deu certo.

Ainda hoje, quando roço a língua no incisivo, lembro da sensação do dente lascado. E, muito de vez em quando, me surge um *flash* daquele momento. No entanto, eu tenho pensado no episódio com mais frequência quando vou a certos restaurantes. Em especial, na hora de ser servido, diante da desorientação dos atendentes. Tenho a impressão de que arregimentaram pessoas que nunca lidaram com comida, com público, com cardápios e comandas, simplesmente empurraram para dentro do salão e gritaram: "Vai!".

Em alguns casos, os funcionários são tão crus, tão desinformados sobre suas atribuições mínimas, que a refeição se torna inviável. Mais do que irritação (e eu me irrito, é incontrolável), sinto pena. Nos momentos notadamente mais graves, acabo até ajudando, ou ao menos tentando dar uma pista do que o suposto garçom precisaria fazer, mas tudo tem limite. Na função de crítico, tal qual o Super-Homem, eu não posso interferir no curso da história. Só interfiro depois, quando escrevo a respeito e conto para os leitores. Mas a questão permanece: quem foi o professor que jogou esses caras na piscina?

Imaginem a cena. Um restaurante bem montado nos Jardins, com pretensões de servir culinária francesa em ambiente de clube noturno. Pedi ao rapaz, um tanto assustado, desses que sorriem mais em busca de clemência do que como manifestação de simpatia, um mero steak tartare. Ele fez cara de espanto. Não tinha compreendido.

– Este aqui – e apontei no cardápio.

Ele olhou, leu com os lábios o nome do prato, que estava incluído na seção de 'carnes' do menu. E me perguntou:

– E qual é o ponto do seu steak tartare?

Eu dei o benefício da dúvida e reconferi a carta. Seria um tartare na chapa, uma variante *aller-retour*, como o chef Erick Jacquin costumava preparar? Não era.

Expliquei ao garçom do que se tratava.

– Ah... entendi.

O steak tartare? Não era dos piores, nem tampouco brilhante. Mas o atendimento foi mais memorável do que a comida.

Tenho ainda uma espécie de ímã para garçons totalmente estreantes: com razoável frequência me deparo com a síndrome do "estou começando hoje". Em momentos mais otimistas e menos paranoicos, me imagino sendo mera testemunha de, vamos lá, um forte aquecimento da economia no setor, com infinitas vagas sendo abertas. Em horas mais realistas, me convenço de que estou apenas diante de uma avassaladora rotatividade de mão de obra. Mas voltemos ao iniciante absoluto. O aspirante a garçom não foi apresentado aos pratos, não recebeu a sugestão do dia, traz apenas um ou dois cardápios à mesa (mesmo quando há quatro comensais). Ele ganha muito pouco, e até por isso seus patrões não esperam muito dele. Os mais espertos, a cada solicitação ou questionamento, no mínimo recorrem a um colega mais experiente. Os menos, nem isso, ficam patinando, quando não paralisam. E eu retomo meu mantra: quem jogou esses jovens na piscina?

Mudando de locação: agora, um restaurante mediano, com uma estrutura razoável, preços normais. E o garçom, de um jeito atrapalhado, ia trazendo os pedidos para nós. Sem muito padrão, confuso nos gestos e nos deslocamentos, mas com uma repetição de procedimento em particular que passou a nos incomodar: servia as mulheres por último. Não era só isso. Por duas vezes, ele me deu água com gás, sendo que eu tomo sem gás – minha mulher prefere a gaseificada. Por quê? Não por mero engano. Segundo ele, geralmente era o homem que preferia água com gás. E o jantar prosseguia.

Depois de vê-lo servir sem nenhum método, por diversas vezes, não me contive:

– Posso dar um toque para você?

– Sim, senhor.

– Comece pelas mulheres. Como é a prática num serviço profissional. Aí facilita a ordem.

– Ah, é – ele sorriu. Parecia mesmo ter ouvido uma grande revelação.

Vamos dar um desconto. Algumas pessoas têm mais pendor para certas atividades; outras, se saem melhor em trabalhos diferentes. Existe a vontade individual de aprender e se aprimorar. Existem limites pessoais, portanto. E o patrão não consegue ser onisciente e onipresente para controlar o acaso, conter os deslizes. Voltando ao profissional que mencionei logo acima: eu não acredito, por outro lado, que o dono ou o gerente tenham transmitido as noções mínimas de serviço para seu empregado. Dar orientações sobre como falar, ouvir, encaminhar um pedido, dar uma informação, tudo isso exige paciência e investimento de tempo. A vida é corrida, os recursos são escassos. Mas será que perguntaram para o rapaz se ele sabia nadar?

Há episódios que caem quase simplesmente no pitoresco. Como o dia em que almocei num restaurante pequeno, de bairro. Faz muito tempo. Com o bloco de comandas na mão, erguido quase à frente do rosto, como um escudo, ela me disse que a opção fora do cardápio era "a linguada" com alcaparras. Assim mesmo, com 'a'.

– E o peixe, está bom?

– Diz que tá – ela deu de ombros.

– Então, eu vou querer.

– Vai? – Ela fez uma careta, torcendo a boca e o nariz.

– Por quê? Você não falou que está bom?

– É que eu não sou de peixe, não – ela respondeu.

Fiquei matutando alguns minutos sobre o jeito como a sugestão foi anunciada. E me diverti fantasiando que, junto com o prato, talvez eu recebesse uma lambida – que, no fim, não se confirmou, era linguado, mesmo. Imaginei, contudo, quantas pessoas não devem ter desistido da sugestão do dia por conta da estratégia de venda da garçonete. Bom, este me parece um exemplo extremo, beirando o folclórico. Porém, eu sei que são raros os estabelecimentos que incentivam uma boa conexão entre cozinha e salão. Que fazem os garçons experimentar os itens do menu, essencialmente como preparação para o trabalho. Estou pedindo muito? Então, retorno ao básico e repiso o óbvio: um serviço que, uma vez na piscina, saiba se movimentar na água, com destreza mínima, melhora a refeição do cliente, ganha melhor, zela melhor pelo faturamento e pela reputação do restaurante.

Pouquíssimos nadam realmente bem (e o verbo, no jargão da restauração, tem outros sentidos). Vários arranham o *crawl* e o costas; outros tantos se viram no estilo cachorrinho; muitos se debatem e até flutuam, na intuição, por instinto de sobrevivência; e inúmeros, se bobearem, apenas se afogam. Porque, antes mergulhar, deveriam aprender o elementar.

E eu continuo vendo esse vasto contingente formando fila na beira da piscina, perplexo, enquanto outros inconsequentes, alheios a todos os riscos, simplesmente gritam: "Vai!".

Mais frescor, menos frescura
Publicado em 10/8/2014, no blog Eu Só Queria Jantar, no Estadao.com

O mercado ainda está se desenvolvendo. Tudo é meio novo, ou quase isso, e, dos dois lados do balcão, está todo mundo ainda tateando. Mas acho que alguns estabelecimentos/atendentes andam exagerando nos rapapés com cervejas e pães artesanais.

É um comportamento que, em seus momentos mais extremos, me lembra os primeiros anos do vinho-comprado-na-importadora. Um cacoete que ganhou corpo naquela fase que sucedeu a abertura do mercado, no governo Collor; teve seu ápice na virada do século; e, ainda que tenha melhorado, ainda pipoca por aí. Nomeando o bicho, estou falando do esnobismo no atendimento. Do jeito afetado de tratar o consumidor. Para quem vê de fora (seria bom se as pessoas pudessem se filmar, para assistir ao que há de cômico em sua conduta), é quase ingênuo, uma tolice. Para quem está ali no meio, no fogo cruzado, é simplesmente chato.

Cerveja e pão artesanais andam em alta, sabemos. Há um certo deslumbramento na lida com esses produtos, imagino que vá passar. Não raro, os atendentes oscilam entre a linguagem hermética do técnico e a postura empertigada do "consultor" de loja de luxo. (Eu sei, eu sei; estou traçando uma caricatura, e é de propósito).

A lógica, ou uma delas, muito discutível, seria a seguinte. "Estamos lidando com produtos finos, que não são para qualquer um. Se o cliente precisa perguntar demais, é porque não é da turma". Mudando de ângulo: "Se o vendedor se comporta desse jeito, é porque esses produtos são muito sofisticados, talvez não sejam para mim". Não acredito que alguém ganhe alguma coisa com isso.

Eu tenho consciência de quão complicado é acertar o ponto, o tom, especialmente quando existe necessidade de se fazer a tal "formação de público". Isso pode até ser estendido para outros setores, outras atividades. Até para a relação entre quem escreve e quem lê. Assim: como informar sem banalizar, e sem se tornar obscuro? E, por outro lado, como fazer para não subestimar o interlocutor?

Voltemos ao varejo. Ao travar o primeiro contato com o cliente, é difícil saber se ele é um iniciante total ou se já é versado no assunto. Uma abordagem possível? Seja para lá, ou para cá, nada impede que a primeira aproximação seja cordial e desenvolvida sem jargões nem tecnicismos.

Vocês devem saber do que eu estou falando. Já perdi a conta de quantas vezes entrei em lojas de cervejas especiais e, ao ser atendido pelo rapaz de barba hirsuta e óculos graúdos – como usavam uns moleques que estudaram comigo nos anos 1970, com o perdão de mais uma caricatura –, me vi cercado por um discurso cheio de hiperlupulados, dimetis-sulfetos, dulçores multifacetados, partículas em suspensão... Fora as siglas enigmáticas... O que fazer? Talvez ouvir, pedir uma tradução, tentar explicar do que você gosta. Peguei uma cena divertida, recentemente. Um casal queria uma cerveja para uma refeição à base de petiscos, era a fase final da Copa. O vendedor fez várias elucubrações, citou muitas possibilidades. O casal permanecia em dúvida. Até que ele pegou uma garrafa (que, por sua vez, estava numa caixa) da prateleira e mostrou: "Ó só", apontando para uma foto. Os consumidores observaram a caixa, que trazia a imagem de um homem. Eles se entreolharam, deram de ombros e perguntaram, para decepção do funcionário: "Quem é?". Era o Ferran Adrià (que assina uma edição limitada da Estrella). Ninguém se entendeu muito bem, enfim. Marido e mulher desejavam uma cervejinha diferente; ganharam uma aula, que nem compreendida foi.

Sobre o pão, o estilo não é o do *hipster* ultra-especialista. Mas é o do atendente mais para implicante. Numa padaria de rede internacional, presenciei o seguinte diálogo, num fim de tarde. A moça queria saber a que horas tinha saído a fornada. O rapaz disse que os pães ficaram prontos de manhã. A consumidora perguntou se havia alguma coisa mais recente. O jovem, então, virando os olhos para o alto, soltando um meio suspiro, meio muxoxo, falou assim: "Isso não importa, pois são todos pães de fermentação natural, que duram muito mais". A visitante ficou meio ressabiada, passando as vistas pelos filões assentados nas prateleiras. Enquanto isso, o vendedor, insofrido, virou-se e foi fazer outra coisa. Pela demonstração de impaciência, talvez tenha perdido a cliente. E, tirante seu próprio pedantismo, ele certamente foi mal treinado por gerentes e proprietários.

Acredito mesmo que seja uma fase. Depois, sei que as pessoas ficam mais traquejadas, informadas, e passam a encarar esse universo com mais naturalidade. Pois uma hora, se esses negócios realmente quiserem prosperar, terão de se comunicar para além do gueto (o contexto é mais amplo, envolve imprensa, escolas etc.; mas, por ora, me atenho ao universo das vendas). E ter tolerância para servir um público mais amplo que o da patota de iniciados.

Acho legítimo que esses profissionais defendam com orgulho e entusiasmo a singularidade de seus produtos. Afinal, eles estão lidando com artigos feitos com uma qualidade que não é a do padrão industrial. A escala é menor, o preço é maior, tudo isso carece de uma defesa, quem sabe até de um quase proselitismo. Mas, sinceramente, afetação a gente dispensa. Pois, afinal de contas... trata-se de pão; trata-se de cerveja. Não vamos confundir complexidade com complicação, nem frescor com frescura. Um pouquinho menos, por favor.

O estômago não se engana

Publicado em 18/11/2014 no blog Eu Só Queria Jantar, no Estadao.com

Os antigos gastrônomos entendiam de tudo que se relacionava à comida, na teoria e na prática. Eram capazes, ao menos em tese, de versar sobre pratos, bebidas, etiqueta, louças, mesas. E até sobre aspectos digestivos dos alimentos. Lembremos que o termo gastronomia, recorrendo à origem grega, diz respeito às "leis do estômago".

Em textos escritos há alguns anos, aqui no blog, eu mesmo já comentei sobre como o bom processamento da comida, por assim dizer, era algo a ser levado em conta. Talvez não numa resenha – a menos que este aspecto adquira notória importância. Mas na busca de uma compreensão mais plena do repasto. Creio que pensar *a posteriori* numa refeição pode possibilitar não só um reflexão sobre a experiência, mas também um exame sobre como condimentos, pesos e outras variáveis nos afetam.

Mas vou poupar vocês de relatos sobre a minha digestão. Não é matéria de interesse público (embora, no caso das celebridades e das publicações que as perseguem, quem sabe o tema tenha potencial de manchete). Até porque não costumo passar por grandes problemas, felizmente – uma bênção, no caso de quem precisa comer fora o tempo todo. Também posso me considerar um sujeito de sorte no que diz respeito a intoxicações e afins. Em quase onze anos na função, tive dois problemas graves. E em restaurantes, vejam só, daqueles meio obscuros, e que duraram muito pouco tempo.

Não bastasse a genética meio rústica – vamos colocar assim – e a boa resistência, o tempo vai ensinando a gente a fugir de comida estragada. O centroavante experiente não aprende a intuir de longe quando o defensor vem na maldade, para machucar? É mais ou menos parecido: farejo o perigo logo que os primeiros aromas do prato chegam às minhas narinas, logo que a língua detecta um ranço, um azedo, algum traço estranho e fora do lugar...

Mas por que todo esse blablablá? Porque eu queria falar das esfihas da Effendi. Como são leves, frescas, fáceis – o que não tem a ver com falta de complexidade. Já tratei da casa em outras ocasiões, já conheço suas sugestões de longa data. Mas a cada revisita não consigo deixar de me entusiasmar com seus discos precisamente assados, seu equilíbrio entre massa e cobertura. A apresentação é singelamente sedutora, o sabor é sem artifícios, o tempero é na medida. E preciso dizer: são etéreas, de mordida amigável, digestivas. Comer várias delas é algo que se faz brincando. Os olhos podem se iludir, as papilas estão sujeitas a truques e mistificações. Mas o estômago não se engana: quando cai bem, cai bem.

A Effendi assa esfihas desde 1973. Talvez seja sempre o mesmo quitute, ou quase isso, um senso de padrão impressionante (bom, sempre há alguém da família Deyrmendjian de olho na operação). Não perco a chance de pegar cada unidade – sempre como com as mãos –, incliná-la levemente, olhar o disco crocante por baixo, sem falhas, sem reparos. Não canso de me admirar com a massa, tão bem manipulada em todas as suas etapas. Quantos restaurantes/bares/lanchonetes na cidade podem dizer que chegaram a tamanho grau de domínio de uma receita, de uma *expertise*? Poucos, raríssimos. A kafta é muito boa, as pastas e demais pratos frios também. Mas as tais, mesmo, são as esfihas. As minhas preferidas? Carne, seguida por basturmá com queijo. E gosto menos (um pouco menos) das fechadas, ainda que aprecie a de espinafre.

Quando me dei conta, este post estava rascunhado: foi pensando esse tanto de coisas que fiz meu caminho de volta, lá das modestas instalações da R. Antonio de Melo, 77, até o metrô Luz.

Refeições *offline*

Publicado em 23/11/2014 no blog Eu Só Queria Jantar, no Estadão.com

Fiz um combinado com minha mulher. Vamos tentar não usar o celular no restaurante. A não ser que seja urgente, caso seja possível identificar a urgência. Não se trata de um ataque súbito de etiqueta, ou de algum prurido antitecnologia – embora os dois aspectos também contem. Simplesmente não queremos ficar como aqueles casais que, cada vez mais, dividem a mesa mas não interagem, absortos em seu universo particular no *smartphone*. É evidente que cada um faz o que quiser e eu não vou aqui enveredar por posturas censórias. Mas é esquisito, o tipo de estranheza que percebemos em nós mesmos quando identificamos nos outros. "Temos sido assim?". Tomara que não.

Não consultar, não teclar, não se conectar em meio a entradas, pratos e sobremesas, para ela, sempre foi mais fácil. Para mim, menos. Estou frequentemente de olho em quantos gostaram da imagem de pão publicada pela manhã no Instagram, em quem tem dúvida sobre a receita, à espera de um *email*, de uma mensagem, tirando fotos, investigando no Google sobre uma dúvida que obviamente poderia ficar para mais tarde... Creio que não sou um adicto em níveis extremos. Mas uso bastante o aparelho, reconheço. Até porque é interessante, fascina, vicia.

Já tenho tentado não atender a qualquer telefonema dentro do restaurante, isso faz tempo. Principalmente se estiver, digamos, mastigando. Se for coisa importante, vou para a rua, para a área da espera, não falo da minha cadeira. Caso contrário, ligo depois, mando uma mensagem sucinta. Há casos e casos, evidentemente. Porém, acredito que o vizinho não precisa conhecer minhas questões do cotidiano. Do mesmo modo que eu não tenho necessidade de saber que a senhora da mesa de trás já marcou sua viagem de férias e que o orçamento solicitado pelo distinto cavalheiro à esquerda não foi entregue pelo prestador de serviços. Tem os que passam a refeição inteira falando, falando. Talvez para dizer que não almoçaram sozinhos. Abro aqui um parênteses.

Meu avô, que morreu há vinte anos, sempre gostou de carros e de estradas. Negociava automóveis, cruzava o país numa época de rodovias ruins e trajetos sempre meio aventureiros. Fumou muito, cigarros Lucky Strike e charutos, até ter um infarto no fim dos anos 1950 e parar definitivamente. Certa vez, ele me disse assim: "Eu gostava de fumar. Mas, na verdade, o cigarro era importante porque me fazia companhia. Eu ficava horas dentro do carro, e o cigarro era um amigo".

Levando essa ideia para um outro contexto, não consigo imaginar as festas dos tempos e das histórias de Scott Fitzgerald sem pensar inexoravelmente em pitadas e baforadas – para não citar o álcool. Num universo em que ninguém sabia ainda quem era quem, onde abonados formandos da Ivy League, arrivistas, pessoas esforçadas/desenturmadas e toda uma variada fauna dividiam o mesmo salão, como se comportar, como se movimentar, com quem conversar (caso alguém nos dirija a palavra), o que fazer com as mãos? Pensando agora nos nossos restaurantes e *nightclubs* contemporâneos, o amigo fiel é o celular. Eu imagino quão estranho deva ser para um adolescente dos nossos dias enfrentar uma balada sem o *smartphone*. Enfim, trocamos um vício por outro. A solidão e o sentimento de inadequação, contudo, são mais ou menos os mesmos. Fecho o parênteses.

Há ainda a notória ansiedade *foodie*, algo do espírito do tempo. Me parece inevitável. Comemos, registramos, compartilhamos, em muitos casos profissionalmente, não apenas por diletantismo. Mas... será que não dá para fazer isso num breve momento, em alguns determinados instantes? Ou será que a refeição inteira precisa ser fotografada, filmada, comentada *online*? Mais uma vez: nem sei se recrimino, inclusive sob risco de soar apenas anacrônico. Só que, vendo de fora, acho cada vez mais deslocado (ainda que caminhe para se tornar o comportamento padrão). E, de volta ao casal digital lá do primeiro parágrafo, me convenço de que não quero para mim.

Sem contar que, no fim, fica desrespeitoso com os companheiros de mesa, com o alimento. Até com os cozinheiros, embora nem todos se deem conta (afinal, divulgação é sempre bem-vinda). Tudo bem que já abolimos as orações antes de comer (estou falando genericamente, Ok?), que pouco a pouco vamos quebrando códigos e frescuras. Mas é preciso reservar algum desvelo mínimo ao repasto.

Também não estou chegando ao extremo de defender um romantismo *offline*, uma nostalgia do concreto em contraponto ao virtual/social (como certa vez escreveu Tom Rachman, no artigo *Romantismo Offline*, de 2011, pensando no que seria a vida em 2021). Afinal, tenho este blog, tenho perfis nas redes, divulgo meu trabalho e me comunico com os leitores, o que é incrível. Estou apenas querendo refletir sobre o grau de conectividade, mensurar a dose, delimitar as fronteiras entre o teclado e o garfo, circunscrever o momento propício, separar o que é importante do que é adiável. Nem desejo transformar o post num saco de gatos de comportamentos digitais, meu ponto é mais específico. Então, retomando a ideia que abriu este texto: quando nosso jantar atingir uma espécie de quietude, de pausa sem interlúdios entre tantas conversas, haverá talvez a possibilidade de simplesmente não falar nada, de seguir sem acionar nossos *smartphones*. Depois de tanto tempo juntos, de tanta vida partilhada, creio que podemos nos dar ao luxo de algum silêncio.

Em SP, poucos restaurantes ficam antigos
Publicado no Paladar de 21/1/2015

O Café Lamas, proverbial endereço do Rio de Janeiro, tem quase a idade do *Estadão*. Na verdade, é alguns meses mais velho – sua fundação remonta a 4 de abril de 1874. Se houvesse Paladar naquela época, provavelmente seria um dos restaurantes a serem resenhados. Ao ouvir que seu estabelecimento assistiu, entre outros momentos e fatos históricos, a uma mudança de sistema de governo (de monarquia para república); ao fim da escravidão; à troca da capital federal; a duas longas ditaduras; e a nove moedas diferentes, o sócio Milton Brito mostra despretensão e algum espanto: "Rapaz, é mesmo? Nunca me dei conta. A gente aqui vive o dia, não fica se vangloriando do passado".

Nascido no Catete, transferido – por causa do metrô – em 1974 para o Flamengo, onde está até hoje, o Lamas segue com seu cardápio de mais de 200 itens. Jamais tirou do menu a canja de galinha e o mingau; os filés, como o famoso à francesa, com ervilha, presunto e batata palha, permanecem como carros-chefes. Na sede original, conheceu longas fases de boemia, com direito a mesas de sinuca nos fundos e funcionamento 24 horas (a turma comia, bebia, jogava, tomava o café da manhã...). Teve frequentadores como Rui Barbosa, Di Cavalcanti, Oscar Niemeyer. "Hoje, o público é até mais eclético, com políticos, artistas, turistas estrangeiros, executivos", explica Brito. Vendendo 600 refeições por dia e trabalhando de domingo a domingo, o Lamas destoa da média nacional.

Estabelecimentos duradouros tornaram-se exceção, especialmente nas grandes cidades brasileiras. Sobreviver aos 12 primeiros meses, cada vez mais, vira motivo de comemoração. Segundo a Associação Brasileira de Bares e Restaurantes (Abrasel), cerca de 35% dos novos empreendimentos fecham antes do primeiro ano; a marca sobe para quase 50% quando o prazo aumenta para dois anos. Quando se fala em uma década, só 3 entre 100 se mantêm vivos. Em suma, poucos ficam antigos. A maioria fica velha e morre.

Para Percival Maricato, dirigente da Abrasel de São Paulo, esse *script* de malogros costuma repetir padrões. "Tudo começa com a ideia de que basta gostar de cozinhar para ser bem-sucedido. De que o dinheiro vem fácil. Há muita ilusão e pouca informação. Depois, vem a realidade, com aluguéis, capital de giro, mão de obra, concorrência acirrada, cartões de crédito..." Maricato faz uma curiosa analogia entre restaurantes e pessoas. Para ele, dez anos, nos dias atuais, já são uma marca respeitável. "É o equivalente a uma pessoa com 60 anos. Já deu tempo de ver e viver muitas coisas."

No Brasil, raríssimos restaurantes se aproximam do feito do Lamas – considerando não só a longínqua data de fundação, mas a atividade ininterrupta. O Leite, no Recife, de inspiração portuguesa, conta 132 anos. O Gambrinus, de Porto Alegre, 125. Em São Paulo, a cantina Capuano completou 107 (o Carlino é anterior, foi fundado em 1881, mas ficou fechado por três anos). No Rio, a lista é mais generosa: o Rio Minho tem 130 anos, o Bar Luiz chegou aos 128 e a Confeitaria Colombo, aos 120. "O passado imperial e de capital da República contribui para que o Rio respeite mais as tradições. Em São Paulo, existe a cultura da novidade, sempre derrubando e construindo", arrazoa Maricato.

Contudo, extrapolando o âmbito dos negócios, será que existe a fórmula da imortalidade? Comida, ambiente, carisma pessoal, localização, o que pesa mais? É possível esgrimir argumentos em todas as direções. Pensemos no Tour D'Argent, de 1582. Talvez seja sua vista imbatível de Paris. Ou quem sabe sua receita-assinatura, o caneton à la presse, o patinho prensado e numerado. O raciocínio do "prato ícone", por sua vez, pode conduzir ao Botín, de 1725, que ainda atrai multidões a Madri por causa de seu leitão assado. Por outro lado, o que explica a longevidade do luxuoso Tavares, de Lisboa, aberto desde 1784, que sempre foi um português de perfil afrancesado, sem maiores estandartes culinários? E, se é para falar de ausência de relevância gastronômica, como analisar que o genericamente austríaco St. Peter Stiftskeller, em Salzburgo, funcione desde 803 (isso mesmo, sem o "1")?

É bem provável que a pergunta – o mistério da perenidade – não tenha resposta. Se algum espertalhão porventura chegar a uma síntese (alguém acredita?), vai simplesmente clonar o modelo e ficar milionário. Restaurateurs mais experientes costumam sair pela tangente e afirmar: quando se abre um negócio, mesmo que esteja tudo certo, do planejamento ao ponto, da comida ao estudo da clientela, da gestão ao serviço, ainda assim os riscos de fracasso são enormes. Não são poucos os episódios de casas com péssima cozinha e grande sucesso comercial; ou de lugares com ótima comida, instigantes mensagens gastronômicas, que fecham por falta de movimento. A explicação, então, será que resvala para o campo do misticismo, da sorte, da graça divina? Também não.

Teorizando sobre possíveis definições de um clássico (neste caso, na literatura), o poeta e ensaísta americano Ezra Pound (1885-1972) chegou a algumas formulações que, sem favor, poderiam ser aplicadas a outras áreas. Para o autor, um clássico se estabelece como tal não por seguir rigidamente regras e formatos. Mas, sim, "devido a uma certa juventude eterna e irreprimível". O que, no caso dos restaurantes centenários, não tem a ver com metamorfoses nem adesões constantes às modas – inclusive porque a maioria deles não lida com vanguardas nem se arrisca a propor novos padrões. Indo mais longe, seria possível dizer que eles remontam a uma era mais simples, em que o fundamental era "cozinhar bem e cativar o comensal". Sem muitas preocupações com marketing, questões trabalhistas, inseguranças jurídicas e *spreads* bancários.

Quem sabe, então, a referida "juventude" se traduza no velho clichê de exercer o ofício (mais do que a arte) com renovado frescor. Tenha a ver com a percepção de que um negócio "com alma" depende da busca de uma verdade gastronômica, seja ela qual for, e do respeito à própria identidade. E de um trabalho cotidiano que é intenso, geralmente pouco glamouroso, que abarca o zelo pela qualidade e a sintonia com o cliente. Elementos reais que, mesmo em tempos de construção de imagem pública e de estratégias de *storytelling*, nenhuma agência externa consegue reproduzir em laboratório.

Retornando então a Milton Brito, cuja família é proprietária do Lamas desde 1950: talvez o presente seja sempre o tempo mais importante. "A toda hora me perguntam sobre o segredo de sobreviver por tantos anos. Eu respondo que a história a gente escreve diariamente. Se eu não atender bem meu freguês, se o prato não estiver do agrado dele, ele não volta, não importa se meu restaurante tem mais de 100 anos e se o Machado de Assis comia aqui. Se eu não cuidar do hoje, não existe futuro".

TEXTOS PUBLICADOS
NOS DESTEMPERADOS/*ZERO HORA*

*Escrever para os Destemperados/*Zero Hora *tem sido, ao mesmo tempo, um exercício de linguagem e um desafio de síntese. Mas também a oportunidade de contato com um novo público, cioso de suas tradições, desconfiado com invencionices, mas curioso por novidades.*

Minha coluna, a Próximo Prato, aborda novidades, projeta possibilidades, chama a atenção para hábitos, práticas, busca referências no passado. Fala do local, mas sempre está de olho no panorama internacional.

Gosto de seu formato, de seus limites – são 2.000 caracteres para dar o meu recado, e olhe lá – e de, por outro lado, receber constantemente retorno dos leitores, que se identificam com muitos assuntos e opiniões. A seleção a seguir, mostra um pouco desse arco temático, que é amplo, livre e com gosto por surpresas – como são os próprios Destemperados.

Um novo luxo

Publicado nos Destemperados/*Zero Hora* em 15/8/2014

Nunca me esqueci de uma frase que ouvi numa viagem ao Japão, anos atrás: não há presente mais valioso que você possa dar a um amigo do que aquele feito com suas próprias mãos. Guardadas as proporções, cozinhar tem um tanto disso. Dedicar-se ao alimento artesanal, tem mais ainda.

Digo isso porque, para além dos modismos, tenho visto que os cozinheiros vêm se esmerando nas próprias produções: o pão, os embutidos, as conservas, os doces. É algo que já ultrapassou o âmbito das tendências fugazes. É mais do que um reflexo do culto à sustentabilidade – sem falar no ganho em qualidade nutricional e gastronômica. É quase a definição de um novo luxo, de uma nova elegância.

Puxo pela memória e constato que, há um bom tempo, não deparo com chefs celebrando seus novos talheres, suas novas taças de cristal. Nem exibindo *gadgets* tecnológicos para suas cozinhas – e não que tal aparato não seja importante, especialmente para a alta restauração.

Mas noto um número cada vez maior de cozinheiros apresentando com orgulho seu pão de fermentação natural, sua linguiça caseira, suas pimentas, seu café de coador. É um movimento que extrapola estilos e fronteiras nacionais ou regionais.

David Chang, a cabeça por trás do nova-iorquino Momofuku, vibra mais ao falar de seu missô, de seu kimchi, do que de seu império de estabelecimentos. René Redzepi, do dinamarquês Noma, em meio a tantos prêmios, não abre mão de elaborar seus defumados, seus picles. André Mifano, do Vito, em São Paulo, diversifica cada vez mais a sua produção de embutidos. Paola Carosella, do Arturito, também em São Paulo, prepara do pão do couvert ao sorvete da sobremesa, passando por massas e enchidos. A lista só faz aumentar.

Mas lembremos que adotar o artesanal e torná-lo parte da sua identidade não é simples. Implica retomar tradições da época de nossos avós, com a técnica atual. Requer doses de paixão. Não é barato. Envolve pesquisa de matéria-prima, de processos. E, principalmente, demanda tempo – de fermentação, de cura. Pois, convenhamos: o tempo, este sim, é o maior artigo de luxo.

Um mundo sem centro
Publicado nos Destemperados/*Zero Hora* em 29/8/2014

O mundo da alta gastronomia parece sempre estar à espera da próxima onda. E parece depender constantemente das inspirações vindas de um grande centro. Foi assim nas últimas décadas, sempre quando houve um movimento para dar o tom, ajustar o gosto. A cozinha francesa, clássica ou *nouvelle*. A tradição italiana. A cozinha contemporânea das fusões. A América de Charlie Trotter. O Oriente. Se a última onda realmente grande veio da Espanha de Ferran Adrià, de onde virá agora? Escandinávia? Peru? Brasil? Eu é que não me meto a responder. Até porque, a meu ver, já não importa muito.

Reverenciar a Meca gastronômica do momento, no fundo, é algo cômodo: basta procurar de onde vem a luz e segui-la. Não saber mais qual o referencial, onde é o "centro", em contrapartida, parece assustador. Soa como uma ameaça às certezas estabelecidas (o que também pode ser muito bom). O clássico? Continuará lá, servindo como referência. Modismos? Sempre existirão e, portanto, não faltará o que copiar (e o que negar na temporada seguinte). Contudo, não ter mais "a verdade" me parece mais libertador do que desorganizador.

Pensemos: nunca se produziu tanto conhecimento gastronômico e nunca se compilou tanto a sabedoria do passado como agora.

Temos a valorização de princípios universais, por um lado, e das singularidades regionais, por outro. Não é uma coincidência que chefs como Alex Atala, René Redzepi, Yoshihiro Narisawa, Daniel Patterson e vários outros, a despeito de suas fortes personalidades e identidades nacionais, se unam cada vez mais e pareçam fazer parte de um vasto país culinário virtual, que cultua a diversidade, o ingrediente local, o respeito à natureza. A pátria importa menos do que a filosofia de cozinha.

A mensagem deixada por Ferran Adrià (e esta é uma leitura muito pessoal), para além de técnicas e jeitos de pensar uma refeição, foi a seguinte: se uma revolução foi feita a partir de uma pequena cidade do litoral da Catalunha, outras podem nascer em qualquer lugar. Com a conjunção de esforços, recursos e talentos, o novo e o transformador podem surgir na Dinamarca, na Amazônia, nos Andes. E também aqui no Sul, ora bolas. Sendo assim: quem se habilita?

Entre entradas, pratos e palavras

Publicado nos Destemperados/*Zero Hora* em 16/1/2015

Serviço que explica demais já deu. Menus que abusam de conceitos têm mais a ver com verborragia do que com gastronomia. É isso mesmo? Na grande maioria dos casos, sim. Mas, nas ocasiões oportunas, eles fazem muito sentido.

Vamos lembrar de onde veio a onda de garçons tão eloquentes. Remonta a um passado recente, em que as aparências deixaram de ser óbvias e a técnica ofuscou a matéria-prima. Tudo foi transformado, recriado, ao estilo de Ferran Adrià, Pierre Gagnaire e outros.

Se uma paleta de porco virava um cubo de interior gasoso, por exemplo, o que fazer, senão avisar a mágica ao comensal? Aí entraram outros fatores, como a responsabilidade social: era preciso enfatizar que o produto era orgânico, artesanal etc. Só que a coisa fugiu ao controle, ficou chata, uma falação sem fim. Conclusão: algo que se adequava mais à alta gastronomia de invenção acabou se alastrando até a um inocente hambúrguer.

Penso sobre o assunto inspirado por uma visita recente ao Boragó, o restaurante mais aclamado de Santiago, no Chile. Seu chef, Rodolfo Guzmán, tem uma obsessão: unir as práticas ancestrais do povo mapuche à cozinha de vanguarda. Mas não apenas. Suas degustações desvendam o Chile, com legumes andinos, algas do Pacífico, frutas da Patagônia, arbustos do Atacama, e tudo isso é anunciado à mesa – pelos próprios cozinheiros. Só que em intervenções sucintas e didáticas, funcionando como apoio para uma comida instigante. Jantei muito bem e ganhei uma perspectiva de país que não estava nos guias de viagem.

Foi quando me lembrei da frase do escritor catalão Josep Pla: "A culinária é a paisagem de um país na panela". E foi quando me dei conta de que, entre os discursos possíveis que cercam o serviço, os que tratam das conexões com o território e com a tradição me parecem sempre os menos perecíveis. O que estou querendo dizer? Que o atendimento palavroso pode melhorar o contexto de uma refeição se a mensagem sobrepujar a afetação. Mas que ele tem hora e lugar, e é mais exceção do que regra. Pois ninguém precisa vender coxinha mostrando a certidão do nascimento do frango e narrando a história do quitute, ok?

Sair para quê?
Publicado nos Destemperados/*Zero Hora* em 8/5/2015

Meu falecido pai, João Camargo, não gostava de viagens. "Vai viajar para quê? Ver paisagem? Paisagem tem aqui", era o que ele dizia. Com o tempo, entendi que esse ponto de vista tinha mais a ver com inseguranças variadas (e com uma certa aversão a grandes deslocamentos) do que com falta de interesse pelo mundo – isso ele tinha, e muito. Postura semelhante se estendia ao hábito de sair para jantar: qual o sentido, se a comida de casa, para ele, era mais gostosa?

Bem, não estou aqui para sugerir que meu interesse por restaurantes surgiu por mera reação à autoridade paterna. Mas a lembrança me faz pensar numa outra coisa: quantas vezes as pessoas enfrentam trânsito, pagam caro por uma refeição e, no fim, deixam a mesa com a sensação de que deveriam ter ficado em casa? Ocorre com frequência, posso garantir.

Estou me referindo – é bom esclarecer – a almoços e jantares enquanto programa gastronômico. Não ao ato geralmente apressado de comer algo no intervalo do trabalho, quando as aspirações não vão muito além de aplacar a fome. Fora isso, é importante ressaltar que, quando partimos à caça de uma refeição, devemos ter uma noção mínima das nossas pretensões: queremos só comida boa e simples? Surpresas? Luxo? Serviço caprichado?

Feita a ressalva, voltemos ao ponto central: cozinheiros e proprietários deveriam reparar no seguinte cenário. Hoje, o público tem acesso a ótimos ingredientes. A infinitas receitas. Pode comprar bons utensílios. Caprichar na ambientação e reunir amigos, além de beber bem pagando menos. Ficar em casa, em suma, é bom. Será que o ato de ir ao restaurante, então, corre o risco de se tornar mera alternativa para quem está com preguiça de ir para o fogão?

Caberia aos profissionais ficar de olho na clientela e criar momentos que justifiquem – pelos pratos, pela atmosfera, pela atenção – o esforço de ir para a rua e o dinheiro investido. É hora de perceber que o concorrente não é só o estabelecimento vizinho, mas o conforto dos lares. E de ter capacidade para responder à pergunta do João Camargo: "Sair para quê?".

Espécie ameaçada

Publicado nos Destemperados/*Zero Hora* em 5/6/2015

Ele é um exemplar em extinção. Sua figura talvez tenha se diluído na compartimentação de *expertises* dentro de um estabelecimento. Ou, quem sabe, tenha se perdido num mundo aparentemente mais receptivo a chefs, sommeliers, gerentes – e até investidores. Estou me referindo ao restaurateur, termo francês que designa aquele profissional (o proprietário, muitas vezes) que cuida de tudo, que trabalha para que o cliente tenha a melhor experiência gastronômica possível.

Um ícone do ofício foi o francês Jean-Claude Vrinat, do legendário Taillevent, em Paris. Falecido em 2008, Vrinat sabia muito de cozinha, embora não fosse chef. Conhecia decoração, bebidas, etiqueta. E era mestre em receber, acima de tudo. Como ele mesmo dizia, sua missão era dirigir um palácio e, ao mesmo tempo, deixar o comensal completamente à vontade, pensando na composição de um momento inesquecível.

Dizendo assim, parece até que restaurateur e haute cuisine são indissociáveis. De fato, as duas coisas estão bastante ligadas. Contudo, a arte do acolhimento e de zelar pela conexão entre o fogão e a mesa não deveria depender de estrelas e ambientes faustosos. E, certamente não tem a ver com a cada vez mais difundida imagem do sócio que só quer circular pelo salão girando uma taça de vinho, à espera de algum fotógrafo de coluna social. Nem com a figura do empresário que só quer saber o resultado das planilhas recebidas no fim do mês.

Já vi anfitriões notáveis nos mais variados lugares, inclusive em bistrôs, trattorias, tascas. E como dá gosto observar os passos e as atitudes do patrão que ajeita o vasinho de flores na mesa, endireita os quadros, vai à boqueta quando percebe que um cliente começa a se inquietar à espera do prato, tira os pedidos daquela família que não consegue se decidir, pede ao cozinheiro para preparar um bife com batatas para as crianças (sem precisar recorrer a pratos no estilo *fast-food*), conduz com atenção e olhar atento a fila de espera. Isso depende de brigadas imensas e estrutura cara? Creio que não. É uma questão de vocação, de talento para exercer o artesanato cotidiano da hospitalidade.

Receita de chef em quatro passos

Publicado nos Destemperados/*Zero Hora* em 19/6/2015

Aconteceu na semana passada. Mas o personagem é tão importante que o fato vai muito além da voracidade do noticiário. Estou falando da morte do chef francês Roger Vergé, referência da nouvelle cuisine. Ao lado de Paul Bocuse e dos irmãos Troisgros, ele ajudou a refundar a cozinha francesa – e a influenciar o jeito de fazer e servir comida em todo o mundo nos anos 1960 e 70. Leia-se: frescor, boa matéria-prima, cocções precisas, beleza nas apresentações.

Não vou aqui me meter a escrever um obituário do chef – reportagens muito completas já foram e têm sido publicadas. Mas quero traçar uma pequena homenagem propondo um ponto de vista um pouco diferente.

Ao meu ver, Vergé não deixou apenas ideias e pratos clássicos. Sua trajetória, por si só, contém a fórmula de construção de um cozinheiro. Algo que vale para qualquer lugar, em qualquer época. São quatro passos – ou, quem sabe, quatro camadas.

A memória – Sua mãe e sua tia foram suas inspirações primordiais. A comida de casa, essência do que ele chamava de *cuisine hereuse*, seria o núcleo de um bom chef. Alegrar era mais importante do que impressionar.

As viagens – Vergé adorava rodar o mundo e sempre aproveitou coisas que aprendeu em outros continentes, a África em particular. Sem preconceitos.

O respeito ao produto – Na execução de sua "cozinha do sol", baseada no receituário provençal, o chef sempre valorizou os produtos mais elementares do mar e do campo. Tratava como iguarias os peixinhos baratos que sobravam no fundo da rede do pescador e, nas preparações, sempre defendeu a simplicidade.

A coragem – O chef ousou: ao introduzir frutas em pratos salgados, ao servir coisas como pé de porco em seu luxuoso Moulin de Mougins... E não se omitiu quando viu que a nouvelle cuisine pendia para a caricatura e virava anedota, com pratos (a louça, digo) enormes, pouca comida, contas gigantescas. Suas críticas foram duras.

Um cozinheiro só se torna grande se necessariamente agir assim? Claro que não, cada um tem uma história. Mas defendo que essas quatro vertentes compreendem uma senhora receita na formação de um chef.

O Sonho e o Porco

Publicado nos Destemperados/_Zero Hora_ em 23/10/2015

Homem público admirável, o arquiteto Jorge Wilheim (1928-2014) certa vez me disse uma frase da qual nunca esqueci: "Em urbanismo, primeiro a gente sonha; depois, vê se é viável". Não só concordo, como levo a observação para todas as áreas. Tudo começa pelo sonho. E não consigo deixar de me emocionar quando identifico iniciativas que foram capazes de transformar desejos e ideias em realizações concretas. Este é o caso da recém-inaugurada Casa do Porco, do chef Jefferson Rueda. Ela é um devaneio tornado palpável.

Rueda ficou conhecido por sua trajetória no Pomodori e no Attimo, além do Bar da Dona Onça, criado e liderado por sua mulher, Janaina. É um cozinheiro de personalidade, que gosta dos sabores potentes e de conciliar inventividade e respeito ao passado.

Ao longo dos anos, contudo, o chef se tornou um incansável pesquisador da carne suína – e, assim, encontrou sua verdade gastronômica, impressa em cada detalhe do novo bar/restaurante.

Destrinchando o bicho em toda sua generosa anatomia, Rueda criou um repertório de pratos que extrapola fronteiras e convenções. Isso já se reflete no ecletismo do espaço: há uma janela para vender sanduíches a quem está na rua; mesas coletivas; balcão de bar; mesas privativas; e uma mesa "do chef" para menus-degustação. Um sólido conceito que abarca comida, sustentabilidade, decoração, acessórios e equipamentos de cozinha.

Abro um parêntese para citar o escritor canadense Malcolm Gladwell. Na obra _Outliers_, ele mostra uma visão peculiar da genialidade, a "teoria das 10 mil horas". Para ele, gênios surgem não só pelo talento, mas se revelam depois de muita prática de suas _expertises_. Mozart, Beatles e Steve Jobs, portanto, só viraram o que foram após intenso treino. Nem imagino quanto tempo Rueda já dedicou aos suínos (milhares de horas, é certo), mas realmente acho que ele virou um gênio do porco. Assados, embutidos, surpresas como a pipoca de pele e o sushi de papada, entre outras criações, são deliciosos e, de tão bem preparados, parecem naturais, espontâneos.

Em resumo, o chef sonhou (e ensaiou) por muitas temporadas com carcaças e mais carcaças. Até que, um dia, amanheceu com a Casa do Porco.

Comendo em paz
Publicado nos Destemperados/*Zero Hora* em 19/05/2016

Pensei muito se deveria escrever ou não sobre este tema. Afinal, vai que alguém se melindra e resolve me atacar... Brincadeiras à parte, o assunto é a polarização política levada à mesa em tempos de *impeachment* e de mudança de governo. Ou melhor: as diferenças de opinião contaminando o salão do restaurante.

Temos visto vários relatos de discussões acaloradas que derivam para insultos e coisas piores; de abordagens agressivas com autoridades e figuras públicas; de gestos de execração coletiva. E tudo isso na hora do almoço, na hora do jantar, levando clientes às vias de fato, obrigando algumas pessoas a entrar ou sair por passagens secretas, escoltadas por maîtres e proprietários. Precisamos disso?

Não sei se meu ponto de vista é antiquado. Ou se apenas não consegui me libertar dos ensinamentos familiares, "na mesa, não se briga". Mas acho que deveríamos negociar uma trégua: vamos comer e deixar comer, sem bate-boca por questões partidárias?

Imaginemos um repasto de domingão. A turma sentada na mesa ao lado está proferindo opiniões que maltratam as suas crenças (e nem vem ao caso quais são elas). O que fazer? Tome um gole d'água e segure a onda. Em seguida, você olha para a porta de entrada e vê despontar um membro do governo (nem me importa se do atual ou do anterior) que sempre lhe pareceu insuportável. Proceda assim: não vote nele, faça campanha contra, alerte seus amigos sobre quão ruim ele é. Mas deixe o sujeito almoçar sossegado com a família. Em nome da boa educação e do respeito à hora da refeição.

É importante que se converse sobre o poder e sobre os rumos do País. Mas respeitando o prato, o ambiente, o momento. Nem carece de retornarmos aos ditames da etiqueta tradicional, na linha "religião e política não se misturam com comida". Podemos adotar um amplo cardápio de temas, por que não? Só que sem desrespeitar quem não concorda com a gente. Honrando os outros comensais e, em especial, o trabalho do cozinheiro, dos garçons, do dono do estabelecimento.

Eu, por exemplo, gosto de carne de porco com vinho branco. Peço água sem gás. Prefiro massas e arroz al dente. Você não? Tudo bem, são apenas diferenças. Tomemos nossos lugares e bom apetite.

Sem desperdício charmoso

Publicado nos Destemperados/*Zero Hora* em 7/10/2016

Burrice charmosa é uma expressão cunhada décadas atrás (nos tempos de ouro de Hollywood, presume-se) para designar aquele tipo de pessoa – normalmente bonita e famosa – que faz da desinformação uma atitude glamourosa.

Por aqui, o termo virou moda no fim dos anos 1970, ainda na ditadura militar. Ser alienado, não estar nem aí, não querer nem saber, desde que com graça, era algo *cool*. Pois bem. Lembrei desse tipo de cacoete para traçar uma analogia com um certo "desperdício charmoso". Vocês já vão entender.

Visualizem um salão de restaurante, algum que vocês costumem frequentar. Qualquer um. Pode ser chique, despojado, "do momento". Agora, puxem pela memória, caso já tenham reparado, e constatem: não é para se preocupar com o tanto de comida que sobra à mesa?

Quantas vezes deparamos com o famoso "estou com pouca fome", ou com o clássico "estou de dieta"? Pois isso se reflete em pratos que voltam à cozinha pela metade; em pães quase inteiros – estes, as maiores vítimas do desperdício –, que tiveram "só a pontinha" arrancada. E por pura afetação, só para sobrar, mesmo.

Como isso se resolve? Em várias frentes. Primeiro, buscando (via profissionais de cozinha, imprensa, escolas) uma consciência de que, hoje, temos de aproveitar um boi do rabo ao focinho; que não podemos nos dar ao luxo de perder cascas, folhas, raízes; e que não dá para descartar tubérculos e frutos "feios". Segundo, creio que pode partir do próprio chef uma revisão do porcionamento. Por que servir doses gigantes, verdadeiros pratarrazes? Sem contar que a racionalização pode gerar alguma redução de custos e preços finais.

Terceiro, é o lado do comensal. Ninguém, claro, é obrigado a comer forçado. Mas, se o apetite é pouco, que tal dividir um prato?

No caso daquela vontade do pãozinho sempre reabastecido no couvert, reflitamos: é preciso mesmo pegar mais um? Ou é só para beliscar a casquinha? Fatias e filões que vão para o prato do cliente, é bom destacar, não podem retornar para a cozinha. Não estou dizendo que as refeições devam se converter em algo patrulhado, regrado. Mas vamos transformar o desperdício charmoso numa, sei lá eu... curtição consciente?

Um sorriso, por favor

Publicado nos Destemperados/*Zero Hora* em 4/11/2016

Muitos anos atrás, quando eu nem imaginava que escreveria profissionalmente sobre comida, tive a primeira vivência como avaliador de refeições (ou algo parecido). Um amigo estava trabalhando numa rede americana de *fast-food*, que acabava de chegar ao Brasil. E me convidou para ir à lanchonete na condição de *mistery shopper*, um termo que eu nem conhecia.

Minha missão, como inspetor-disfarçado-de-consumidor, era relatar a experiência como cliente. Tinha de entrar, observar as condições gerais, dirigir-me ao caixa e fazer o pedido. Prestando atenção em tudo, para contar coisas como: o *display* com o nome das opções e seus preços estava bem visível? O atendente foi simpático e, principalmente, sorriu? O funcionário foi capaz de esclarecer dúvidas? Ele tinha traços em sua aparência (cabelo e tatuagens, pasmem!) que causassem algum incômodo?

Lembrei disso por esses dias. E me diverti imaginando que, 25 anos atrás, tatuagens em ambiente de cozinha pudessem "causar incômodo". E, tirando os exageros, como as menções à aparência, percebo que os critérios de avaliação propostos eram sensatos. Afinal, quando nos referimos a um bom serviço (não importa o tipo de restaurante), do que falamos, senão cordialidade, presteza, capacidade de tirar dúvidas?

Contudo, existe um algo mais, prosaico, que não carece de treinamentos específicos nem de noções técnicas sobre alimentos e bebidas. Estou falando do sorriso, destacado como um dos itens cruciais do relatório que precisei preencher na ocasião. Sorrir também se aprende? Sem dúvida que sim – embora fique melhor ainda se for um dom. Mas o fato é que, independentemente do nível de requinte do atendimento, uma expressão acolhedora no rosto, uma abordagem simpática, são meio caminho para que o comensal guarde boas recordações da visita, seja ela rápida ou mais demorada. Aliás, acho que isso – o sorriso – vale para tudo.

Vamos comer uma proteína?

Publicado nos Destemperados/*Zero Hora* em 13/7/2017

Não sei se é para emular o jargão dos cozinheiros profissionais. Os termos do nutricionismo. Ou se é influência da cultura marombeira, com seus suplementos e rituais. Mas o que é essa mania de ficar chamado carnes variadas de "proteína"? (Como se já não bastasse usar carboidrato, a torto e a direito, como sinônimo de arroz ou macarrão...).

Vem acontecendo nas situações mais prosaicas. "Fiz o almoço em casa, no domingo. Uma salada, legumes no vapor. A proteína, eu grelhei. Ah, sim, e o carboidrato foi mandioca". Aposto que vocês já ouviram esse tipo de conversa. Seria ainda um cacoete da linguagem dos *reality shows* de comida? "Já cozinhei tudo, só falta finalizar a proteína".

Implicâncias do colunista e gozações à parte, é evidente que cada um se expressa como quiser. Porém, o pior de tudo é quando a moda chega aos restaurantes. Aconteceu por esses dias. Abri o cardápio de almoço de um bar ainda novo e o que vejo lá, no menu, entre porções, saladas, sobremesas? Proteínas! Simplesmente para designar que, sob o pomposo nome, estavam carne com fritas, frango assado, o peixe do dia...

Se é para fazer assim, vamos brincar direito? "E aí, você fritou este bolinho de proteína em que tipo de triglicerídeo? O sólido (banha) ou o líquido (óleo)? Sugere aí um carboidrato para acompanhar a proteína: batata ou macarrão? E a sobremesa, é adoçada com monossacarídeo, mesmo?". Não carece, vamos concordar.

Gastronomia e nutrição são coisas diferentes (preparação física, por sua vez, é um outro tema, de uma outra praia). Se a primeira busca o que é gostoso e bem feito, a segunda trata a comida por um ponto de vista de saúde. É ótimo quando ambas andam juntas, facilitando para que a maioria se alimente bem, em todos os sentidos. Agora, não vamos deixar de comer um peixe, um purê, um molho, para começar a falar (e escrever) num falso tecniquês que tira o apetite...

(E olha que eu nem entrei na crescente menção de alimento como sinônimo de comida. "Pessoal, vamos sentar à mesa? O alimento está pronto." Também não precisa).

TEXTOS PUBLICADOS NO *EL PAÍS BRASIL*

Não foi proposital, mas acabou dando certo. Meus textos no El País Brasil, *afora terem surgido num veículo totalmente digital, sem versão impressa, acabaram tocando em assuntos que eu nunca tinha abordado – por falta de oportunidade ou mesmo de embocadura editorial.*

Não gosto da pretensão que a palavra carrega, por isso vou evitar o termo ensaísticos. Mas eu diria que eles são um pouco menos ligeiros nas argumentações, e mais caudalosos nos raciocínios. Sem contar que, pela primeira vez, entrei em searas como fast-food *e modismos alimentares. E, já com alguma distância, pude refletir sobre meus dias de crítico. Falei até de pequenos prazeres/manias, como comer amoras e pitangas nas árvores das ruas. São textões, que exigem paciência e tempo dos leitores, e sou grato ao* El País *por ter tido a oportunidade de publicá-los assim, sob a batuta da querida Carla Jiménez, colega de escola de jornalismo e grande amiga.*

Ousarei comer um misto?
Publicado em 13/5/2016 no site do *El País Brasil*

Será que, no futuro, se alguém comentar que costumava comer coisas como um misto quente, vai receber olhares de reprovação? Quase como se confessasse ter traçado à mesa o último pássaro dodô, o derradeiro sashimi de bluefin? "Um misto? Que horror!". Relembremos do que é feito o tradicional sanduba: pão (argh, é glúten!), presunto (*vade retro*, excesso de sódio!) e queijo (xô, lactose!). A julgar por algumas correntes de pensamento no mundo da dietética, o prosaico quitute, entre outros itens despretensiosos, tem potencial para se tornar quase um anticristo alimentar. Tem mesmo?

Desculpem ter começado o texto desse jeito meio sensacionalista. É que não consigo me conformar com a possibilidade (ainda que um tanto paranoica) de quase excomunhão de um singelo clássico das horas do lanche. Que dano pode haver numa criação que une um pãozinho crocante a fatias de presunto e queijo que, aquecidas, compõem uma harmonia admirável? E, claro, não posso aceitar a mera difamação do mais equilibrado dos alimentos, o pão (me refiro a um bom pão, básico, elementar). Quando estou em casa, produzindo meu filões cascudos e dourados, tiro a assadeira do forno, contemplo minha cria, espero esfriar, corto, devoro o primeiro naco (puro ou com manteiga) e sempre acabo pensando: "Quantas pessoas será que já provaram pão de verdade?".

Perdoem também aparecer por aqui sem minimamente me apresentar. Vou ocupar este espaço quinzenalmente, sempre para tratar de comida e temas correlatos. E é justo que vocês saibam que, quando o assunto é panificação, sou parcial: faz anos que me dedico a fermentos, farinhas, técnicas. Fiz um livro a respeito e procuro difundir tudo o que aprendo para aqueles que, como eu, são padeiros de alma (e não necessariamente de profissão). Portanto, eu tenho lado.

Contudo, da mesma forma que venho levando minhas dicas e receitas a um número cada vez maior de interessados em se lambuzar de farinha, também não desperdiço nenhuma oportunidade de tentar colocar em perspectiva os exageros e mitos que cercam o controvertido glúten. Quantas vezes vocês já viram celebridades e congêneres que, embora sem nenhuma limitação de saúde, aboliram o trigo de suas refeições, geralmente a conselho de médicos, nutricionistas, *personal trainers*?

Aqui, creio que cabe um pouco de teoria. O glúten é uma proteína encontrada no trigo (assim como no centeio e na cevada). Sua importância é dar elasticidade e estrutura ao pão, permitindo que ele ganhe volume e tenha um miolo cheio de alvéolos. Ele se desenvolve pela associação de duas proteínas menores, a glutenina e a gliadina. A "rede" se forma quando a farinha se junta à água e a mistura sofre uma ação mecânica (no caso da massa de pão, é a chamada sova). Sabem aquele pão naturalmente alto, todo aerado por dentro? Este, então, é o famoso glúten.

Quem tem problemas concretos com sua ingestão são os celíacos (calcula-se que a doença atinja entre 1% e 2% da população). Nesse caso, é preciso mesmo buscar os cuidados adequados e as alternativas na elaboração de pães, massas e afins. Fora isso, o que há é um grande barulho em torno de manias, modismos, comportamentos obsessivos de culto ao corpo. Assim como o café, os ovos, a carne de porco, que já foram julgados, condenados e absolvidos, o glúten – e, por tabela, o trigo – ainda vive seu momento de inimigo público. A má reputação, creio, também passará. E um outro item será considerado o pária da ocasião.

Será mesmo que um ingrediente (o trigo) e um alimento (o pão) que estão na base da civilização, no cerne da organização do modo de produção agrícola, podem ter se tornado, de repente, tão nocivos à humanidade? Será mesmo que o trigo, essencial no cotidiano de povos como franceses e italianos (nenhum deles associados historicamente a altos índices de obesidade, diabetes e hipertensão), nos enganou esse tempo todo, sendo na verdade um vetor de malefícios?

Muitos argumentam que as variedades contemporâneas do trigo, selecionadas geneticamente para o máximo de rendimento na lavoura, revelaram-se nocivas ao organismo, especialmente ao aparelho digestivo. Outros tantos afirmam que cortaram o trigo de suas vidas e emagreceram bastante (bom, se você parar de comer pão, macarrão, bolo, biscoitos, certamente vai perder peso). Para mim, a questão é outra: pessoas que passaram a vida se alimentando de *fast-food* e de bisnaguinhas fofas de pacote são vítimas, na verdade, da comida ruim, dos produtos industriais. Não culpem o pão, por favor.

Nesse aspecto, é um alento assistir à série *Cooked* (do Netflix), criada e apresentada por Michael Pollan. Em especial o episódio *Air*, que tem a panificação como tema principal (vejam tudo, os programas são inspiradores). Pães genuínos, fermentados como se deve, são alimentos complexos e nutritivos. Citando um argumento do próprio Pollan: a rigor, pão é um produto feito de água, farinhas, fermento e sal. Ponto. Quem tiver a curiosidade de xeretar a ficha nutricional na embalagem de um desses pãezinhos que, vejam só, duram dias e mais dias fora da geladeira, vai achar uma lista enorme de ingredientes, alguns de fato quase indecifráveis.

Quando se fala em fermentação natural, um assunto muito em voga, o que acontece é o seguinte. Fungos e bactérias atuam preguiçosamente sobre o amido do trigo, digerindo-o sem pressa, liberando ácidos e enzimas (além do gás que faz a massa crescer, claro). Moléculas grandes são quebradas em outras menores, facilitando a digestão e a absorção de nutrientes. Já existem estudos que tentam provar, inclusive, que uma fermentação longa, lenta, com parâmetros (temperatura, acidez) bem controlados, pode resultar em pães que podem ser comidos inclusive por celíacos.

Aqueles que acreditam ter problemas com glúten (não me refiro a pacientes da doença celíaca) deveriam fazer a seguinte experiência. Provar um excelente pão, artesanal, de fermentação natural, e verificar como ele é muito mais nutritivo e palatável do que um produto industrial sem glúten, repleto daqueles tais insumos mágicos. Aposto um filão inteiro como o pão de verdade cairá melhor.

Lembro uma frase cunhada recentemente pelo químico italiano Dario Bressanini, um estudioso da ciência na culinária. "Você é aquilo que não come". A expressão brinca com o famoso "dize-me o que comes e te direi quem és", do gastrônomo francês Jean-Anthelme Brillat-Savarin, e toca num ponto que reflete bem o espírito do nosso tempo. Cada vez mais as pessoas se afirmam por suas restrições, não por suas preferências. Imaginem isso em situações sociais. "Olá, eu sou fulano de tal. Não consumo carne vermelha". "Boa noite, prazer. Não uso açúcar". Não é esquisito que isso se sobreponha a tantas outras coisas, inclusive ao fato de, por exemplo, gostar de vinho ou apreciar comida japonesa? Espero que o mundo não caminhe nessa direção, sinceramente. É evidente que todos devem se alimentar como bem acharem. Mas que tomem suas decisões com um mínimo de informação. E levando em conta o prazer de bater um bom prato, de mordiscar um inocente pedaço de casca ou de miolo.

Da minha parte, quero continuar comendo pão, pizza, o misto quente lá do início, e muito mais. E quero viver bem, ainda por muitos anos. Antes de excomungar o trigo, embutidos, laticínios, torço para que o público separe o que é modismo e o que é questão de saúde; que diferencie o charlatanismo da boa ciência. E pense que, no fundo, continua valendo o conselho das vovós: equilíbrio é a chave. Como já disse Ferran Adrià (ele mesmo muito atacado por suas experiências na cozinha), se você só comer alface na vida, acredite, ela também vai fazer mal. O segredo é diversificar. E, se possível, sempre de olho na qualidade da matéria-prima.

Manual do garçom-desastre

Publicado em 10/6/2016 no site do *El País Brasil*

Três situações reais de restaurante, observadas por um bisbilhoteiro.

Cena 1

A *hostess* conduz o casal até a mesa, na área externa. O salão interno está lotado, mas há alguns lugares no terraço, onde a vista é belíssima (estamos no Rio de Janeiro). O rapaz e a moça se acomodam, eu estou praticamente ao lado. A *hostess* se despede, deseja aos dois uma boa refeição.

O casal se ajeita e aguarda o primeiro atendimento, como é de praxe. No mínimo, espera a entrega de um cardápio. Mas não há garçons por perto: eles estão a uns bons metros de distância, cruzando rapidamente a passagem entre o salão e o terraço, trazendo pedidos, recolhendo coisas. Não param, não reparam.

A moça e o rapaz passam a gesticular, timidamente, na esperança de serem notados. Eu, do meu lugar, começo a sentir ímpetos de recolher um cardápio numa outra mesa, ali nas imediações, e entregar para eles. Mas me contive.

Sem cardápio, sem atenção, eles aumentam o vigor dos gestos. Os garçons não percebem, não viram o rosto. Um pequeno parênteses, na linha "cultura inútil". Pelé, contam os especialistas em ciência do esporte, não era apenas um prodígio de agilidade mental e coordenação motora. Era um superdotado fisicamente: saltava mais, era mais rápido e tinha um visão periférica privilegiada, um campo visual mais amplo do que o das pessoas comuns. Enxergava o que acontecia dos lados, portanto (o que, não raro, parece ser o oposto do que se passa com muitos profissionais do salão, que dificilmente enxergam o que acontece nas laterais).

Eu, que, também com algum custo, já tinha conseguido fazer meu pedido, me angustiava em meu posto observador. Os dois agora beiravam o desespero. Agitavam os braços, gritavam "moço, por favor". Eu até já os imaginava escrevendo *HELP* na areia da praia, em busca de um auxílio.

Até que, de um salto decidido, saíram de seus lugares e... foram embora. Sem terem sido vistos, quanto mais atendidos. Não sei quanto tempo durou tudo aquilo. Nem foi tanto. Mas não foi pouco. Só acho que não voltarão tão cedo.

A minha opinião? Clientes, antes de tudo, querem ser notados. Se a casa estava muito cheia, seria de bom tom um garçom cumprimentar o casal, deixar os cardápios e explicar que o movimento estava intenso, e que ele voltaria em breve. O célebre "desculpe, mais um momentinho" sempre cai bem. Lembro-me de entrar num pequeno restaurante na Itália, de ser cumprimentado pela dona (que também é gerente, garçonete etc); de esperar bastante; e de, ao levantar a mão e proferir o famoso "por favor", ouvir como resposta: "eu sei que vocês estão aí; só preciso atender essas duas mesas antes". Evidentemente, acatei.

Aqui, cabe ainda uma distinção entre o tempo cronológico e o tempo psicológico – como se diz na literatura, na dramaturgia. Em situações assim (o cliente chega com fome, ansiedade, carências variadas...), minutos viram horas. No palco, num lance de luzes, ou nas sutilezas do texto, 60 segundos bastam para que passemos do entardecer para o amanhecer, por exemplo. Mentalmente, suspendemos a descrença e viajamos no tempo. Em restaurantes, por analogia, dez minutos de ausência de serviço contêm a dramaticidade de uma noite de abandono.

Cena 2

O estabelecimento é tradicional, embora os últimos tempos tenham sido muito minguados. Um novo cozinheiro, uma troca de cardápio e uma repaginação da proposta têm atraído um público diferente ao lugar. O visitante entra cautelosamente, observando ao redor. Foi recebido pelo maître, logo na entrada (eu estava por ali; sim, sim, essas coisas acontecem perto de mim).

– Boa tarde. Mesa para quantos?

– Boa tarde. Para uma pessoa. Mudou o esquema aqui, né?

– Mudou. Hoje temos o bufê.

– Não venho faz tempo. Só o bufê? Não tem à la carte?

– O pessoal está preferindo o bufê.

– Mas não tem à la carte?

– É mais o bufê. Temos isso, aquilo etc. etc...

O maître elencou os pratos prontos disponíveis. O cliente não se animou.

– Eu queria comer outras coisas. Não entendi: tem à la carte ou não?

– Tem, mas o pessoal está preferindo o bufê porque é rápido. À la carte leva 30, 40 minutos para ficar pronto.

– Tudo isso? Não dá, vai ficar para outro dia. Eu queria comer os pratos do chef novo. Mas hoje, não. O senhor me desanimou.

Pela primeira vez, o maître se mostrou constrangido.

– Mas o senhor não quer dar uma olhada, mesmo?

– Não, não, obrigado.

– Olha, à la carte leva 20 minutos. Nem isso, 10 minutos.

– Ah, agora o senhor me deixou com a pulga atrás da orelha. Outra hora eu tento.

O cliente foi embora, o funcionário ficou ali, parado, com a expressão meio perdida.

A minha opinião? Antes de qualquer coisa, falemos sobre clareza de propostas. O restaurante banca ou não as alternativas de bufê e à la carte? Se o cliente sabia que havia duas opções, ele tinha o direito de escolher. Por que o maître insistiu só no *self-service*? Mais fácil para a vida dele? Mais prático para a cozinha? Margens melhores para o negócio? Não importa.

Ao ignorar o que o comensal queria, o atendente tentou apenas vender o que mais lhe convinha, sem enaltecer o que havia mudado (em tese, para melhor). O homem estava curioso, era só acolhê-lo e conquistá-lo pelas novidades.

O funcionário não só perdeu o freguês como arranhou a imagem do estabelecimento: será que a cozinha é tão lenta assim? Será que eles divulgam uma coisa, mas fazem outra?

Por fim, faltou combinar com o veterano maître: o restaurante quer receber mais clientes, de fato? Ou prefere viver no ritmo dos últimos anos, atendendo pouca gente, que pouco exige, já que, dali, pouco se espera?

Cena 3

Na fila de um endereço paulistano tradicionalmente concorrido, o jovem casal se mostra inquieto. É sexta à noite, a espera é inevitável, e a maioria parece conformada, até mesmo animada. Sentados em bancos (eu, inclusive), os postulantes a uma mesa bebem drinques, cervejas e taças de espumante, comem tira-gostos. Mas o casal estava com um problema.

– Moça, a gente quer couvert – diziam eles para a garçonete.

– Eu não posso servir couvert aqui.

– Mas a gente prefere comer o couvert agora. Depois a gente faz o pedido quando sair a nossa mesa.

– Infelizmente, não dá – diz a funcionária, com expressão de lamento.

– Por que não dá? Que diferença faz?

– O chef não permite.

Nesse momento, instala-se uma tensão no ar, para além do mau humor típico da condição de fila de espera. Certos clientes, quando ouvem um "não", têm uma atitude de Bruce Banner exposto aos raios-gama: transformam-se no Incrível Hulk. Por quê? Creio que a negativa desperta reações do tipo "se estou pagando, posso tudo"; ou talvez remexa em antigos traumas; ou toque num velho problema nacional com relação a regras e normas (curiosamente, comensais brasileiros se comportam melhor, por exemplo, em apertados bistrôs parisienses, onde o atendimento é objetivo e, em geral, seco como o Muscadet em taça – baratinha, de vidro – da casa).

O debate seguiu. A garçonete, sob o escudo da "proibição do chef". Os jovens, querendo transformar a pendenga num ponto de honra. Até que a atendente, acho que em busca de um fôlego, recomendou que eles olhassem de novo o cardápio e foi anotar pedidos de outros clientes. Enfurecido, o casal se levantou e saiu. Imagino que dará um tempo antes de voltar ao restaurante.

A minha opinião? O tal casal foi inflexível? Foi, como muitos frequentadores dos salões brasileiros costumam ser. Mas a condução do conflito, por parte da funcionária, não foi a ideal. O serviço de restaurantes, notadamente os de proposta mais refinada, precisa dominar aquela estranha arte de saber dizer não – porém, sem dizer não. Isso envolve talento pessoal, mas, acima de tudo, é questão de treinamento.

Uma capacitação adequada permitiria até que a funcionária transformasse a situação numa oportunidade pedagógica. Para começar, seria interessante contar que o couvert não se resume a pão, manteiga e companhia: ele representa uma taxa para a "cobertura" de custos de uma mesa bem posta. Por isso ele não é servido na fila; é uma convenção, não mera proibição do chef.

Por fim, se ela olhasse o cardápio no detalhe, teria identificado dois ou três petiscos semelhantes aos itens do couvert. E a querela talvez se resolvesse se ela propusesse assim: "Vamos fazer uma coisa? O couvert, eu levo para vocês na mesa. E, para comer agora, que tal pedirmos essas duas sugestões?".

Sou capaz de apostar que o desfecho teria sido outro.

Pizza no almoço: você encara?

Publicado em 24/6/2016 no site do *El País Brasil*

Pizza é comida de almoço? Para mim, sem dúvida. Não só para mim, evidentemente: na Itália, berço da receita, as pessoas a consomem de dia e de noite. É curioso que em São Paulo, metrópole de paladar tão italianado, onde se vendem centenas de milhares de pizzas diariamente, a possibilidade cause algum estranhamento. Você, sempre de olho na ingestão de carboidratos, também está achando esquisito? Quem sabe passe a concordar comigo até o fim do texto.

Desenvolvi uma argumentação peculiar com aqueles que se espantam quando comento minhas intenções de almoçar, por espontânea vontade, uma marguerita ou outra do tipo. Simplesmente pergunto: você comeria, agora ao meio-dia, uma salada caprese (mussarela de búfala, tomate e manjericão) com fatias de pão? E uma pasta fresca ao pomodoro, coberta com parmesão ralado? Diante do provável "sim", apenas observo que, nos três casos, trata-se de... massa, queijo e tomate.

Comer pizza no almoço tem a ver com hábito e com condicionamento cultural, eu sei. Mas não somente. Ainda não são muitos os estabelecimentos que oferecem essa opção durante o dia (estamos falando de pizza boa, feita dentro de critérios minimamente à italiana, Ok?). Por outro lado, a notícia alentadora é que o número de lugares que a servem ainda sob a luz do sol só faz crescer.

Fora isso, há a qualidade da dita cuja. Você associa pizza a bombas calóricas, a digestões lentas e sofridas, a massas pesadas e embatumadas, camadas e mais camadas de queijos e molhos? Eu não tiro sua razão, pois, por muito tempo, esse foi o padrão do mercado (vamos lembrar, com benevolência, que os imigrantes que vieram para São Paulo, ao fugirem da fome em sua terra natal, criaram aqui o costume da fartura em excesso). Mas, convenhamos, não precisa ser assim.

A minha pizza de almoço ideal tem, predominantemente, discos leves, bem levedados, macios e finos no meio e com bordas aeradas; mussarela de búfala em quantidade parcimoniosa; molho de tomates maduros e um toque de azeite. Como aficionado pelo tema, fico feliz em constatar que São Paulo vive uma fase interessantíssima para a especialidade. Há uma nova leva de casas que, mais e mais, vêm se aproximando dos cânones napolitanos, com receitas equilibradas e usando bons ingredientes.

Exemplos dessa vertente? Leggera, Carlos, Rossopomodoro (dentro do Eataly), Grazie Nápoli (na vizinha Santo André), Forquilha... Nos últimos dias, fiquei particularmente bem impressionado com a caçula do clube, a Nápoli Centrale, que abre, vejam, às 8h. Inaugurada na semana passada dentro do Mercado de Pinheiros, a pizzaria dos chefs Marcos Livi e Gil Guimarães é uma homenagem ao espírito original da receita. As redondas, individuais, são servidas no balcão e em mesinhas bem informais, sem frescura – mas com respeito. Têm preço amigável (R$ 20, em média) e caem muito bem a qualquer horário. O forno (italiano) é a gás, já que as limitações do local impedem o uso de lenha. E o resultado, com discos assados por pouco mais de um minuto, acima dos 450 graus, entusiasma.

Quando cito o tal bom momento da pizza na cidade, me refiro especialmente à geração que chega. Mas não só. Também penso na oportunidade singular de percebermos a convivência, dentro do mesmo mercado, de decanos em atividade há muitas décadas; e de endereços que, ao longo dos últimos anos, viraram sucesso de público.

São Paulo, não custa lembrar, e graças aos imigrantes do sul da Itália, teve pizzarias estabelecidas antes mesmo de Milão, ao norte. A linhagem da pizza paulistana, por assim dizer (e vai aqui uma leitura bem pessoal), nos leva a ícones da tradição, como a Castelões, aberta em 1924, ainda hoje atendendo a clientes fiéis no Brás e com o forno tinindo, a espantosos 600 graus; e a Speranza, fundada em 1958, introdutora da clássica marguerita no Brasil e sempre lotada.

Depois, nos conduz a praticantes do estilo "massa fininha", como a Monte Verde (1956) e a Camelo (1963), ambas criadas por não italianos. Ou mesmo à escola da Mooca, em endereços como a São Pedro (1966) e Do Angelo (1971), com seus recheios fartíssimos e suas pizzas servidas também no balcão. E passa pela consolidação do mercado com empreendimentos como 1900, Margherita, Primo Basílico, Veridiana, Cristal e tantos outros mais, que, em abordagens diversas, colocaram a pizza dentro de um contexto de restaurante.

Quase que como um elemento de transição entre os clássicos e a Itália contemporânea, a Bráz (1998) surgiu acendendo uma vela para a Castelões e outra para San Genaro, o padroeiro de Nápoles (sem deixar de fazer suas orações para os *pizzaioli* modernos das grandes metrópoles). Mais recentemente, a rede conseguiu implementar o processo de fermentação natural em todas as suas pizzas, um feito de impressionar, diante da enorme escala de produção.

Aqui, cabe um comentário sobre massas. Pizzas feitas com descansos mais longos, mesmo com fermento biológico (em pouca quantidade, de preferência), desenvolvem mais sabor e são mais digestivas. Discos elaborados com pressa, no ritmo veloz do *delivery*, e assados abaixo da temperatura adequada (o melhor é perto de 400 graus; idealmente, acima dos 450) tendem a ser mais densos, encruados. Se juntarmos isso a molhos carregados e queijos e embutidos de pouca qualidade e "sem miséria", chegaremos à equação que explica a má fama da pizza como a sabotadora de dietas.

O caso de André Guidon, dono da Leggera, é exemplar. Ele entrou no ofício quase por acaso, movido por uma dúvida misteriosa: por que as pizzas comidas por aqui, em sua maior parte, eram tão indigestas? Começou a pesquisar o tema e foi achar as respostas em Nápoles, onde acabou se tornando certificador da Associazione Verace Pizza Napoletana (uma entidade que atesta o rigor na elaboração das redondas, tanto na receita como na execução). Voltou ao Brasil e trabalhou como consultor de vários empreendimentos, até abrir sua própria casa, em 2013. Hoje, ele reconhece: o mercado brasileiro começa a ter pizzas com frescor e leveza, sim.

Puxo pela memória, vou até onde posso na infância e verifico que comi minha primeira pizza muito antes do primeiro hambúrguer. O sanduíche, convertido atualmente numa verdadeira febre, não era tão difundido nos anos 1970. Era preciso ir a lugares como as Lojas Americanas, na Rua Direita, para prová-lo – muito antes de as grandes cadeias chegarem por aqui. Pizza, por outro lado, havia em quase toda padoca, para comer por pedaço, no balcão, e feita em forno a lenha. Minha preferida era a da extinta Ayrosa, no Largo do Paissandu. Sem mencionar a esbórnia nos rodízios como os do Grupo Sérgio, então uma novidade, onde a molecada ia disputar quem comia mais fatias num mesmo almoço (não, não era bom; mas a gente aguentava o tranco).

Agora, quando vivo a chance real de comer mussarelas, margueritas, marinaras e outras mais – de qualidade – no almoço, me dou conta do seguinte. Já que os discos são abertos e finalizados à minuta e, no forno, não permanecem mais do que dois minutos, não seria a pizza, então, a verdadeira (e melhor) *fast food*?

Elas quebram tabus na cozinha
Publicado em 8/7/2016 no site do *El País Brasil*

Miriam Moriyama fala baixo, sorri discretamente e, diante de elogios, demonstra modéstia. Numa primeira impressão, desempenha o papel que o senso comum associa ao comportamento padrão das mulheres japonesas. Entretanto, ela é uma profissional da cozinha nipônica, um ambiente de notória predominância masculina. E, mais ainda, comanda uma brigada numerosa como chef do Shiso, um dos restaurantes do hotel Grand Hyatt do Rio de Janeiro.

Nascida na Argentina de pais japoneses, Miriam já liderou o Matsuri, em Santiago, e passou por restaurantes na América Central. Morou no Japão, onde aprimorou sua técnica nos pratos quentes e, sim, na cozinha fria –

mãos femininas manipulando sushis e sashimis, lembremos, era algo impensável anos atrás. O motivo mais alardeado: uma suposta temperatura corporal acima do ideal, o que prejudicaria o resultado final. "Tudo bobagem. Essa história de que as mulheres têm mãos quentes não tem nada a ver. Era só preconceito, mesmo", explica Shin Koike, chef do Sakagura A1, recentemente declarado pelo governo japonês como seu embaixador culinário em solo brasileiro.

Koike reconhece que, mais e mais, as mulheres têm ocupado espaço nos restaurantes gastronômicos (nos izakayas e nos estabelecimentos de *katei ryori*, a comida caseira, as cozinheiras são mais presentes). Raras, entretanto, chegam à posição de chef. Será que o exemplo de Miriam haverá de iluminar não apenas as jovens aspirantes a *itamae* (chef em japonês), mas também os próprios restaurateurs? Fazendo uma analogia um tanto marota, é curioso lembrar que, até muito recentemente, os sushimen que não fossem destros eram discriminados na profissão – pelo fato de seus gestos, seus cortes, sua dinâmica de trabalho, enfim, serem diferentes. Até que um dos mais festejados profissionais do planeta, o decano Jiro Ono (protagonista do documentário *O Sushi dos Sonhos de Jiro*, de David Gelb), irredutivelmente canhoto, conquistou fama mundial e também tem contribuído para aliviar o estigma.

Voltando à Miriam Moriyama, a chef não chega a ser uma ortodoxa do receituário japonês. Seu trabalho é profundamente nipônico, sem dúvida. Mas carrega marcas de uma extensa vivência internacional, nas combinações, na condimentação, nos toques autorais. Por outro lado, seu arroz é dos melhores que provei ultimamente, em mordida, em equilíbrio entre doçura e acidez. E seu desempenho é notável com os peixes e, em especial, com carne de gado wagyu.

A performance da cozinheira é serena, de gestos contidos, de silêncios pontuados por observações concisas à equipe. Miriam não se altera e, quando muito – não sei fiz a leitura correta, sentado no meu canto –, controla a brigada pelo olhar. Ou, para usar a expressão de outro grande chef, Tsuyoshi Murakami, do Kinoshita, dá apenas aquela "bronca de japonês", quando uma mirada mais penetrante se revela mais forte do que um grito.

Foi observando o trabalho da jovem nipo-argentina que me ocorreu o tema da coluna. Nem penso só na crescente presença feminina nas cozinhas profissionais (em muitos casos, com sua realidade de salários ainda menores do que os deles). Meu ponto são as mulheres que têm se afirmado em territórios historicamente associados aos homens, como os restaurantes japoneses. Mas não só eles.

Já se especulou sobre se haveria (e o que seria) a expressão do feminino na gastronomia profissional – já que, historicamente, elas sempre cuidaram mais da cozinha de casa. Grosso modo (grossíssimo, até), a tendência sempre foi cair em generalizações do tipo: pratos mais delicados; apresentações mais graciosas; lideranças mais protetoras e acolhedoras. Isso, sem mencionar divisões do tipo: "a relação da mulher com a comida tem a ver com o cuidado com a família, como expressão do espírito maternal"; "a relação do homem passa pelo desenvolvimento do ofício, pela criatividade, pela afirmação de processos e técnicas".

Será que isso realmente tem fundamento? Cultivar a generosidade com os comensais, buscar a satisfação do público, querer surpreender, almejar a perfeição, me parecem traços comuns aos bons chefs, sem distinções. Fico em dúvida se o que há, de fato, não são diferenças de estilo, de personalidade – o que tem mais a ver com questões individuais do que de gênero.

Tomemos o exemplo do Maní, restaurante cuja força inventiva emana de Helena Rizzo e Daniel Redondo. Há limites demarcados nas situações de criação? Onde começam as atribuições dela, até onde vai a jurisdição dele? Por que imaginar que Helena seja só poesia e intuição, e Daniel represente a técnica e a experimentação? É evidente que existe um intercâmbio, uma soma de talentos, uma alternância de competências.

Mais ainda do que o balcão do sushiman, talvez não exista contexto culinário mais associado à virilidade do que o universo do churrasco. A visão mais simplificadora nos leva a um festim de grelhas, facas, ganchos, nacos de carne, glutonice, brasas, fogo (tudo aquilo, enfim, de que gostava Hefesto, o mais bruto e resoluto dos deuses da mitologia grega). Dá para conceber um restaurante com tal perfil sob a batuta – ou, se preferirem, sob o cutelo – de uma mulher?

Ligia Karazawa, paulista, também descendente de japoneses, é justamente a chef de uma casa cujo nome, Brace, significa brasa, em italiano. Restaurante mais reservado (fica no último piso) dentro do Eataly, o Brace prepara seus pratos principais e suas guarnições majoritariamente na grelha. Não é uma churrascaria, mas tem nas chamas e na defumação os traços mais marcantes de sua linguagem. Elementos que, para Ligia, nunca foram obstáculos. A linhagem das mulheres que cultivam por aqui a culinária do fogo, diga-se, não vem de hoje e inclui nomes como Paola Carosella e Gabriela Barretto, entre outras.

Cozinheira com formação europeia, com passagens por alguns dos melhores endereços da vanguarda espanhola (em São Paulo, ela comandou o contemporâneo Clos), Ligia diz que, para ela, o repertório técnico e a disposição para liderar se sobrepuseram aos estereótipos. Ela explica que trabalhar com grelhados não é meramente questão de força ou de suportar o desconforto do calor. "Tem a ver com técnica, com a sensibilidade para observar parâmetros como tempo e temperatura". Nesse momento, me parece automática a lembrança do brilhante Bittor Arguinzoniz, do Etxebarri, no País Basco, talvez o cozinheiro que melhor tenha entendido que as brasas têm o poder de não apenas produzir delicadezas, mas de ser um instrumento para a alta gastronomia.

Quando em ação, Ligia é quase o oposto de Miriam. Comunica-se o tempo todo com os demais membros da brigada e, ainda que seu posto fixo seja o da chamada boqueta, liberando pratos para o salão, ela parece se multiplicar e marcar presença por todas as praças da cozinha de formato quadrado do Brace, onde a maioria dos assistentes é jovem (e as mulheres são minoria). Existe concentração e senso de urgência. Mas nada que evoque a fúria do mencionado deus grego, sempre de martelo e bigorna em punho. O que me dá um certo alívio.

Na condição de cidadão urbano e cordato, pouco impositivo fisicamente, sem barbas hirsutas nem tatuagens, confesso que eu mesmo fico deslocado dentro de uma certa atmosfera *macho man* que se criou em torno do churrasco. Ou melhor, em torno de uma certa vertente anglo-americana, retratada em *reality shows* e afins. Como se sentir confortável entre o clichê do gaudério, o gaúcho da campanha com seus trajes de vaqueiro, e o ogro *lumberjack* dos tempos atuais – com seus dogmas sobre prime ribs, bacon e coisas do tipo? Brincadeiras e caricaturas à parte, é preciso fazer justiça e destacar que eventos como o Churrascada, de nome autoexplicativo, vêm recebendo cada vez mais assadoras entre os seus participantes, Ligia Karazawa inclusive. Elas simplesmente aprenderam a passar por cima de piadinhas machistas, assim como não dão bola para o calor acima de 50 graus que prevalece ao redor da grelha.

Temperaturas altas também nunca foram problema para Larissa de Negreiros Teixeira, pizzaiola da Bráz (a única, de toda a rede). Aos 19 anos, a piauiense trabalha na unidade de Perdizes desde a inauguração, no ano passado. Mas começou no *delivery* – "uma excelente escola", reconhece –, onde aprendeu a importância de manter o vigor sem vacilar no padrão. No serviço de entrega, eram até 350 pizzas aos sábados e de 100 a 120 nos dias de semana.

Seu cotidiano é no balcão, perto do forno, abrindo discos, dosando coberturas, dominando de cabeça algumas dezenas de receitas. A idade é pouca, mas a experiência é considerável: ela acompanha a produção de pizzas desde os 13 anos. Foi observando o pai, ex-funcionário da Bráz e dono de pizzaria (ele morreu em 2014), que Larissa aprendeu a gestualidade do ofício, a sensibilidade com a massa, os macetes na manipulação do forno – ao bom forneiro (e à boa forneira, perdão), cabe a cocção perfeita da pizza, girando-a com a pá dentro do forno, em busca de uma cor uniforme, com muita atenção na propagação do calor (a lenha fascina justamente por suas surpresas e imperfeições).

Preconceito, ela conta que nunca sentiu. Assumiu seu posto de trabalho e seguiu adiante. "Larissa se impôs muito bem desde o começo, sendo muito profissional e sabendo se integrar. Além disso, o time de Perdizes é jovem, o que facilitou", conta Ricardo Garrido, diretor de operações da Cia. Tradicional de Comércio.

O aspecto delgado e a leveza de movimentos podem induzir a uma falsa impressão de fragilidade: Larissa prepara cerca de 80 redondas por noite, em jornadas de nove horas contínuas de pé. Da minha mesa, pude constatar uma coreografia incessante de massas abertas na mão, molhos que se espalham, coberturas que se agregam. A rotina pode ser pesada; mas a expressão da pizzaiola, que quase não se dispersa, é leve.

Seu Trasso, figuraça da gastronomia paulistana
Publicado em 5/8/2016 no site do *El País Brasil*

Não sei se ele era um restaurateur, no sentido mais clássico do termo. Nem meramente um patron, aquele que é proprietário e também comandante. Deixando francesismos de lado, eu diria em português claro que Thrassyvoulos Petrakis, a alma do restaurante Acrópoles, era uma das figuraças da gastronomia paulistana. Como Nello Rossi, Giovanni Bruno e tantos outros. Seu Trasso, como ficou conhecido, morreu aos 98 anos, depois de mais de meio século trabalhando no dia a dia da casa que se tornou sinônimo da culinária grega em São Paulo.

Seu Trasso, por décadas, cuidou das compras (sempre cedinho, toda manhã), da organização do despojado salão, das sugestões da cozinha, de receber os clientes e supervisionar tudo o que acontecia no Acrópoles. Abria e fechava a lojinha, como muitos imigrantes – de diferentes ramos comerciais e nacionalidades – do Bom Retiro. Começou como garçom (o restaurante foi fundado em 1959) nos anos 1960, virou proprietário nos anos 70. Com método e estilo próprios, ele conseguiu a proeza de criar um estabelecimento longevo, bem-sucedido, mesmo trabalhando com uma especialidade culinária menos difundida, em comparação com a italiana, a japonesa, a libanesa.

O esquema de serviço e a ambientação também sempre foram muito singulares. O cliente vai até a entrada da cozinha, onde escolhe os pratos, simples e bem apurados, como moussaká, lula recheada, polvo ao vinho; senta-se em mesas despojadas e apertadas; pede bebidas e outros itens a garçons sem muitos salamaleques; paga um preço razoável (que, às vezes, por conta de um desprevenido entusiasmo nos pedidos, pode ser alto). Tudo com senso de padrão, com regularidade. Mas a essência, reconheçamos, era a presença do Seu Trasso, circulando, ajudando (e atrapalhando), orientando escolhas, conversando com um aqui, outro ali. Eu me lembro, particularmente, de uma conversa nossa em 2004, na mesma semana em que a Grécia havia vencido a Eurocopa, uma zebra inacreditável. O homem estava radiante, brincando com todos à volta, sempre com seu jeito peculiar de se expressar. "Quer uma pergunta? Pode querer." Era assim que ele se mostrava pronto para a entrevista.

Vai fazer falta, enfim. Como já fazem vários outros de sua estirpe, que nos deixaram nos últimos anos. Estou me referindo ao dono-carismático-onipresente-que-é-patrimônio-da-cidade. Uma espécie sob risco de extinção, pelas próprias mudanças de conceitos e práticas do mercado.

Eu lembro vivamente, por exemplo, de Nello Rossi circulando pelas mesas da Nello's, a cantina que fundou em 1974. Sempre recolhendo, de forma obsessiva, latas vazias, copos sujos, guardanapos usados. Romano de nascimento, ator de formação, ele ficou famoso como garoto-propaganda da US Top, com o bordão "Bonita camisa, Fernandinho".

Nello era um contador de histórias espirituoso, em especial do mundo do cinema, dos tempos em que participava de filmagens na Cinecittà em estúdios americanos. Também sabia ser idiossincrático (um tanto turrão, diriam alguns) e, de certa forma, sempre esteve um pouco na vanguarda em algumas decisões. Como o fato de ter escolhido o bairro de Pinheiros para se instalar, numa época em que a maioria das casas italianas ia para a região do Bixiga. Ou criando um salão especial para fumantes, muito antes da proibição oficial ao cigarro. Ele se foi em 2013 e as duas unidades da cantina seguem firmes, sob o comando da mulher, Rina, e de seus herdeiros.

Em 2014, com intervalo de dias entre um e outro, a cidade perdia ainda outros dois grandes anfitriões. Mais do que isso: dois inventores de Itálias míticas, recriadas em São Paulo, e de estilos completamente diferentes. Giovanni Bruno, nascido na Campânia, personificava a cultura cantineira. O imigrante emotivo, afetuoso, um tanto faroleiro. Já Giancarlo Bolla, natural da aristocrática Costa Azzura, ajudou a implantar a restauração mais fina na cidade, criando uma verdadeira escola de serviço.

Bruno se tornou celebridade, primeiro, como garçom do Gigetto, a cantina de maior sucesso nos anos 60. Depois, com seus próprios estabelecimentos. Cativava tanto os *habitués* abastados como os mais boêmios e durangos. Na opinião dele, o balanço perfeito da clientela era composto entre os fregueses gastadores, muitos deles famosos, e jovens atores, músicos, com talento, charme e pouco dinheiro – Bruno, frequentemente, oferecia cortesias à classe artística. Não satisfeito em criar uma atmosfera de festa interminável no salão, ele eventualmente invadia a cozinha e transgredia o cardápio oficial. Dessa forma, por exemplo, nasceu um prato que, de legitimamente italiano, tem muito pouco: o capelete à romanesca, com presunto, ervilha, creme de leite e outros ingredientes mais. Uma receita surgida para simplesmente agradar os apetites difusos de um comensal.

Guardo na memória uma imagem de Bruno, durante uma entrevista há uns bons anos, já em seu restaurante Il Sogno di Anarello: acariciando um tomate, polindo-o vagarosamente, explicando que, ao longo de toda carreira, ele sempre fez questão de preparar a salada para seus clientes. "*La insalata* é a minha namorada", explicava, com voz rouca e gestos de declamador de poemas.

Giancarlo Bolla, por sua vez, seguia por outras trilhas, bem diferentes. Formado na rigorosa brigada do Ca'd'Oro, criou o La Tambouille no início dos anos 1970. Antenado com a "cozinha internacional" daquele tempo, com fortes influências francesas, ele paulatinamente reorientou seu norte culinário na direção da Itália. E transformou sua casa num dos mais disputados *ristoranti* de São Paulo. Bolla era perfeccionista, estava sempre atento a tudo, da decoração à dinâmica dos garçons. Mas dominava, como poucos, os macetes de ser, ao mesmo tempo, muito presente e muito discreto.

O La Tambouille virou endereço favorito de boa parte da elite, tanto política quanto econômica. Mas sempre tratou bem todo tipo de cliente, fosse um jovem casal comemorando alguma data especial ou algum simples curioso em sua primeira visita. A hospitalidade era especialidade de Bolla, um legado que seguiu adiante com muitos cozinheiros e maîtres formados por ele – era um revelador de bons profissionais.

Outra cena da qual não me esqueço é a de Belarmino Iglesias sentado num banquinho, perto da entrada do Baby Beef Rubaiyat da Alameda Santos (hoje, a famosa *steak house* é uma potência internacional, conduzida pelo herdeiro Belarmino Filho). Era dali que o fundador da rede, hoje aposentado, controlava todos os movimentos: observava a impaciência do visitante diante de uma eventual demora do prato; pedia, por sua iniciativa, um reforço de guarnição numa mesa com crianças; reparava, pelo rosto, pelos gestos, a satisfação ou não de um cliente com o ponto da carne. E resolvia tudo, geralmente antes até que as pessoas chamassem os garçons. Fazia isso já consagrado, como empresário e pecuarista.

Num universo em que muitos empreendedores iniciantes trabalham duro já sonhando com o momento em que não precisarão ir mais ao restaurante – o que, de resto, é direito deles –, eu sempre penso nos decanos que citei (haveria muitos outros). E, particularmente, no banquinho do Belarmino, estrategicamente posicionado. Eles queriam, acima de tudo, cuidar bem de seus convidados. Pode soar meio nostálgico, quem sabe ultrapassado. Mas a presença e os olhos dessas grandes figuras, quase onipresentes, eram muito mais confortadores do que a onisciência automatizada das câmeras internas de segurança. Ou, pior, das câmeras dos *smartphones*.

Atualização: Belarmino Iglesias também morreu, em maio de 2017.

Vinho é caro e complicado.
Como querem que o consumo aumente?
Publicado em 19/8/2016 no site do *El País Brasil*

Os brasileiros bebem pouco vinho. Muito pouco, comparado à média de vários outros povos. Por quê? Eu tenho alguns palpites, que apresento por minha conta e risco. Não descarto nenhuma teoria. Inclusive a possibilidade de que o gosto nacional talvez esteja mais para cervejas geladas do que para tintos e brancos. Mas não acho que seja isso. Enxergo outras hipóteses como bem mais determinantes.

Como sabemos, o vinho não é nada barato por aqui. Os preços no varejo e no restaurante costumam ser desanimadores (neste momento, ouço as vozes protestando: "Não ignore os absurdos impostos, os custos locais, o câmbio, as taxas de cartão, as dificuldades de colocar o produto na prateleira e na mesa!"; eu sei, eu sei, é indiscutível; mas não vou tratar disso). O produto ser caro e ter dificuldade de penetração, a meu ver, decorre de dois enfoques principais. Vejamos.

Nosso governo sempre enxergou o vinho como item de luxo, não como um produto alimentar. Isso é o ponto de partida para uma série infernal de obstáculos e políticas equivocadas. Paralelamente, e para além das estratégias de posicionamento, comerciantes, profissionais da gastronomia, imprensa, formadores de opinião, sempre tiveram dificuldades em apresentá-lo a um contingente maior da população. Fomos eficientes – assim mesmo, na primeira pessoa do plural – em conquistar adeptos até uma certa fatia da classe média. Mas não soubemos – idem, primeira pessoa do plural – descomplicá-lo. Na maior parte do tempo, pregamos para convertidos. De forma geral, um sentimento na linha "melhor garantir o que se tem do que tentar expandir a clientela". Preservemos o clube, com os fiéis associados de sempre.

Quando comecei a trabalhar com conteúdo de gastronomia, treze anos atrás, eu acalentava alguns propósitos. Queria transformar uma paixão pessoal em ofício; exercer jornalismo rigoroso e fundamentado num tema associado, mais comumente, às amenidades. Mas eu também desejava contribuir para a evolução do cenário local. Entre outras coisas, queria ver os consumidores daqui aproveitando o vinho de um jeito mais espontâneo. Tomando doses de um tinto simples pelo preço de um chopinho. Encarando o vinho como algo do cotidiano. Eu imaginava que poderíamos ter à mão taças de R$ 6 ou R$ 8, para bebericar no papo com amigos, como nas tabernas da Toscana ou nas tascas de Lisboa. Ainda não temos.

Naquele distante 2003, a média de consumo da bebida no Brasil era quase dois litros por ano. Hoje, ela está em torno de... um pouco mais de dois litros por ano. Isso é dez vez menos do que a Argentina, e vinte vezes menos do que a França – guardadas as devidas diferenças culturais. Reconheçamos que, de treze anos para cá, avançamos em vários frentes: mais importadoras; mais e melhores produtores nacionais; mais profissionais e estabelecimentos especializados; sommeliers de talento; novas publicações e eventos; mais difusão do conhecimento em comida e bebida. E, no entanto, parece que pouco se caminhou. Parêntese importante: os vinhos "de mesa" (de garrafão e afins) ainda são bem mais vendidos do que os "vinhos finos" (feitos com uvas viníferas).

Estatísticas precisam sempre ser observadas com cuidado, é claro. Se contarmos o que se bebe na Serra Gaúcha, na zona sul carioca ou na região paulistana dos Jardins, chegaremos a níveis bem mais altos. Em contrapartida, os patamares são quase nulos em vários outros cantos do Brasil. Consumir mais vinho tem a ver com a economia, claro. Mas também com hábito, informação, berço (no sentido quase literal: chilenos e uruguaios, por exemplo, já nascem entre uvas e garrafas). Nesse quesito, tem sido difícil ir além das fronteiras estabelecias.

A classe C, hoje pauperizada, parece não ter sido seduzida pelo vinho, mesmo em seus recentes anos mais prósperos. Seria só questão de dinheiro? Não me parece. Em tese, quem pode organizar um churrasco (a gente sabe o preço da picanha) também tem condições de comprar uma garrafinha para acompanhar a carne. O fato de a cerveja ser sempre a preferida pode ter a ver com simples opção de gosto. Contudo, eu acho que vai além disso.

O vinho segue intimidador para muita gente. Mesmo nas novelas, quando um personagem aparece sorvendo seus goles, geralmente é o "cara fino" da trama. E sabem o que eu mais ouço, quando converso com alguém que está começando a tomar vinho, ou se encorajando para isso? Observações do tipo: "Fico com medo de errar na compra"; "Quando eu bebo, eu até percebo algumas coisas, mas não sei se é certo o que eu estou achando"; "Eu não identifico aromas"; "Não consigo adivinhar o cheiro daquelas frutas e flores todas que o pessoal comenta". O que eu digo, nesses casos? Se você gostou, é o que basta. Apenas siga em frente. Anote o nome dos vinhos, especialmente os que mais agradam. Tenha alguma atenção e perceba se suas preferências pendem para alguma uva em especial, para alguma região em particular. Mas experimente mais, preocupe-se menos.

Recentemente, fui a um bar que exibia na parede um cartaz com inscrições na linha "como apreciar um bom vinho". No quadro, expunha-se a famosa cartilha: 1) observe a cor da bebida; 2) gire a taça e sinta os aromas; 3) tome um gole e aspire. Imagine-se na pele de alguém que só quer tomar um trago, sem desenvolver nenhum discurso a respeito: será que apresentar esse tipo de convenção faz sentido? (Pensei inclusive em quantos não esgasgaram tomando o tal gole e aspirando ao mesmo tempo).

Uma coisa é degustar profissionalmente, ou mesmo como *hobby*, mas com a intenção de avaliar um produto. Outra coisa é difundir a ideia de que a tal sequência de gestos é condição indispensável para entornar uma humilde tacinha. Aquilo que, na origem, serve para analisar tecnicamente um vinho (aspectos visuais, olfativos, gustativos) não deveria ter virado cacoete de consumo. É importante dizer que a investigação das tais características organolépticas (com o perdão do termo) não é frescura quando dentro do contexto adequado. Fora dele, no entanto, pode soar apenas como esnobismo.

Façamos uma analogia com a comida. Em nenhum restaurante encontramos instruções sobre como devorar um prato ou uma entrada. Tirante em uma ou outra situação – experiências mais vanguardistas, por exemplo, que requeiram explicações sobre o menu –, normalmente o garçom não precisa nos ensinar a olhar, cheirar e morder. Com relação ao vinho, entretanto, determinou-se que sempre necessitamos de uma codificação específica. Com a comida, cada experiência tem sua singularidade, e transitamos por várias situações sem muitos traumas, do boteco ao restaurante de luxo, cada qual com suas características. Com o vinho, no entanto, parece que as coisas perdem a espontaneidade. E mesmo os endereços mais triviais acabam querendo emular os rituais de um serviço formal.

É verdade que tintos, brancos e espumantes dependem de uma estrutura mínima para serem apreciados. Pressupõem temperaturas mais adequadas, um certo cuidado no armazenamento, alguma atenção no momento de servir. E é evidente que um grande vinho merece as melhores taças disponíveis, uma eventual decantação, técnica – isso só valoriza a bebida. Porém, rituais têm hora e lugar certos. Não carecemos daquele constante clima de minueto no Palácio de Versalhes a cada vez que se desarrolha uma garrafa.

Eu sonho em ver o vinho servido com a naturalidade com que os bascos tomam copos de Txakoli no balcão dos bares de *pintxos*. Ou matando a sede da família num domingo comum, acompanhando um frango de padaria – sem precisar ser dia de festa. Tudo em convivência harmônica com as degustações dos grandes rótulos e com o serviço refinado dos restaurantes gastronômicos. Vai ser um tempo em que as autoridades tratarão a bebida como alimento, sem tantas armadilhas tributárias e burocráticas. E os comerciantes, do importador ao dono do boteco, ganharão muito mais na escala, num ampliação notável da base de consumidores. O vinho será, enfim, para todos que se interessarem por ele. (E, por favor, não pense assim: "parece que bebe...").

Na dúvida, seu melhor crítico é você
Publicado em 4/9/2016 no site do *El País Brasil*

Sempre gosto de contar sobre um rápido diálogo travado anos atrás, num táxi em Lisboa. Ao passar por uma rua repleta de lugares para comer e beber, apontei para um estabelecimento vistoso, cheio de clientes, e perguntei ao motorista: "Aquele restaurante é bom?". Ele me olhou de um jeito desconfiado e apenas devolveu: "Depende do que tu queres". Na hora, achei só engraçado – era o gajo a ficar em cima do muro diante da curiosidade do viajante. Depois, percebi que a resposta ocultava uma sutil sabedoria, fazia pensar sobre expectativas e desejos. Sim, depende do que queremos.

Passei os últimos anos resenhando restaurantes, falando de ingredientes, de preparações, de tradições e novidades. E tentando responder, no âmbito da comida, à velha questão da qual aparentemente se esquivou nosso amigo português. O que é bom? Existe fórmula, há régua e gabarito? Na maior parte das vezes, não. Embora até haja valores e parâmetros invariáveis, que extrapolem os limites da subjetividade. Quais? Se um restaurante vende alimentos estragados, obviamente ele é ruim (é uma ameaça, eu diria). Se uma casa emprega garçons que insultam e agridem clientes, idem (talvez só os masoquistas gostem). O mesmo podemos pensar daqueles que não garantem as condições mínimas de limpeza do salão, das cozinhas.

Tirando essas hipóteses extremas, contudo, corremos o risco de derivar para um campo de incertezas – ou melhor, mais de certezas individuais do que compartilháveis. (De novo, me vem à cabeça o taxista lisboeta, com seu jeito ressabiado: "Depende do que tu queres").

Então, dividir opiniões sobre pratos e jantares é quase uma impossibilidade, diante do tamanho grau de questões pessoais implicadas na avaliação? É evidente que não. Podemos discordar, podemos até ter dificuldades no próprio entendimento das vontades e anseios dos outros. Mas sempre poderemos refletir e conversar a respeito. E, no caso de quem faz isso profissionalmente, o mais adequado é fundamentar suas opiniões, indo muito além do gostei/não gostei. Manoel Beato, o brilhante sommelier do Fasano, me lembrou recentemente de uma ótima frase: ao crítico, mais do que definir o restaurante, cabe descrever bem a experiência que ele próprio teve no restaurante. Faz todo sentido. Até porque, numa refeição, a vivência é sempre única – porque o objeto, na prática, é único. Explico melhor.

Quem for ao cinema assistir ao tão comentado *Aquarius*, por exemplo, verá sempre o mesmo filme. E a obra seguirá a mesma se vista na TV ou no *tablet*. Isso também acontece com o novo álbum dos Pixies: muda o meio, mas as canções gravadas serão iguais para todos. Ou com um livro, com um quadro. Já com um prato de restaurante, é diferente. O sushi, o pato no tucupi ou o espaguete à carbonara provados por mim não serão exatamente iguais para mais ninguém. Se o cozinheiro conseguiu uma execução sublime ou medíocre, só quem comeu saberá informar (e padrão, nas cozinhas, é sempre um problema). Relatar se um restaurante é bom, ou não, é então um desafio intransponível? Certamente que não. Mas é preciso ter método e critério.

Recentemente, o jornalista Rafael Tonon quis saber minha opinião para uma reportagem que escrevia, de título bastante provocativo: "Por que críticos quase sempre falam mal de restaurantes de que você gosta". É um assunto dos mais saborosos, reconheçamos. O ponto central era tentar descobrir por que motivo os ditos especialistas, no geral, não apreciavam casas de grande sucesso de público. Um tema que rende conversa interminável. Deixei lá meus dois tostões de contribuição, mas fiquei matutando a respeito.

Em tese, o senso de "qualidade"do crítico é forjado dentro de um certo rigor, de determinados níveis de exigência. A noção de "bom" do grande público, por sua vez, não necessariamente passa pelo discurso do equilíbrio de sabores ou da técnica culinária. Grosso modo, é o velho embate entre o gosto cultivado e o gosto *pop*. Quem ganha o confronto? Ecoando o amigo portuga, depende do que queremos.

É muito comum, nos prêmios dos veículos especializados em gastronomia, nos depararmos com resultados do tipo "melhor italiano, segundo a crítica: Fasano"; e "melhor italiano, segundo o público: Famiglia Mancini". Há um notório abismo separando as duas correntes. Por trabalharem com linguagens e expectativas diferentes demais entre si, os mundos praticamente não se comunicam. E, no entanto, não se pode afirmar que um esteja certo e o outro, errado. O crítico, do seu lado, não costuma incluir os favoritos do público em seu território de análise. Mas talvez aconteça algo pior: é provável que ele nem disponha das métricas adequadas para julgar se, dentro da sua modalidade, o tal popular é competente ou não. É provável, que, por vezes, ele seja simplesmente sectário e implicante.

Escrever sobre comida tem a ver com repertório, com perfil de paladar, com o relato de experiências muito pessoais. Até para atenuar o peso desses fatores "intransferíveis", o crítico acaba se apegando a alguns parâmetros um pouco mais técnicos para emitir opiniões. E se concentra no tradicional tripé comida, ambiente, serviço. Muitas vezes, no entanto, a ele escapa que um restaurante possa se comunicar com seu público usando outros códigos que não os da gastronomia. Vou esclarecer melhor – sem deixar de observar que o referido sucesso de público não tem a ver, necessariamente, com preços baixos.

Tomemos como exemplo um estabelecimento de forte apelo comercial, o Paris 6. Não aprecio sua performance culinária nem sua proposta de restauração (os frequentadores discordam de mim, claro). Mas penso que ele pode ser entendido como um fenômeno de comunicação dentro de um nicho; de relacionamento interpessoal; de ação de mercado. Seus *habitués*, suponho, são capturados pelas afinidades com o dono, pela proximidade física das celebridades que circulam pela sala, pelo conjunto do programa (que, por acaso, também inclui comer e beber).

E como explicar o sucesso de décadas da Famiglia Mancini, comumente lotada e com longas esperas? Eu arriscaria que o frequentador da Rua Avanhandava encontra ali uma vibração e um acolhimento muito próprios – que não entram nos radares e sonares da crítica. Walter Mancini foi pioneiro em oferecer, por aqui, coisas como: parcelamento no cartão de crédito; um sistema de agenda que lembra dos aniversários dos clientes; uma notória orientação de proporcionar muito mais um "instante de felicidade" do que uma experiência dos sentidos. A comida, ao estilo cantineiro, vai calar fundo nos visitantes que buscarem a nostalgia das macarronadas de domingo entre famílias de imigrantes. Mas não resistirá ao exame de quem prefere a pasta cozida al dente e receitas mais delicadas.

Obviamente, existem casos de restaurantes bem avaliados pelo público e pela crítica. O Mocotó, que atrai clientes de todo tipo e têm reconhecimento gastronômico, é um deles. A Casa do Porco, com sua clientela diversificada e filas constantes, vai no mesmo caminho. Mas são raros.

Será que o crítico geralmente busca uma experiência singular, enquanto o freguês do restaurante popular, exageremos, só quer se sentir à vontade e encher a pança? Não sei, é uma hipótese. Quando eu escrevia resenhas (parei há um ano), uma das minhas preocupações sempre foi tentar clarear critérios. Um dos métodos era comparar proposta e execução: se o restaurante faz bem o que se propõe a fazer, é sinal de competência. Não dá para querer que um boteco (que se coloque como tal) prime pela fidalguia do maître ou pela complexidade das receitas. Ele tem de ser escrutinado como... boteco. Assim como não se deve ir a uma ópera e sair reclamando que faltou solo de guitarra.

Ter mente e papilas abertas, por outro lado, não é sinônimo de fazer populismo. Uma coisa é reconhecer virtudes que não se enquadram nos limites dos cânones. Outra é negar aquilo que se acredita como bom. Não é porque 95% das pessoas comem peixe bem passado ou macarrão mole que eu vou deixar de defender o "ao ponto" e o "al dente" como mais instigantes e elegantes. É preciso escolher um lado. O que não exclui poder olhar com respeito para o campo aparentemente oposto. Se vai ser bom ou não, depende do que tu queres.

Você realmente precisa ir ao *fast-food*?

Publicado em 19/9/2016 no site do *El País Brasil*

Will Self, o controvertido escritor inglês, espécie de expoente (na literatura) do *britpop* dos anos 1990, também teve sua fase de crítico de restaurantes. Conhecido especialmente pela constantes tentativas de aviltar os leitores com enredos chocantes e tramas delirantes, o autor resolveu escrever sobre comida em 2009, na revista *New Statesman*. Sua proposta era inusual: produzir uma coluna onde ele trataria de almoços e jantares em *fast-foods* e restaurantes de comida pronta – os mais precários, frequentados pelos menos abonados.

Self, criador de obras como *Cock & Bull*, nutre declarado desprezo pela gastronomia. Em suas palavras, "há qualquer coisa de marcadamente infantil acerca de uma cultura que extrai interesse demasiado do que põe na boca". E, ao longo de várias semanas, na pele de crítico, submeteu-se a uma rotina de hambúrgueres, pizzas, curries (obviamente, do pior nível), até reuni-los na coletânea *Real Meals* (*Rangos Reais*, em português; tem em *e-book* e é baratinho). Seus textos, sarcásticos e divertidos, obviamente, não abrem muito o apetite. As resenhas são impiedosas na descrição da baixa qualidade dos ingredientes, pouco generosas com os comensais e, principalmente, implacáveis com as grandes cadeias que comandam as lanchonetes e afins.

Mesmo com o olhar de quem não liga muito para pratos, receitas ou serviço, Self acaba dando margem para algumas questões além do simples polemismo. Eu, do meu jeito e com os meus filtros, penso como o *fast-food* se transformou ao longo dos anos – nem tanto no cardápio, mas aos olhos do público. Será que ele ainda é o sistema mais veloz, conveniente para os apressados? Será que ele ainda é o mais barato? Mais: à luz do conhecimento que temos de culinária e nutrição, alguém ainda duvida que se trata meramente de comida bastante ruim?

Recuemos um pouco no tempo. O costume de conferir *status* de refeição plena ao trio hambúrguer-batatas-refrigerante remonta aos Estados Unidos dos anos 1950. O país vivia toda a pujança da indústria e iniciava a escalada da sociedade de serviços, com seus horários e demandas que iam muito além do expediente *nine-to-five*. Com pouco tempo para o almoço, com grande probabilidade de ter de devorar a comida no próprio ambiente profissional, eis que então surgiu a conveniência dos sandubas rápidos, das fritas sempre quentes. Era, acima de tudo, moderno (assim como, para a geração de nossos pais, eram modernos o leite em pó e o café solúvel). Matava-se a fome, pagava-se pouco, tudo era padronizado e organizado, havia uma aura de constante alegria. Não preciso dizer quão bem-sucedida foi a ideia, por todo o mundo.

Lembro-me, por exemplo, da chegada do McDonald's ao Brasil. Ou, ao menos, a São Paulo. A primeira loja da cidade foi na Avenida Paulista. Mas me recordo, em especial, de uma outra, aberta em 1982 e dentro de uma outra novidade, o Shopping Morumbi. Foi uma aventura entre os colegas da escola: pegar um ônibus na região central, ir até a distante Avenida Roque Petroni Júnior, jogar algumas fichas na Playland, no Donkey Kong (eu perdi tudo, rapidamente, não nasci para videogames) e... comer Big Mac com batatas. Um programa de garotos da baixa classe média, dando a dimensão de que, àquela altura, o *fast-food* parecia legal. Representava o acesso a um estilo de comida (e de entretenimento) inovador, para uma geração que, quando queria comer um hambúrguer, não dispunha ainda de tantas opções.

É evidente que a famosa cadeia do "M" amarelo e seus sucedâneos cresceram, se multiplicaram, e se tornaram sinônimo de comida de estudante. Ou de gente apressada e com orçamento restrito. Ou, pior ainda, viraram alternativa para as crianças.

Contudo, aquilo que parecia uma onda de progresso inesgotável, ao que tudo indica, chega ao seu momento mais delicado. Nunca o gigante McDonald's viveu um declínio tão grande de faturamento como nos últimos anos. As razões? Uma nova consciência nutricional por parte dos consumidores é um dos pontos: *fast-food*, certamente, não é a melhor escolha para a saúde. Não por coincidência, quem mais cresce no segmento é o Subway, com seus sanduíches mais leves e sem frituras. Outro aspecto: falta de novidades no cardápio, o que obrigou a super rede, inclusive, a criar sanduíches de perfil, com o perdão do termo, *gourmet*. E uma concorrência jamais vista em décadas anteriores, tanto em outras modalidades de cozinha rápida como nos hambúrgueres. Basta você olhar para o seu próprio bairro e reparar na quantidade de novas lanchonetes (algumas, realmente boas) inauguradas recentemente.

Numa abordagem bastante idiossincrática, eu diria que as pessoas não têm por que ir ao *fast-food* – a menos que gostem ou sintam vontades específicas, é claro. Seus preços já são iguais ou maiores do que os dos restaurantes por quilo, um sistema também muito rápido. Há *food trucks* com melhor qualidade, cobrando somas muito semelhantes. Existem até opções dentro do *casual dining*, com boas acomodações e serviço, apenas um pouco mais caras do que as grandes redes de lanchonete.

Não deixa de ser curioso, no quesito "pequenos luxos e comodidades", que o mais novo representante da classe a chegar por aqui, o também americano Wendy's, ofereça justamente, entre seus diferenciais, o uso de copos de vidro e a presença de funcionários que levam o pedido até a mesa.

Minha filha, hoje adolescente, nunca foi proibida de comer em *fast-food* – embora nunca tenha sido estimulada. Íamos quando ela pedia, comíamos um sanduíche, as batatas. Porém, ela queria essencialmente os brindes (cachorrinhos, creio, ou coisa do tipo) distribuídos quando se consumia um determinado *kit*. Mas houve uma ocasião em que tudo mudou – e, posso garantir, na condição de pai e de aficionado por gastronomia, foi um momento inesquecível. Num certo dia, almoçando num ótimo restaurante, ela me disse assim. "Pai, aqui a gente não ganha brinquedo, né?". "Não", respondi. E ela declarou: "Não precisa, porque a comida é boa". Bingo: ela havia entendido tudo. É evidente que não vou transformar um episódio pessoal numa generalização. Contudo, é preciso que enxerguemos que crianças não são necessariamente movidas a nuggets e fritas industrializadas.

Passei mais de uma década resenhando restaurantes. Parei porque desejava experimentar outros formatos de trabalho. E, em meus primeiros dias pós-crítica, digamos assim (faz cerca de um ano), fiz questão de me submeter a uma quarentena, ou coisa do tipo. Resolvi que, por um mês, só almoçaria em botecos, restaurantes baratos, eventualmente em *fast-foods*. Sem as pretensões de produzir uma coletânea de causos como a de Will Self. Queria apenas voltar, ao menos por um tempo, à escala terrena dos repastos. Sem entrada, prato, sobremesa, sem menu-degustação. Um período bastante divertido e pedagógico.

Foram dias de arroz, feijão, farofa e costela de boi cozida a R$ 16. De picadinho a R$ 18, R$ 20. De pratos "a peso", como dizem os portugueses, com o trivial disponível nas bancadas. De refeições sem discurso nem epifanias. Algumas, bem direitas; outras, nem tanto (Ah, sim: logo depois eu voltei aos outros tipos de restaurantes).

Posso afirmar, comparativamente, que os *fast-foods* sempre foram as piores escolhas. Em preço e praticidade, inclusive. Do ponto de vista do bem-estar e da saciedade, então, nem há o que dizer (aos gastrônomos, creio, cabe observar não só o sabor, a textura da comida; mas também como ela sustenta e digere). E vou além: nem ganhando cachorrinho em miniatura dá para encarar.

Fazer o próprio pão: coisa de *hipster*?

Publicado em 3/10/2016 no site do *El País Brasil*

Costumo provocar dois tipos de decepção em quem, me conhecendo apenas "de texto", me encontra em carne e osso pela primeira vez. O primeiro: sou menos velho do que o imaginado (seria por influência de meu segundo nome, Américo, flagrantemente das antigas?). O segundo: sou também menos gordo do que o esperado, considerando os temas sobre os quais escrevo. Um terceiro ponto, entretanto, tem ganhado força. Para surpresa de muitos, não sou *hippie* nem natureba – uma associação recorrente a quem se dedica à fermentação natural e seus pães produzidos sem pressa nem truques industriais.

É evidente que os dois primeiros casos aconteciam muito mais até alguns anos atrás, num mundo sem tanta influência dos *smartphones*, do Google Images, do Youtube. O meu rosto, o seu, estão por aí, na rede. Já a presunção de "alternatividade" segue mais frequente. A maioria ainda enxerga um viés contracultural no ato de cultivar leveduras e amassar filões caseiros. O que me fez, por outro lado, pensar a respeito. Seríamos todos nós – os partidários do "feito em casa" – de fato meio *hippies*? Ou, mudando do enfoque "comunidade *flower power*" para um espírito contemporâneo, "antimassificação", seríamos todos meio *hipsters*?

Imagino que você se identifique com alguma das ações a seguir, ou conheça quem as pratique. "Capturar e adestrar" bactérias e fungos selvagens, transformando-os em pães rústicos e delicadamente azedos, que serão besuntados com geleias e manteigas caseiras; elaborar a própria cerveja, de preferência na garagem (ocupada por bicicletas, não por carros); moer café, de grãos muito bem escolhidos, no exato momento de fazer a bebida, geralmente por métodos que não o óbvio espresso; dedicar-se ao picles, com legumes da horta, assim como ao keffir, ao iogurte; empreender os primeiros passos na direção dos queijos e embutidos *homemade*.

Tudo coisa de pessoas fora do padrão? Vejamos. O mundo dos artesanais costuma ser descrito como gêmeo siamês de um estilo de vida mais despojado (embora nossos avós já fizessem a maior parte dessas coisas, como rotina diária). E parece automaticamente conectado a tribos urbanas adoradoras de armações de óculos do século passado, roupas costuradas em casa, barbas longas e, em suas expressões mais radicais, até à retomada das máquinas de escrever (juro que tamborilei estes caracteres num computador, utilizando um nada glamouroso Word). Tem seu fundamento – ninguém desprovido de inquietações, nem plenamente satisfeito com a alimentação industrial envereda pela pesquisa e pela prática da manufatura. Mas é um ponto de vista muito limitante.

Podemos pensar que ideias e comportamentos vêm e vão com o tempo, descrevendo movimentos pendulares. Ora mais caretice, ora mais liberdade; mais à direita, mais à esquerda; mais pró-*establishment*, mais anti-*establishment*. E que o interesse pelo artesanal, vá lá, teria aflorado num desses balanços do pêndulo.

Faz sentido. Nos últimos anos, temos refinado preferências, investigado matérias-primas, buscado a depuração de um gosto mais singular naquilo que consumimos e cozinhamos. Passamos a nos preocupar com a qualidade da comida, por um lado; e a ter mais atenção com o quanto gastamos com ela, por outro. Sociologias de mesa de cozinha à parte, não podemos nos esquecer de que nossa geração, mais do que qualquer outra, tem à disposição uma infinidade de boas matérias-primas, acessórios, receitas, conhecimento. E que elaborar quitutes e bebidas com as próprias mãos é um dos *hobbies* mais fascinantes que existem.

Muito do que praticamos hoje, no âmbito dos orgânicos e mesmo no manejo dos fermentados, tem a ver com costumes e sabedorias que chegaram à sociedade via contracultura – depois de quase terem se perdido nas tradições de muitas famílias (lembremos que, até meados do século XIX, pelo menos, todo alimento era cultivado sem agrotóxicos, e todo pão fermentado era feito pelo método natural). Se não fossem, digamos, os *hippies* californianos (e os padeiros mais ortodoxos franceses) e seu contraponto às urgências da economia industrial e pós-industrial, talvez não estivéssemos hoje comendo *pain au levain*. Mas, se é para pensar nos movimentos que influenciaram essa nova ordem alimentar, gosto de imaginar que os *punks* e seu *do it yourself* foram igualmente determinantes.

Aprecio a valorização do autodidatismo; de considerar que o direito a uma expressão pessoal é mais importante do que só reproduzir os padrões; que é possível concretizar ideias sem ter de esperar o endosso institucional. A lógica do *do it yourself* é clara. Realize as coisas com os recursos à mão, faça do seu jeito, seja livre. Assim, poucas décadas atrás, surgiram as produções culturais alternativas, as gravadoras e editoras independentes, os canais de comunicação para quem antes não tinha voz. Só que, hoje, em vez de garotos munidos de guitarras e amplificadores baratos e montando bandas, vemos cozinheiros amadores (no melhor sentido) e curiosos carregando para lá e para cá seus *kits* para fazer cervejas e queijos.

Essa turma heterogênea de aficionados costuma ter orgulho do que produz. Ela exibe suas criaturas no Instagram como quem mostra um troféu. Sou constantemente conclamado a provar das mais variadas coisas, sempre feitas em casa. Fico sempre lisonjeado, porque sei o que isso significa. Os artesãos se consideram mais *cool* do que a média; e mais conscientes sobre consumo e sustentabilidade, já que utilizam o que está por perto, o que está sobrando, e evitam desperdício. Pão velho vira farinha de rosca, vira pudim, vira rabanada... Nunca se perde.

Comecei a me lambuzar de fermentos e farinhas por gosto e curiosidade pessoais, dentro de toda uma gama de interesses na gastronomia, há mais de 20 anos. Vi que, de fato, a fermentação natural tocava em mim algo que ia além da execução mecânica de uma receita. O processo, cauteloso, meio mágico, combinava com meu pendor por assados de preparação lenta, por ragus demorados, por terrines feitas hoje para abrir daqui a uma semana...

Quando dou aulas de panificação, costumo brincar com os participantes, especialmente naquele momento em que faço circular, de mão em mão, um pote contendo o meu fermento: quem nos vê de fora, o que deve imaginar da cena? Uma turma cheirando e reverenciando um pedação de massa feioso e cheio de bolhinhas de gás... O que seria, uma nova religião? Um delírio coletivo? A seu modo, quase todo mundo acalenta alguma excentricidade. Afinal, se tem gente que põe uma camisa de clube de futebol e vai para o estádio gritar, se outros se vestem de Darth Vader para encontrar os amigos, por que não venerar colônias de seres microscópicos e perseguir, fornada a fornada, pães imperfeitamente perfeitos?

Acho que os anos vão se encarregar de provar algumas coisas, a saber. Que gostar de cascas crocantes e miolos perfumados, de compotas que ressaltem a essência das frutas, de embutidos que valorizem a qualidade da carne, não depende de facções existenciais ou de estéticas. É algo que simplesmente pode atrair a todos que desejam comer bem. E que elaborar seus próprios alimentos, fermentados ou não, passa longe de ser efêmero (eis outra pergunta recorrente: artesanal é modinha?). Vamos deixar claro: definitivamente, bons pães, café, compotas e grande elenco não são paleta mexicana nem pipoca *gourmet*.

O melhor da temporada é a pitanga

Publicado em 18/10/2016 no site do *El País Brasil*

Resolvi dedicar a coluna ao tema mais saboroso e estimulante desta época do ano: a pitanga. A frutinha vermelha, da família das mirtáceas (como a uvaia e, mais remotamente, a jabuticaba), está em seu auge no início de primavera. E ela é mais do que um ingrediente: é um programa completo. Vamos comer pitangas no pé, na rua mesmo, ou, para quem estiver fora do perímetro urbano, no mato, no sítio.

Até uma ou duas semanas atrás, eram as amoreiras de São Paulo que estavam carregadas, e a safra foi das mais fartas. Não me lembro de ter chegado em casa um único dia sem mãos, dentes e até roupas manchados, depois de ter saído para caminhadas e corridas matutinas. Não é fascinante que, no meio da metrópole, ainda possamos nos lambuzar de frutas silvestres?

Pitangas são comuns no bioma da Mata Atlântica. E suas árvores (o nome científico é *Eugenia uniflora*) têm notável poder de adaptação. O que significa capacidade de crescer e frutificar em praças, calçadas e até mesmo canteiros domésticos. Tão divertido quanto devorá-las é treinar o olhar para localizar as plantas, com suas folhas pequeninas e perfumadas, ou, mais fácil ainda, para identificar ao longe os pontinhos vermelhos espalhados pelo chão (sim, as mais perfeitamente maduras caem e, normalmente, se perdem).

Minha área de colheita concentra-se na zona oeste de São Paulo, entre o Alto da Lapa e o Alto de Pinheiros. Andando, é sempre mais fácil. O que não impede, no entanto, que eu pare o carro ao avistar algum pé – desde que haja tempo e lugar para estacionar. Certas vezes, questiono a minha própria sanidade: eu deveria estar fazendo isso? Mas, na maior parte das ocasiões, penso que temos mais é que aproveitar aquilo que as temporadas nos concedem. Não temos trufas, o que é uma pena; mas temos pitangas.

Sei onde estão as árvores, nos bairros que exploro com mais frequência. Mais ainda, sei onde estão os melhores pés. Pois, por inusitado que pareça, é incrível como as frutas variam, de um lugar para o outro. Mais doces ou ácidas, mais carnudas ou menos, caroços menores ou maiores... Uma diversidade que eu não ousaria atribuir a *terroirs* diversos, mas a condições locais específicas (quantidade de água, principalmente; presença de compostos orgânicos; índices de potássio na terra etc.).

As propriedades benéficas, citadas pelos nutricionistas, incluem riqueza de vitaminas, sais minerais e antioxidantes. Tanto melhor. Porém, o que mais me atrai é a capacidade de uma fruta tão minúscula abrigar o doce, o azedo, o amargo – todos unidos e, no entanto, revelando-se em momentos diferentes, em camadas que chegam pouco a pouco às papilas. Se temos a felicidade (e a perspicácia) de pinçar as mais profundamente vermelhas, a experiência é ainda mais completa.

Uma fruta madura, para redundar no conceito, é aquela que atingiu a maturidade física, como explica o crítico Jeffrey Steingarten em *O Homem que Comeu de Tudo*. Ela ganha cor, suculência, tamanho, aroma, fica menos adstringente. Uma sinfonia de hormônios internos e enzimas atua para torná-la cobiçável e sedutora (para muitos seres vivos, inclusive nós, humanos), o que aumenta a probabilidade de que suas sementes sejam transportadas para outros lugares, espalhadas e semeadas, garantindo a sobrevivência da espécie. A maturação perfeita, todavia, provoca também a separação natural do fruto de sua árvore. E as mais viçosas, cheirosas e docinhas, então, simplesmente desabam no chão. Capturar um exemplar no ponto, quase no instante de "cair de maduro", é uma sorte e tanto.

As melhores pitangas, como é de se supor, ou foram direto ao chão, ou foram coletadas na faixa de altura da média na população, onde os braços alcançam. Nessas horas, lamento não ter 1,90 m ou mais. É frustrante perceber que vários exemplares perfeitos para consumo estão lá em cima, e que só um jogador de vôlei, num salto, conseguiria alcançá-los. Perambulando pela minha região, por outro lado, tenho visto algumas soluções bem interessantes para não desperdiçar essas pequenas maravilhas que a estação nos traz. Uma é a famosa lona presa em volta do tronco, quase na copa, para que as frutinhas não se espatifem na calçada. Outra é ainda mais criativa. Trata-se de uma garrafa pet, cortada ao meio, com o gargalo colado a um cabo de vassoura. O operador da engenhoca faz assim: cutuca pitangas e amoras lá no alto; as bem maduras se desprendem mais facilmente e caem dentro do recipiente improvisado.

Na série *Chef's Table*, do Netflix, o episódio sobre Alain Passard mostra a relação de grande intimidade do cozinheiro francês com a agricultura – ele cultiva seus próprios vegetais. Numa das muitas belas passagens do documentário, diante de um pessegueiro, ele se agacha e colhe os frutos caídos sobre a relva, em torno da árvore. E morde um pêssego, suculento, tenro – sim, as frutas recém-caídas são insuperáveis em sabor.

É evidente que recolher e ingerir o que está no chão de uma cidade grande é algo mais arriscado do que na zona rural, por possibilidades variadas de contaminação. O ideal é lavar as frutas, mesmo as coletadas diretamente do pé. Mesmo que elas não contenham agrotóxicos, podem ter sido expostas a sujeiras diversas. Vou além: tendo a maioria de nós nascido num Brasil urbano, sair por aí devorando vegetais variados, e *in loco*, soa quase a uma aventura. Mas exige algum conhecimento.

Se há alguém que domina os caminhos do forrageio (a coleta quase selvagem de frutas, folhas etc.), é a nutricionista Neide Rigo. Autora do blog

Come-se, ela é uma das maiores pesquisadoras dos ingredientes brasileiros, particularmente das chamadas PANCs (plantas alimentícias não convencionais). Periodicamente, ela organiza e guia grupos pelo bairro da City Lapa, em busca de frutas, ervas, folhagens, na expedição PANC na City. O programa é, antes de tudo, pedagógico. Mostra como conhecer espécies e, principalmente, como prepará-las da melhor forma.

Voltando à frugal obsessão pelas pitangas, digamos ainda que é necessário haver uma certa etiqueta – ou melhor, uma ética – na coleta. Eu, por exemplo, me sinto mal em arrancar as pitangas ainda verdes. Não apenas porque estarão azedas demais e irão amarrar na boca. Mas porque não é justo, elas ainda não atingiram o ápice. É como desarrolhar um Barolo ainda jovem, sem permitir ao vinho o aporte de sabores e aromas que ele só revelaria depois de quinze ou vinte anos de guarda.

Também não é permitido danificar as árvores, nem criar situações de perigo para os passantes. E não é bonito pegar frutas em árvores alheias. Este último ponto, aliás, aprendi um tanto na marra, levando uma bronca da minha filha, há uns poucos anos. Estávamos voltando da escola quando, diante de um belo e carregado galho, comecei a saltar e a recolher algumas amoras. Ela protestou e, naquele momento, não pesava apenas a vergonha de ver um adulto (para piorar: seu pai!) pulando de forma descoordenada. "Pai, é só o galho que está na rua. A árvore está dentro de uma casa, ela é do cara que mora aí, você não pode pegar", ela disse. "Mas as amoras estão caindo na calçada, vão acabar indo para o lixo", respondi. "Não interessa, as amoras são do cara!". Não tive como evoluir nos argumentos e acatei. E, desde então, evito (notem a sutileza do verbo) me servir de frutinhos gerados em árvores com raízes em propriedade privada.

Frutas como a pitanga e a amora têm vida breve – coerentemente com sua aparição sazonal e quase meteórica. Oxidam com facilidade. Quando recolho para levar para casa (só um pouquinho, para minha mulher experimentar), consumimos no mesmo dia. Por outro lado, para honrar a abundância da época, sempre é possível transformá-las em ingrediente culinário e, assim, aproveitá-las melhor. Afinal, lembremos que goiabadas e afins surgiram desse jeito: na impossibilidade de comer todas as goiabas disponíveis, na dificuldade de estocá-las, o jeito foi criar receitas e técnicas para a preservação.

O chef Rodrigo Oliveira, do Mocotó, por exemplo, usa a pitanga na produção de sorbets e em geleias. Sugere, em especial, a associação da frutinha com o maracujá. E faz dela uma caipirinha, elaborada por seu xará Rodrigo Ferreira, que comanda o bar do restaurante. Comamos e bebamos em louvor a uma das iguarias das temporadas.

Eating with myself

Publicado em 14/11/2016 no site do *El País Brasil*

Passei muitos anos sistematicamente comendo sozinho, nos mais variados salões e balcões. Só eu, cara a cara com os pratos. Não é queixume nem chororô. Tampouco uma declaração de misantropia. Era parte do meu trabalho. Para escrever sobre restaurantes, sempre fiz questão de visitar as casas mais de uma vez (preferencialmente, três vezes), em horários e dias diferentes. Ora ia com minha família, ora com amigos... Mas nunca abri mão de, ao menos, uma refeição solitária. E sempre gostei.

Comer desacompanhado induz a sublinhar o prato, a colocá-lo dentro de uma moldura para apreciar suas qualidades e defeitos – isso, no caso de quem gosta de fazer conjecturas sobre preparações e menus. No que diz respeito a mim, estar só sempre funcionou como momento de concentração, de estabelecer relações, de observar tudo em profundidade. O que inclui até um aguçamento da bisbilhotice, para quem tem curiosidade sobre o que acontece na mesa alheia.

Não sei se você, dentro dos padrões mínimos de etiqueta, já brincou com a comida (ou melhor, com os sentidos) na hora do almoço. Se tapamos o nariz, provocamos uma supressão não só de aromas, mas dos sabores, como se sabe. Quando provamos algo de olhos fechados, percebemos mais agudamente texturas, temperaturas. Já o silêncio potencializa a atenção: com o que se come, com o que se pensa e sente enquanto se come. Sobre as conexões entre audição e percepções gustativas, me recordo de um estudo da Universidade de Oxford, publicado em 2014. Resumindo a tese, a música ambiente, quando reforçada nos agudos, realça a sensibilidade para o doce; os graves, chamam mais os amargos. Já o barulho em excesso nos conduz à sensaboria (talvez por isso ninguém ligue muito para o que come em alguns clubes noturnos).

Quando estou sozinho à mesa, me volta com mais força aquela ideia do pensador francês Jean Baudrillard, que eu adapto do meu jeito: "Um objeto não tem um valor intrínseco, ele é um feixe de significados". Em suma, o que temos à nossa frente não é só um ingrediente, manipulado, cozido (ou cru), temperado; é uma ideia, é uma história, é um dado cultural e social, é um contexto de serviço, ambiente... Ou, como explica ainda melhor o filósofo italiano Nicola Perullo, em seu livro *O Gosto como Experiência*, o paladar nunca está só na boca: o que chega pelas papilas é só o começo, apenas aciona uma rede de funções e referências.

Descrevendo assim, soa complexo. Mas é apenas para tentar explicar quão estimulante pode ser um repasto solitário. Parece anacrônico que ainda paire uma certa névoa de estranhamento, quando não preconceito, sobre aqueles que vão sozinhos a um restaurante. "Ah, coitado, sem ninguém!"; "Não arrumou ninguém para ir com você?" sempre foram as observações. Poucos consideram que exista um prazeroso lado egoísta nesse tipo de experiência: tudo é seu, e não há a necessidade de pactuar o que comer, o que beber. Em contrapartida, não temos com quem trocar impressões e emoções. Mas não é intrigante que tantos questionem os programas solitários? Se você, que é a unidade mínima e irredutível da sua existência, não se suportar, quem haverá de fazê-lo?

Conheço gente que senta, faz o pedido e afunda a cara em livros, em jornais. Só para suportar o sentimento paranoico de estar sendo observado pela brigada e pelos outros clientes – como se, de fato, alguém estivesse se importando... (A versão contemporânea desse comportamento, em maior escala e extremos quase patológicos, é o uso do celular à mesa). Assim como me deparo com pessoas que quase se desculpam quando são vistas sozinhas num salão, quase um constrangimento. Que fique claro: comer sozinho, sem embaraços, deveria ser visto como um prazer e um direito inalienável do cidadão.

Por um bom tempo, consegui desempenhar meu trabalho de crítico sem ser reconhecido por cozinheiros, garçons, proprietários. Como um cliente comum, que se acomoda, escolhe, come, paga e sai. Com o advento dos *smartphones* e das redes sociais, o anonimato se tornou mais difícil (até porque o mundo da gastronomia não é tão amplo assim). Eu sabia que os chefs e toda a turma estavam de olho em mim. Do mesmo modo que, por motivos diferentes, eu estava de olho neles.

Tendo ou não de relatar para os leitores sobre minhas visitas, sempre gostei de observar as dinâmicas da cozinha e do salão. Um almoço ou um jantar contêm elementos cenográficos, coreográficos. E não importa se o cozinheiro brigou com a namorada ou se os impostos estão atrasados: o comensal precisa sair feliz. Do meu posto observador, eu consigo verificar, por exemplo, que ao fundo há uma mesa localizada quase numa zona de sombra de serviço: ninguém a enxerga ou a escuta. Ou que está havendo uma divergência entre o maître e o cozinheiro, sobre um pedido mal anotado.

E, logo à minha direita, escuto seis senhoras conversando sobre viagens. Uma delas tinha acabado de voltar da Toscana e, ao começar a descrever seu roteiro de passeios e vinhos, teve que ouvir de uma das amigas que a "Úmbria é muito mais legal do que a Toscana", provocando um espanto semelhante ao que eu buscava nos tempos de faculdade, quando queria chocar meus colegas afirmando que os Byrds eram melhores do que os Beatles (não eram; assim como a charmosa e menos explorada Úmbria não é mais legal do que a Toscana).

Contudo, não foram poucas as vezes em que a brigada de salão pareceu mais incomodada com a minha condição do que eu mesmo. Comensais solitários que aparecem munidos de cadernos e câmaras fotográficas parrudas podem despertar uma natural curiosidade: seriam profissionais da imprensa, dos blogs? Ou só aficionados, *foodies*? Mas e o cliente que surge sem alarde, não usa o celular, não recorre a um livro, nem anota nada? Este sim, é esquisito.

Mais engraçado ainda é quando maîtres e garçons se apiedam da sua solidão e resolvem ser a sua companhia de jantar – sem que ninguém tenha pedido. Lembro de uma atendente que me interrogou durante toda a minha estada: "Você mora aqui perto?"; "Não trouxe a mulher, a namorada?". "Já pediu entrada e prato, vai mesmo querer sobremesa? Você come bem, né? E até que é magro". Ou o rapaz que, entusiasmado por trabalhar num restaurante de perfil mais vanguardista, não saía do lado da minha mesa (a sala estava quase vazia). "Aqui é tudo muito especial, os meninos voltaram da Europa faz pouco tempo". Ao servir a entrada, um ovo perfeito (no caso, imperfeito), ele ficou a um metro, me vigiando: "Tá sentindo? O sabor é diferenciado. É feito à baixa temperatura".

Em poucos minutos, e sem ter indagado, eu já sabia sobre a trajetória dos jovens donos, sobre o dinheiro investido na casa... Então, ele me trouxe o prato principal, um leitão, e, enquanto eu ainda mastigava, perguntou: "E aí, surpreendeu?". Antes que ele voltasse à carga, só me restou recorrer a algo que eu mesmo recrimino. Saquei o telefone do bolso e disse que precisava fazer uma ligação, se ele pudesse me dar licença...

O melhor ficou para o fim. Paguei minha conta e, quando eu já levantava, ele me disse: "Quando a família voltar de viagem (hã?) o senhor traz ela aqui. É chato comer sozinho, né?". Agradeci, e só pensei: "Quem disse que eu jantei sozinho?".

A torta da sua avó era mesmo a melhor do mundo?

Publicado em 28/11/2016 no site do *El País Brasil*

Tenho na memória cenas vivas e frescas de meu pai fazendo a barba na pia do banheiro de casa. Eu devia ter uns cinco ou seis anos, e ele me parecia um homem altíssimo, concentrado no nobre ato de manejar a lâmina no rosto coberto de espuma. Meu pai tinha apenas 1,63m e, no entanto, as reminiscências daquela época, naquele lugar, faziam dele um gigante. Mas o tempo, o amadurecimento, a realidade, enfim, puderam colocar os tamanhos nas devidas proporções. Supondo que não tivéssemos nos visto mais, talvez eu guardasse na lembrança a imagem de um homem grande como um jogador da NBA.

Creio que mecanismo semelhante aconteça em outras situações, e permeie em especial nossa relação com a comida. Como? Manifestando-se por vezes na nostalgia de receitas, sabores em geral. Acho que todos conhecemos pessoas (quando não, nós mesmos) que garantem nunca ter havido um bolo de chocolate como o da sua mãe. Ou que o molho de tomate da sua avó era o melhor do mundo, superior ao de qualquer cozinheiro profissional. Quem haverá de discutir? Muitos deles talvez tenham sido de fato bons, quando não sensacionais (e vamos lembrar, eles refletiam os recursos e conhecimentos de suas épocas).

Outros tornaram-se bons por um contexto de emoção, de saudade. Se eu recuar ao máximo que a consciência alcança, chegarei à minha experiência/ memória gustativa mais marcante: as peles e gordurinhas que grudavam na assadeira usada da minha avó nos almoços de domingo. Aquele gosto de *arrostito*, como dizem os italianos, de queimado, era o melhor momento da refeição. Todo mundo já havia terminado de comer (lombo de porco, frango) e eu ia até a cozinha, pegava a assadeira, escolhia uma faca pontiaguda – naquela época, os pais não eram tão paranoicos com acidentes domésticos – e raspava o que estava grudado no fundo. Era ótimo: untuoso, algo amargo, bem salgadinho, dominava as papilas.

Não preciso tratar essa excêntrica gulodice infantil como se fosse a defesa de uma iguaria familiar. Antes de tudo, para além do gostoso trivial ítalo-i-bero-paulista que minha avó preparava, aquele era um "defeito especial" culinário. Explico. Se a assadeira fosse de algum material moderno, antiaderente, eu não disporia daquele fundinho para futucar e morder tal e qual uma porção de *snacks* crocantes. E tinha valor porque era a comida da matriarca; era eu descobrindo sabores; e havia todo um contexto de emoções e de exclusividade (ninguém dava bola para o *arrostito*, só eu).

As coisas que existiam no passado costumam adquirir, com os anos, qualidades que extrapolam critérios mais objetivos. Levando a ideia ao extremo, podemos dizer que esse passado mítico, esse *in illo tempore*, parecia melhor simplesmente porque éramos novos e a finitude anda soava distante, quem sabe improvável. Era tudo realmente mais legal? Sim e não. Certa vez, conversando com um dos maiores chefs espanhóis, Quique Dacosta, perguntei sobre sua paella preferida (ele é *expert* em arroz). Ele respondeu: "A da minha mãe. Embora, tecnicamente, fosse um desastre". Faz sentido. Não há como competir com as receitas do afeto, mesmo quando as execuções e os ingredientes deixam a desejar. Especialmente se não temos mais como reencontrar aqueles velhos sabores.

Extrapolando a cozinha caseira, deparo-me com outros tipos de sensação quando retorno a restaurantes antigos, que visitei em fases diversas da vida. Não raro, fico curioso e ressabiado ao pedir um prato "velho conhecido". Será que ele estaria como sempre? Mais: diante de um eventual estranhamento, quem estaria diferente, quem teria mudado? Eu ou o prato?

Estabelecimentos com grande capacidade de manter padrões (são raros e admiráveis), por outro lado, detêm o poder, ao menos para mim, de funcionar como espelho. Porque você cresce, amadurece e ali no restaurante – que permanece o mesmo – é que percebe as marcas que o tempo deixou. Capto essa vibração em endereços paulistanos como o Tatini, o Casserole, o Rubaiyat da Alameda Santos. E retomei tal sentimento no reaberto Ca'd'Oro, de outro jeito: ambos mudamos, desde o último encontro, em 2009. Mas nos reconhecemos.

Existe, por outro lado, uma constante dualidade entre a vontade de rever e o medo de macular memórias agradáveis. Comigo isso ocorre especialmente quando não estou seguro das reais qualidades de um objeto. Por exemplo: posso assistir muitas vezes ao *Poderoso Chefão* (o 1 e o 2, em especial), e repetidamente atestar suas virtudes, capazes de resistir às décadas e às tendências. Mas tenho um pé atrás com obras que, em seu tempo, foram impactantes – e que, no entanto, talvez mereçam permanecer só na lembrança. Como, digamos, *Estranhos no paraíso*, que parecia tão incrível porque o momento (cultural e pessoal) também o era.

Não estou afirmando que a comida da tia, do pai, da madrinha, de qual ente querido for, será sempre inferior gastronomicamente, quando escrutinada sem benevolência afetiva (e eu lá sou doido de querer ser linchado nas redes sociais?). Apenas defendo uma diferenciação de emoções. Depois de anos comendo profissionalmente, posso me debruçar sobre uma receita do caderninho da minha avó e, de forma divertida, constatar que ela contém quilos de açúcar, margarina e outras coisas mais que não entram na minha geladeira. E, ainda assim, me recordar com carinho e bonomia.

Por outro lado, posso reconhecer que, para além do corporativismo familiar, minha mãe faz, por exemplo, uma torta de palmito de respeito. É um quitute muito bem preparado, que poderia ser vendido profissionalmente, sem sustos. O salgado, além de gostoso, tem constância. E senso de regularidade, nesses casos, é um porto seguro. O curioso é que, volta e meia, em instantes de dúvida e inquietação, ela mexe na fórmula. Altera a gordura, acrescenta um ovo... E, claro, filhos e netos percebem na hora: "Você mudou a receita, não?".

No fundo, o que queremos é ter alguma certeza, alguma garantia de acolhimento. É poder experimentar, variar, mas, eventualmente (ou frequentemente), contar com a chance de, numa garfada, reavivar a lembrança do que fomos. E a confirmação do que somos. Nem que, para isso, seja necessário botar aquele tempero, aquele molho, aquele chantilly na realidade...

Comeu e não postou? Então, não valeu
Publicado em 9/1/2017 no site do *El País Brasil*

Houve um tempo em que eu comia um monte de coisas e não precisava contar nada para ninguém. Não era jornalista da área de comida, nem crítico, nem entusiasta de pães. Fotografia digital era ainda uma promessa e, sem internet, eu apenas me fartava, e pronto. Se comentasse com alguém, era cara a cara. Comer era um ato social quando acontecia à mesa, ou no balcão, com pessoas de carne e osso. Não em rede. Bom, qualquer um com mais de quarenta anos sabe disso.

Trago na memória um rosário de pequenas gulodices solitárias, surrupiadas, fora de hora, deleites clandestinos, prazeres culpados. Um pedaço de paio roubado tarde da noite, subindo numa cadeira para alcançar o panelão fumegante na cozinha de casa (minha mãe começava a preparar a feijoada sempre no dia anterior); ou um chocolate comido no escuro do quarto, como aquele que acabava de chegar ao Brasil, um tal de Toblerone, comprado com moedas de cofrinho, para não dividir com ninguém; ou um hambúrguer devorado nas Lojas Americanas da Rua Direita, quando o sanduíche ainda era difícil de achar. Ninguém presenciou nada, só eu mesmo. Mas eu juro que comi.

Na civilização contemporânea, *online*, conectada o tempo todo, se não for registrado e postado, não aconteceu. Comeu, jantou, bebeu? Então prove. Não está na rede? Então, não vale. Do ponto de vista filosófico, parece ainda mais complicado. Há o "penso, logo existo", de Descartes. Há a existência que precede a essência, propagada pelos existencialistas. Mas ainda mal começamos a discutir sobre o "só existo se publico". Se não registrou a imagem nem ganhou *likes*, é mentira.

Não estou aqui desfiando lamúrias de dinossauro tecnológico, de tiozão da internet deslocado no ambiente virtual. Pelo contrário: interajo com muita gente e publico ativamente fotos de minhas fornadas e outras coisas mais – imaginando, vá lá, que produzo algo mais próximo do conteúdo informativo do que do exibicionismo. A vida, hoje, é digital. Contudo, presumo que algumas coisas não precisam deixar de pertencer à esfera privada. Sendo tudo tão novo nessa área, ainda engatinhamos a respeito de uma conduta, de uma doutrina, de uma etiqueta que equilibre a convivência entre câmeras, pratos, *smartphones*, jantares, extroversão, intimidade. Também não vou enveredar por discussões sobre o que é excessivo, ostentatório. Não sou juiz, tampouco patrulheiro de hábitos.

Quero somente pontuar que as memórias que só existem em nossa cabeça nos tocam de um jeito distinto daquelas que "eternizamos" em variados suportes. Eu me recordo, por exemplo, de minha primeira viagem a Paris. Sozinho, sem muitos propósitos e ignorante sobre métodos. Apenas um curioso, que nem imaginava que, muitos anos depois, viveria de relatar experiências em restaurantes e afins.

Sem caderninho de notas, sem guias, sem referências prévias, sem recursos de geolocalização, entrei por acaso num bistrô apertado, meio escuro, para um almoço tardio. Como chamava? Não sei, passou batido. Mas me rendeu uma das refeições mais emocionantes da minha vida. Entrei, havia mesa disponível. A mulher ficava na cozinha, cuidava de tudo, da entrada à sobremesa; o pai e o filho adolescente atendiam, serviam, cobravam. Também não sei que vinho tomei, era o da casa – uma fumaça de lembrança me diz que se tratava de um Muscadet. Mas tenho certeza de que provei um arenque com batatas inesquecível, e uma musse de chocolate como ainda não consegui repetir (eu não tinha muito repertório, é importante que se diga). E, para citar A. J. Liebling, saí para a rua atordoado e ainda com "fome de Paris".

Tentei voltar ao pequeno restaurante, em viagens posteriores. Lembro apenas que era perto do Museu Picasso, só que não o encontrei. Porém, salvo algum dano cerebral, sei que terei a experiência comigo, até o fim (o meu, neste caso). Gravada sem nome e, principalmente, sem foto.

Em meados da década passada, quando a cozinha espanhola de vanguarda ainda povoava os debates e as fantasias de muitos *gourmets*, fotografar pratos envolvia um dilema: devorar ou clicar? A criação saía da cozinha, muitas vezes verticalizada, comumente finalizada com esferas delicadas, espumas fugazes... O que fazer, capturá-la em seu melhor instante cenográfico, considerando luzes e sombras, e comê-la depois, já desfigurada, derretida, escorrida? Ou prová-la imediatamente, abrindo mão da imagem? Nunca tive dúvidas desse tipo (o que talvez faça de mim um bom comensal, mas um mau divulgador). A prioridade é abocanhar. E depois, pensar nas emoções *recollected in tranquility*, como dizia Wordsworth.

Fotos e quitutes tornaram-se indissociáveis, e acho que já estamos nos acostumando. Mas será que precisa acontecer durante todo o repasto? Não dá para fazer só na chegada do prato e depois comer sossegado, à maneira analógica? Provavelmente não: há o tratamento da imagem, a publicação, os comentários, as discussões, a contabilidade das curtidas. Reconheço que, talvez antiquadamente, ainda sinto desconforto em ver casais e famílias à mesa, nos salões, cada qual com seu *smartphone*, sem diálogos presenciais ou interações reais. A pizza esfria e perde o viço: mas a foto chega tinindo aos amigos de rede.

Talvez eu padeça ainda de uma peculiaridade geracional. Não tenho idade bastante para ignorar convictamente o universo da "comida virtual-social" (obs.: nem quero, nem posso). Nem sou jovem a ponto de lidar com a nova ordem de um jeito fluido e sem culpa (minha mulher e minha filha estão sempre de olho em mim: celular, na mesa, não!). Sou um usuário em níveis moderados, com fins profissionais, ainda com certa dose de autocrítica. Quem sabe apenas levemente viciado. Sim, a vida digital é mesmo fascinante.

Mal comparando, eu admito que ficaria maluco se, durante minha adolescência, tivesse à mão buscadores e, principalmente, serviços de *streaming* de música. Seria sensacional ter todas as canções do mundo ali, disponíveis, como roupas num cabideiro, como livros numa estante. A vida era dura, décadas atrás. Se eu quisesse comprar um LP do Jam ou do Joy Division, precisava percorrer as lojas alternativas do Centro, desembolsar algumas dezenas de dólares (era material raro, sempre importado)... Ou, como acontecia mais frequentemente, conseguir um conhecido disposto a copiar as canções numa fita cassete. Mas, quer saber? Havia nisso um quê de garimpo, de aventura, de conquista, e cada humilde aquisição era saboreada avidamente.

De modo parecido, eu fecho os olhos e brinco de reconstituir a textura, a acidez, as notas piscosas daquele trivial arenque do bistrô parisiense. Trata-se, aliás, de uma recordação que mencionei poucas vezes, para pouquíssima gente. E sobre a qual nunca comentei publicamente (agradeço a paciência de quem estiver lendo). E você? Consegue comer algo muito bom – estou falando de hoje, de agora – e não contar para ninguém? Como um prazer solitário, intransferível? Não é provocação nem vontade de soar anacrônico. É curiosidade, mesmo. Você resiste?

São Paulo não é a capital gastronômica que dizem. Mas é melhor do que muitos pensam

Publicado em 23/1/2017 no site do *El País Brasil*

Trinta anos atrás, para tomar vinho bom em São Paulo (e no Brasil), as alternativas eram um tanto limitadas. E, na maioria das vezes, custavam muito caro. Ou você tinha recursos e bebia Bordeaux, Champagne, Barolo, trazidos por poucas empresas especializadas (e por contrabandistas, o que era mais comum); ou se refugiava no Chianti "de palhinha", no Château Duvalier e afins. O mercado ainda estava fechado, a produção nacional não havia se consolidado, a inflação era alta, a massa de consumidores ainda não era das mais possantes.

No âmbito de comida, guardadas as proporções, era parecido – a comparação é por minha conta e risco. Não que não houvesse gente cozinhando bem. Mas o cenário estava longe da maturidade. De um lado, tínhamos uma casta superior da restauração, com Massimo, Rubaiyat, Fasano, Ca'd'Oro, La Tambouille, Le Coq Hardy e outros (franceses, italianos e carnes, especialmente). De outro, os clássicos da cidade, com Casserole, Tatini, Castelões, Gigetto, Marcel e um contingente de restaurantes e bares mais populares. Os ditos étnicos eram menos numerosos e não era ainda a fase dos contemporâneos. Cozinha brasileira? Era comida de casa, ou de comedorias mais simples. Passava-se bem, mas com menos diversidade. Com poucos meios-tons.

Simplificações e reducionismos do colunista à parte, na semana em que São Paulo completa 463 anos, é preciso reconhecer: a evolução gastronômica da cidade, do fim da década de 1980 para cá, tem sido contínua e notória. Digo isso por ter visto parte dessa trajetória só como consumidor, parte como consumidor e jornalista especializado. O salto de diversificação de opções, profissionalização, oferta de produtos e aprimoramento técnico foi mesmo admirável. Ainda que haja bastante a avançar. Vejamos alguns aspectos.

Uma metrópole como Londres oferece cozinhas de 150 etnias diferentes, o dobro do que temos aqui. A capital paulista, contudo, abre cada vez mais espaço para novos grupos, novas especialidades. Basta constatar que, até pouco tempo atrás, não dispúnhamos de representantes de Camarões, do Vietnã, da Turquia, do Peru e da Bolívia. Sem falar numa leva ainda recente de imigrantes, como os libaneses muçulmanos do eixo Brás/Pari ou os recém-chegados refugiados sírios, que aos poucos vão se instalando e servindo seus shawarmas e esfihas. E a cidade, vejam só, ainda tem um bom caminho a percorrer nas tradições regionais brasileiras e, especialmente, na sua própria, a paulista – que é caipira na essência, meio italianada, algo internacionalizada.

Há certos segmentos paulistanos que, a meu ver, já produziram restaurantes e cozinheiros que seriam competitivos em qualquer grande praça internacional. Falo da elite dos contemporâneos (a maioria deles, investigando a matéria-prima nacional); das churrascarias topo de linha; dos japoneses de primeiro time; dos italianos mais gastronômicos. Da mesma forma que certas casas familiares, ligadas às colônias (japoneses, coreanos, árabes e armênios, entre outros), garantem experiências gustativas e culturais das mais interessantes. São Paulo não é fácil, nem muito evidente: é preciso procurar as coisas em seus meandros, é preciso resistir a um certo brilho de ouro de tolo.

Puxando pelas lembranças, consultando arquivos, e resumindo uma história longa, eu me lembro do tempo em que quase qualquer cozinheiro, afetando algum sotaque estranho, já era visto como um semi-gênio. Em que o risotto (a receita italiana, não o arrozão de forno) era preparado com agulhinha, pela impossibilidade de comprar as variedades arbóreo e carnaroli, de difícil importação. Um bom queijo? Só se alguém trouxesse na mala. Massas de grão-duro? Também eram para poucos, nem pensar em encontrá-las, como agora, nas gôndolas da maioria dos supermercados.

Hoje, não apenas o acesso a ingredientes importados é vasto, como o próprio produto nacional evoluiu admiravelmente. Os cozinheiros-ídolos dos jovens estudantes de gastronomia não são mais os estrangeiros, mas talentos nascidos e criados aqui – muitos deles misturando, sem crises, o local e o globalizado. Alex Atala, Rodrigo Oliveira, Mara Salles, Helena Rizzo, Jefferson e Janaína Rueda e outros têm importância fundamental nessa transição (nota importante: nomes como Laurent Suaudeau e Claude Troisgros, além de Luciano Boseggia, Erick Jacquin e vários outros, para além do talento culinário, foram essenciais na formação de profissionais no Brasil).

A recessão dos últimos três anos foi duramente sentida pelo segmento de restaurantes. Não poucos fecharam, outros tantos estão penando para se manter, vários tiveram de rever caminhos e construir novas identidades. Entretanto, o que vem surgindo dessa nova realidade é algo muito interessante: preços foram revistos, clichês foram questionados, supérfluos foram dispensados. Se no começo do século XXI, até o fim da primeira década, com consumidores mais abonados, predominava uma média restauração cara, pesada e de pouca personalidade (parecia que todos almejavam imitar o Gero, e nada mais), hoje existe mais espaço para a diferença. Para modelos de negócio mais racionais. Para uma cozinha mais autoral (ainda que simples), que privilegia a singularidade em lugar da mera repetição de pratos de "domínio público".

No quadro atual, surgem inúmeros gradientes de pretensões e modalidades, entre o luxuoso e o trivial. E, quero crer, exemplos como A Casa do Porco, Jiquitaia, Mocotó, Tonton, Izakaya Matsu, Comedoria Gonzales, Nino Cucina, entre tantos outros, cada qual na sua seara, apontam a possibilidade de uma restauração moderna e descomplicada. Almoçar bastante bem em São Paulo, em casas de variados patamares, é algo hoje muito mais possível, com opções de excelente relação preço/qualidade (inclusive porque, para muitos comensais, a fórmula executiva entrada-prato-sobremesa é a que cabe no bolso). Assim como endereços para petiscar e beber, como o Sub-Astor, os bares do Jiquitaia, do Tuju e do Le Jazz, e os ainda novos Peppino e Câmara Fria, vêm trazendo uma camada a mais de cosmopolitismo ao mercado.

De modo análogo, iniciativas como o Fechado para Jantar e o Clandestino mostram que é possível criar alternativas de experiência gastronômica fora dos salões tradicionais, em espaços diferentes, em horários não convencionais, com linguagem personalíssima. Um mercado maduro, é importante ressaltar, inclui das redes de *fast-food* e de *casual dining* à comida de rua; das casas populares aos estabelecimentos étnicos; das cozinhas de vanguarda aos decanos da cidade. É isso que cria musculatura, massa crítica de consumidores, forma mão de obra, gera *expertise* (e riqueza). Ainda estamos no meio do trajeto, mas andando para frente.

Para citar a gastronomia peruana, sempre mencionada como exemplo de articulação e projeção internacional, tenho uma tese que destoa um pouco do quase consenso de que a figura de um líder como Gastón Acurio e o apoio governamental foram seus principais motores. Creio que o segredo de nossos vizinhos está essencialmente na base, no envolvimento do público enquanto consumidor e entusiasta de tradições. E numa robusta participação dos restaurantes populares na pirâmide nacional. Surgiu de baixo para cima. Eu gostaria que isso fosse reforçado em São Paulo.

São Paulo, todavia, também já é adulta o suficiente para ouvir verdades. Já pode ser informada sobre as cegonhas, sobre o coelho da Páscoa... Por exemplo: não, não somos a capital gastronômica do planeta. Não, não fazemos pizza melhor do que na Itália – embora tenhamos um dos cenários mais interessantes da atualidade, com ampla diversidade de estilos e alta qualidade. Não, o sanduíche de mortadela do Mercado Municipal não é nenhuma maravilha.

Mas nosso conjunto (estabelecimentos, recursos humanos, insumos) é dos mais relevantes e criativos. Embora ainda com muitos pontos a resolver. Exemplos? A insistência, em alguns segmentos, em valorizar mais o decorador do que o cozinheiro, em relegar treinamento (de cozinha e salão) a um segundo plano. Ou em dar atenção excessiva para modismos que, salvo por um milagre, já nascem sinalizando que vão durar um verão, e olhe lá. O que não nos impede, em contrapartida, de constatar que todas as grandes cidades têm suas ondas e manias fugazes. Nova York, por exemplo, volta e meia incorre em futilidades efêmeras como o hambúrguer de lâmen e os bagels coloridos. Assim como Madri e Barcelona sofrem com os sucos detox e os plânctons.

De resto, a cidade segue muito cara. Mesmo que os empresários abram suas planilhas e demonstrem que suas margens são cada vez piores, o fato é que as contas pesam no orçamento do público. Ao menos, temos conseguido escapar de um panorama mais monolítico do que o de dez anos atrás, quando a noção de valor (aquilo que se obtém pela soma que se paga) parecia preocupantemente turvada. E quando parecia não haver muito para onde correr, fora do esquema classiquinho franco-italiano, churrasco, *cuisine internationale*. Agora, dispomos de mais escolhas e o jogo é mais às claras.

A cena é dinâmica, com forte capacidade de reinvenção; há atores de talento, há uma plateia interessada. Falta escala, a meu ver. Deveríamos ter mais expoentes, mais endereços de qualidade a toda prova, mais cozinhas excepcionais. E falta cobrar mais, exigir mais, sempre construtivamente. Dar audiência para lugares inconsistentes, convenhamos, é como criticar textos ruins na internet e, ao mesmo tempo, postar seus *links*. É o público que acaba determinando o sucesso de um produto ou de um estabelecimento. Se não for de boa qualidade, não compartilhem, não estimulem.

Para quem estiver por aqui no dia 25 de janeiro, divirtam-se. Comam bem no feriado.

Só existem dois tipos de comida: a boa e a ruim
Publicado em 22/2/2017 no site do *El País Brasil*

Não sou capaz de apontar o meu prato favorito. Não consigo definir o "meu tipo" de restaurante. Posso discorrer sobre minhas preferências, sobre as melhores coisas que já comi. Mas não tenho como simplesmente eleger, em caráter sumário, o melhor momento, a melhor garfada. Também não tenho "o meu bar", a "minha mesa". Não é por insegurança nem indecisão.

Gosto de muitas coisas diferentes. Tenho vontade de várias delas, em dias e horas variados. E seria muito triste se eu não pudesse transitar por situações e escolhas as mais diversas. Depois de anos comendo com método (ou apenas me divertindo), estudando, escrevendo a respeito, cheguei à conclusão de que existem dois tipos de comida: a boa e a ruim. Não digo por um prisma simplista. Mas apenas para reforçar que o bom (e seu contrário) pode se manifestar em todos os estilos. Há pratos criativos deliciosos, outros completamente inexpressivos; tira-gostos populares apetitosos, outros pesadões e indigestos; massas inesquecíveis, outras incomíveis... Minha lista de prediletos é extensa, múltipla, mutante. E nunca está fechada: acalento um vívido otimismo de que sempre haverá algo excepcional para se conhecer.

Para citar uma frase à qual recorro com frequência (criada pelo temperamental e brilhante Murilo Felisberto), não sou escravo das minhas opiniões. Posso rever conceitos, ir adiante, recuar. Tento, por exemplo, relembrar meus gostos na virada do século, quando eu ainda não escrevia sobre comida. E percebo como várias das preferências de vinte anos atrás se transformaram, em relação aos apetites atuais. Incoerência? Não, direito à mudança.

Sendo o mundo da comida tão amplo, tão rico, confesso que fico surpreso, por outro lado, quando a manifestação do gosto é restrita, excludente. Binária, na linha "se sou fã deste, não posso apreciar aquele". Se nossas *playlists* contêm rock, música brasileira, jazz, erudito, canções francesas, temas folclóricos e congêneres, por que temos de fazer opções sectárias?

Por que, por exemplo, ao me colocar como um aficionado por botecos, eu preciso automaticamente abominar a restauração de vanguarda? O fato de idolatrar a *cucina* italiana me impede de me deliciar com *cocina* espanhola? Sempre tive sérias desconfianças com o tal do pensamento único. Um só caminho para a política, um só horizonte para a economia, uma única opção para o gosto, uma verdade só. Da mesma forma, não consigo me conformar quando vejo ondas do tipo "agora, todo restaurante precisa dispor de um sommelier"; "o serviço formal de garçons saiu de moda"; "tem de ser tudo orgânico"; "não há mais espaço para o menu-degustação". Seria muito óbvio dizer, simplesmente, que tem momento para tudo?

Há alguns dias, a chef Roberta Sudbrack tornou pública sua decisão de fechar seu prestigiado restaurante, no Rio de Janeiro, e enveredar por modelos mais simples. Apontou, entre outras coisas, aquilo que ela enxergava como um esgotamento de uma fórmula, o menu-degustação, e o cansaço com os ditames da alta gastronomia. O assunto rendeu, suscitando inclusive respostas igualmente públicas, como a do chef Felipe Bronze – um entusiasta de menus provocativos e inovações. Os dois têm seus pontos. E eu creio que, antes de tudo, é necessário reconhecer que certas práticas e tendências vinham se tornando exageradas.

Da minha parte, quero continuar a comer menus longos, com serviço caprichado. Mas só quando eles fizerem sentido. Quando eu estiver disposto a dedicar instantes a mais à mesa, dando atenção a uma sequência de criações, ouvindo as explicações sobre cada passo da refeição. O que atrapalha uma degustação não é o conceito, em si (sem falar no preço). É a vulgarização da proposta, algo que se alastrou, por um tempo, em tudo que era estabelecimento – não, não precisamos de menus-confiança de brigadeiro, de massas, de churrasco...

Pelo mesmo raciocínio libertário, quero continuar provando novidades, clássicos, frituras de bar, pratos inventivos, iguarias finas. Sou partidário de que nosso coração (ou estômago, ou cérebro: eleja o órgão) é grande o suficiente para abrigar o que vier, o que agradar. O que se encaixar no seu bolso, na sua fome, no seu tempo. Para os aficionados, eu sei, a comida pode provocar discussões vigorosas – e, muitas vezes, mais pela tentativa de imposição do gosto do que pelo prazer da reflexão. Mas vamos brigar para que as coisas sejam boas, não apenas para ter razão. Sejamos plurais, jamais binários. Se muito, sejamos duais. Mas daquele jeito que a gente gosta: arroz e feijão; baião-de-dois; queijo e goiabada; foie gras e Sauternes...

Editor: Fabio Humberg
Capa: Raquel Florence
Diagramação: Alejandro Uribe
Revisão: Humberto Grenes

Dados Internacionais de Catalogação na Publicação (CIP)
(Câmara Brasileira do Livro, SP, Brasil)

Camargo, Luiz Américo
    Eu só queria jantar : críticas, crônicas e
observações sobre comida e restaurantes, ao longo
de duas décadas / Luiz Américo Camargo. -- São Paulo
: Editora CLA Cultural, 2018.

    ISBN 978-85-85454-89-0

    1. Alimentos - Análise 2. Crítica 3. Crônicas
4. Gastronomia 5. Restaurantes 6. Restaurantes -
Administração I. Título.

18-17542   CDD-647.95

Índices para catálogo sistemático:

1. Restaurantes : Administração 647.95
2. Serviços de alimentação 647.95

Iolanda Rodrigues Biode – Bibliotecária - CRB-8/10014

Grafia atualizada segundo o Acordo Ortográfico da Língua Portuguesa de 1990, que
entrou em vigor no Brasil em 1º de janeiro de 2009.

Editora CL-A Cultural Ltda.
Tel: (11) 3766-9015
e-mail: editoracla@editoracla.com.br / www.editoracla.com.br